国家社科基金
后期资助项目
GUOJIA SHEKE JIJIN HOUQI ZIZHU XIANGMU

极端天气下农产品供应链
契约协调与政府补贴机制研究

覃燕红　著

中国财经出版传媒集团

经济科学出版社
Economic Science Press
北京

图书在版编目（CIP）数据

极端天气下农产品供应链契约协调与政府补贴机制研究／覃燕红著. -- 北京：经济科学出版社，2024.9.
ISBN 978 - 7 - 5218 - 6161 - 7

Ⅰ. F724.72

中国国家版本馆 CIP 数据核字第 2024R51Q29 号

责任编辑：刘　丽
责任校对：齐　杰
责任印制：范　艳

极端天气下农产品供应链契约协调与政府补贴机制研究

JIDUANTIANQI XIA NONGCHANPIN GONGYINGLIAN QIYUE XIETIAO YU ZHENGFU BUTIE JIZHI YANJIU

覃燕红　著
经济科学出版社出版、发行　新华书店经销
社址：北京市海淀区阜成路甲 28 号　邮编：100142
总编部电话：010 - 88191217　发行部电话：010 - 88191522
网址：www.esp.com.cn
电子邮箱：esp@esp.com.cn
天猫网店：经济科学出版社旗舰店
网址：http://jjkxcbs.tmall.com
北京季蜂印刷有限公司印装
710×1000　16 开　16.25 印张　280000 字
2024 年 9 月第 1 版　2024 年 9 月第 1 次印刷
ISBN 978 - 7 - 5218 - 6161 - 7　定价：86.00 元

国家社科基金后期资助项目
出版说明

后期资助项目是国家社科基金设立的一类重要项目，旨在鼓励广大社科研究者潜心治学，支持基础研究多出优秀成果。它是经过严格评审，从接近完成的科研成果中遴选立项的。为扩大后期资助项目的影响，更好地推动学术发展，促进成果转化，全国哲学社会科学工作办公室按照"统一设计、统一标识、统一版式、形成系列"的总体要求，组织出版国家社科基金后期资助项目成果。

全国哲学社会科学工作办公室

前　　言

　　为加强粮食等重要农产品稳产保供，党的二十大报告指出"全方位夯实粮食安全根基，全面落实粮食安全党政同责"。近年来，非灾难性极端天气（如暖冬、倒春寒等）频发，给农业带来巨大损失。为了应对极端天气的影响，《中共中央　国务院关于做好2023年全面推进乡村振兴重点工作的意见》明确提出"优化完善农业气象观测设施站网布局，分区域、分灾种发布农业气象灾害信息"，这充分表明有效应对农业生产中的天气风险以确保农业丰收、农户增收的紧迫性和重要性。当前，"农业合作社＋公司"型农产品供应链在减少流通环节、提高流通效率等方面展现出较强优势，成为当前较典型的一种现代农业合作模式。但极端天气容易引起和加剧农产品供应链中的机会主义行为、利益分配不均、供需不匹配等问题，导致农产品供应链运营困难甚至中断，危及优质农产品的稳产保供。因此，研究极端天气下"农业合作社＋公司"型农产品供应链有利于推动农产品供应链稳定运作，提高农业供给体系的整体质量和效率，为农产品现代流通体系建设提供坚实基础。

　　越来越多的学者从农产品供应链角度进行研究并提出有效应对极端天气、实现农产品稳产保供的策略和建议，但较少涉及农产品供应链契约协调与政府补贴机制。契约协调能从内部优化农产品供应链利益分配机制，促进供应链成员形成收益共享、风险共担的利益整体，共同应对极端天气；政府补贴能从外部降低供应链收益风险，提高农产品供应链整体的稳定性。进一步，现有研究均未考虑供应链成员公平关切和公益性，二者都会影响契约的协调性及政府补贴的实施效果。

　　本书以"农业合作社＋公司"型农产品供应链为研究对象，构建农业合作社和公司组成的二级农产品供应链，通过刻画极端天气影响农产品质量的随机利润函数，研究极端天气下农产品供应链契约协调和政府补贴机制。首先，分别建立基本模型、考虑农业合作社公平关切和公司公益性的农产品供应链博弈模型，同时考虑双边公益性的农产品供应链博弈模型，采用逆向归纳法、对比分析和敏感分析研究极端天气、公平关切和公益性对各方最优决策和契约协调的影响机制。其次，为弥补供应链内部协调的局限和不足，引入政府补贴进一步优化农产品供应链，建立无政府补贴、按生产量补贴、按销售量补贴、按批发价格补贴、按销售价格补贴五种情形下的博弈模型，从改进消费者剩余和社会整体福利、提高补贴资金使用效率三方面分析最优的政府补贴策略。最后，对"农业合作社＋公司"型农产品供应链进行案例研究，有机结合理论研究提出策略建议。

本书的特色和创新之处体现在以下四个方面。

1. 研究极端天气下农产品供应链契约协调

越来越多的学者研究农产品供应链并提出应对极端天气、实现农产品稳产保供的策略和建议，但较少涉及农产品供应链契约协调，无法保证供应链内部合理的利益分配机制，不利于维护供应链稳定运作。因此，有必要研究极端天气下的农产品供应链契约协调，有效促进供应链成员形成收益共享、风险共担的利益整体，共同应对极端天气对农业生产的负面影响，以实现优质农产品的稳产保供。

2. 研究极端天气下农产品供应链政府补贴机制

农业是对天气变化最为敏感的行业之一，但我国农业依然欠缺规模优势，农产品"靠天收"的局面尚未扭转，政府需要对农产品供应链进行补贴，且农业弱质性、兜底性特点决定了政府必须对其进行补贴。而现有极端天气下的农产品供应链研究较少关注政府补贴，难以评估不同政府补贴方式对农产品供应链的激励效果，难以为政府补贴机制的优化提供可靠的量化依据。于是，研究极端天气下的农产品供应链政府补贴机制，能够为政府合理选择补贴方式、提高政府补贴的精准性、维持农产品供应链稳定良好运作及实现优质农产品的稳产保供提供更科学的理论依据。本书在极端天气下通过定量评价各种政府补贴方式对农产品供应链、消费者剩余和社会整体福利的改进程度，定量评价补贴资金的使用效率，能够为提高政府补贴的效率和精准性、降低极端天气带来的收益风险，提供具有可操作性的理论依据。

3. 考虑公平关切和公益性研究农产品供应链决策与优化

一方面，极端天气频发影响农业生产，农业合作社直接面临收益风险，导致农业合作社产生不公平感，并通过实施投机行为尽量避免利润受损，如降低努力水平、以次充好等；另一方面，为了维持农产品供应链的稳定运行，政府着力提倡加快公益性市场体系建设、促进农业丰收、农民增收。出于响应国家政策和维持供应链良好运营以获取更可持续利润的目的，农业合作社和公司都会积极履行公益性职能来优化农产品供应链运作。本书率先考虑农产品供应链成员的公平关切和公益性，从更符合供应链成员决策心理的实际情况分析农产品供应链决策与优化，为农产品供应链良好运作提供更切合实际的决策参考。

4. 采取数理模型和案例研究有机结合的研究方法

现有文献基本都是采用理论模型研究农产品供应链契约协调和政府补贴机制，缺少对典型农产品供应链的案例研究。理论模型是对现实的抽象和简化，有必要深入实践对典型"农业合作社＋公司"型农产品供应链进行案例研究，在更真实的条件下分析极端天气、公平关切、公益性对农产品供应链契约协调和政府补贴机制的影响机理，验证理论研究结论并为实践中的农产品供应链运作提出有效的管理策略。

因此，通过刻画极端天气影响农产品质量的随机利润函数，研究极端天气、公平关切和公益性对"农业合作社＋公司"型农产品供应链契约协调和政府补贴机制的影响，能够更好地优化农产品供应链中的利益分配机制，更好地促进农业合作社和公司形成收益共享、风险共担的利益整体，共同应对极端天气对农业生产的负面影响，为促进优质农产品稳产保供和农产品供应链良好运作提供更切合实际的决策参考，进一步丰富、充实考虑极端天气的农产品供应链研究理论。同时，通过定量评价各种政府补贴方式对农产品供应链、消费者剩余和社会整体福利的改进程度，定量评价补贴资金的使用效率，能够为提高政府补贴的效率和精准性、降低极端天气带来的收益风险，提供具有可操作性的理论依据和对策建议。

目　　录

第1章 绪 论

1.1 研究背景和问题提出

1.1.1 研究背景

近年来，频发的非灾难性极端天气给农业带来巨大损失。中华人民共和国应急管理部数据显示，2020年5月，云南地区高温少雨天气造成农作物受旱面积高达694.8千公顷、经济损失合计23.0亿元；2021年，我国先后发生三次寒潮，造成农作物受灾面积高达283.6千公顷、经济损失高达56.1亿元；2022年7月，四川、重庆、云南干旱灾害造成农作物受灾面积高达457.5千公顷，直接经济损失27.3亿元。为加强粮食等重要农产品稳产保供，党的二十大报告指出"全方位夯实粮食安全根基，全面落实粮食安全党政同责"。

在国家推行农业适度规模化经营的背景下，"农业合作社+公司"型农产品供应链是农业转型发展衍生出的一种新型现代化、规模化农业生产和经营方式，是破解"小生产、大市场"这一典型矛盾的有效模式。中共中央、国务院《关于做好2023年全面推进乡村振兴重点工作的意见》也强调"深入开展新型农业经营主体提升行动，支持家庭农场组建农民合作社、合作社根据发展需要办企业，带动小农户合作经营、共同增收"。农业合作社能有效整合众多小农户的分散资源，为农户提供农资选择、产前培训、产中技术指导、产后销售和流通服务，并代表农户在平等、自愿、互利的基础上与公司签订农产品收购契约，按合同集中收购农户生产的农产品，促进了供销关系稳定。

但是，农产品产量和质量都直接受到极端天气影响，使农业合作社和公司都面临利润损失，容易引起机会主义、利益分配不均、合作中断等问题，不利于维护农产品供应链的稳定运作，无法保障优质农产品的稳定供应。因此，研究极端天气下"农业合作社＋公司"型农产品供应链有利于维护农产品供应链的稳定运作，提高农业供给体系的整体质量和效率，为农产品现代流通体系建设提供坚实基础。

1.1.2　问题提出

越来越多的学者从农产品供应链角度进行研究并提出有效应对极端天气、实现农产品稳产保供的策略和建议，但较少涉及农产品供应链契约协调与政府补贴机制。契约协调能从内部优化农产品供应链利益分配机制，促进供应链成员形成收益共享、风险共担的利益整体，共同应对极端天气；政府补贴能从外部降低供应链收益风险，提高农产品供应链整体的稳定性。进一步，现有研究均未考虑供应链成员公平关切和公益性。一方面，极端天气、利益分配不均、供需不匹配等问题容易导致供应链成员公平关切并实施各种投机行为；另一方面，供应链成员会积极履行公益性职能以增加消费者福利，从而获得可持续利润。二者都会影响契约的协调性及政府补贴的实施效果。

本书以"农业合作社＋公司"型农产品供应链为研究对象，构建农业合作社和公司组成的二级农产品供应链，通过刻画极端天气影响农产品质量的随机利润函数，研究极端天气下农产品供应链契约协调和政府补贴机制。首先，分别建立基本模型、考虑农业合作社公平关切和公司公益性的农产品供应链博弈模型、考虑双边公益性的农产品供应链博弈模型，采用逆向归纳法、对比分析和敏感分析研究极端天气、公平关切和公益性对各方最优决策及契约协调的影响机制。其次，为弥补供应链内部协调的局限和不足，引入政府补贴进一步优化农产品供应链，建立无政府补贴、按生产量补贴、按销售量补贴、按批发价格补贴、按销售价格补贴五种情形下的博弈模型，从改进消费者剩余和社会整体福利、提高补贴资金使用效率三方面分析最优的政府补贴策略。最后，对"农业合作社＋公司"型农产品供应链进行案例研究，有机结合理论研究提出策略建议。

1.2　研究目的和意义

1.2.1　研究目的

本书考虑极端天气这一重要因素建立随机利润函数，并引入公平关切和公益性建立"农业合作社 + 公司"型农产品供应链博弈模型，采用逆向归纳法求解博弈均衡解，通过对比分析和敏感性分析研究极端天气、公平关切和公益性对农产品供应链最优决策（如农产品批发价格、种植努力、公司订购数量和销售价格等）、契约协调性（批发价格契约、收益共享契约、"收益共享 + 加盟金"组合契约）、政府补贴机制（按生产量补贴、按销售量补贴、按批发价格补贴、按销售价格补贴）的影响机理，结合案例研究，从更符合农业生产和农产品供应链成员决策心理的实际情况开展研究，为选择和制定农产品供应链契约参数、政府合理选择补贴方式、维持农产品供应链稳定良好运作提供更科学的量化理论依据。

1.2.2　研究意义

1. 理论上充实农产品供应链契约协调和政府补贴机制研究

通过刻画极端天气影响农产品质量的随机利润函数，研究"农业合作社 + 公司"型农产品供应链契约协调，能够更好地优化农产品供应链中的利益分配机制，更好地促进农业合作社和公司形成收益共享、风险共担的利益整体。通过定量评价各种政府补贴方式对农产品供应链、消费者剩余和社会整体福利的改进程度，定量评价补贴资金的使用效率，能够为政府合理选择补贴方式、提高农产品供应链运行效率和农业供给体系的整体质量提供具有可操作性的对策建议和理论依据。

2. 实践上为优质农产品稳产保供提供更加科学的量化依据

本书纳入公平关切和公益性两个重要因素建立"农业合作社 + 公司"型农产品供应链契约协调和政府补贴机制的相关模型，有机结合模型推导、对比分析、敏感分析和数值分析，从更符合农业生产和农产品供应链决策心理的实际情况开展分析，通过案例研究进一步检验、印证理论研究结论，为实践中的农产品供应链运作提出管理策略从而减缓极端天气对农业生产的负面影响，提高农业供给体系的整体质量和效率，促进农业丰收、农民增收。

1.3　主要研究内容和研究思路

1.3.1　主要研究内容

本书共分为 10 章，其中第 3 ~ 第 8 章是主体研究内容。各章具体内容如下。

第 1 章，绪论。主要介绍研究背景，引出研究问题；明确研究的目的和意义；提出研究的思路和分析框架；阐述研究的特色和创新之处。

第 2 章，基础理论与文献综述。为了更好地对研究理论、研究问题进行理解，本章对紧密相关的基础理论，如"农业合作社＋公司"型农产品供应链及政府补贴、天气风险、公平关切和公益性进行阐述，围绕研究主题展开文献的梳理和综述。

第 3 章，极端天气下农产品供应链契约协调。本章仅考虑天气因素建立农产品供应链博弈模型，计算、比较分散决策和集中决策下农产品供应链最优决策（农业合作社种植努力投入、农产品批发价格、公司订购数量、农产品销售价格）和各方利润，设计"收益共享"契约和"收益共享＋加盟金"组合契约协调极端天气影响下的农产品供应链，并分析极端天气对契约协调性及契约参数协调范围的影响机理。

第 4 章，极端天气下考虑公平关切和公益性的农产品供应链契约协调。将农业合作社公平关切和公司公益性纳入考虑，与第 3 章基本模型进行比较分析，通过数理模型推导、比较分析和敏感分析证明：极端天气和农业合作社的公平关切都会使农产品供应链进一步偏离最优，而公司公益性却可以优化农产品供应链；在收益共享契约下公司需要牺牲自身全部利润才能协调供应链，公司执行公益性的动力不强；"收益共享＋加盟金"组合契约能帕累托改进各方收益，实现农产品供应链完美协调。

第 5 章，极端天气下考虑双边公益性的农产品供应链契约协调。将农业合作社和公司的公益性同时纳入考虑，与第 3 章基本模型进行比较分析，通过数理模型推导、比较分析和敏感分析证明：极端天气下批发价格契约不能协调农产品供应链，但双方执行公益性都有利于优化农产品供应链运作；收益共享契约会降低公司利润，导致农产品供应链稳定性降低；"收益共享＋加盟金"组合契约可以实现农产品供应链完美协调，且公司执行公益性的协调范围大于农业合作社、公司执行公益性更有利于实现供应链协调。

第 6 章，极端天气下农产品供应链政府补贴机制。建立无政府补贴、按生产量补贴、按销售量补贴、按批发价格补贴和按销售价格补贴五种情形下的农产品供应链博弈模型。通过对比分析和敏感分析证明：极端天气会使农产品质量降低、公司订购数量下降、市场需求减少、农产品供应链利润下降、消费者剩余与社会整体福利减少；从改进消费者剩余和社会整体福利的角度，政府应实施按生产量补贴或按批发价格补贴；从提高资金使用效率的角度，政府应实施按销售量补贴或按销售价格补贴。

第 7 章，极端天气下考虑公平关切和公益性的农产品供应链政府补贴机制。将农业合作社公平关切和公司公益性纳入考虑，与第 6 章基本模型进行比较分析，研究表明：农业合作社公平关切会使各方决策进一步偏离最优，公司执行公益性能缓解农业合作社的公平关切负作用、优化各方决策和农产品供应链运作；当政府补贴农业合作社时，按生产量补贴的消费者剩余和社会整体福利最优值均高于按销售量补贴，但补贴资金使用效率低于按销售量补贴；当政府补贴公司时，按批发价格补贴的消费者剩余和社会整体福利最优值均高于按销售价格补贴、补贴资金使用效率低于按销售价格补贴。

第 8 章，极端天气下考虑双边公益性的农产品供应链政府补贴机制。同时将农业合作社和公司的公益性都纳入考虑，与第 6 章基本模型进行比较分析，研究表明：农业合作社和公司公益性都可以缓解极端天气对农产品供应链的负面影响，但因执行公益性会降低自身利润，导致农业合作社无执行公益性动力、公司执行公益性动力有限；当政府补贴农业合作社时，按产出量补贴的消费者剩余和社会整体福利最优值均高于按销售量补贴，但补贴资金的使用效率低于按销售量补贴；当政府补贴公司时，政府实施按批发价格补贴的消费者剩余和社会整体福利最优值均优于按销售价格补贴，但补贴资金使用效率低于按销售价格补贴。

第 9 章，案例研究与管理策略。本章通过对"农业合作社＋公司"型农产品供应链的典型案例"新疆棉花供应链"和"赣南脐橙供应链"进行分析，在更真实的条件下分析极端天气、公平关切、公益性对农产品供应链契约协调和政府补贴机制的影响机理，验证理论研究结论并为实践中的农产品供应链运作提出有效的管理策略。

第 10 章，总结、发现与展望。总结本书的主要研究结论，结合数理模型和案例研究得到研究发现，并提出未来可能的研究问题和研究方向，进一步完善极端天气下农产品供应链契约协调与政府补贴机制的理论研究。

附录，证明过程。由于第 4～第 8 章公式较多，为了阅读的流畅性，将第 4～第 8 章的所有相关命题、性质和结论的证明过程都放入附录中。

1.3.2 主要研究思路

本书的主要研究内容包含两个部分：第一部分为农产品供应链契约协调（第 3 ~ 第 5 章），从农产品供应链内部设计契约、优化利益分配机制；第二部分为农产品供应链政府补贴机制（第 6 ~ 第 8 章），从外部引入政府补贴进一步优化各方决策。

1. 极端天气下"农业合作社 + 公司"型农产品供应链契约协调研究

（1）第 3 章，作为比较基准，仅在极端天气下建立农产品供应链博弈模型，计算、分析极端天气对农产品供应链最优决策的影响，并分别设计收益共享契约、"收益共享 + 加盟金"组合契约协调农产品供应链。

（2）第 4 章，将农业合作社公平关切和公司公益性纳入考虑，与第 3 章基本模型进行对比，分析极端天气下农业合作社公平关切和公司公益性对各方决策和契约协调性的影响。

（3）第 5 章，将农业合作社和公司的公益性同时纳入考虑，与第 3 章基本模型进行对比，分析极端天气下农业合作社公益性和公司公益性对各方决策和契约协调的影响。

2. 极端天气下"农业合作社 + 公司"型农产品供应链政府补贴机制研究

（1）第 6 章，作为比较基准，仅在极端天气下建立无政府补贴、按生产量补贴、按销售量补贴、按批发价格补贴和按销售价格补贴五种情形下的农产品供应链博弈模型，计算、比较极端天气和各种补贴方式对农产品供应链最优决策的影响，并从改进消费者剩余和社会整体福利、提高补贴资金使用效率三个方面分析最优补贴策略。

（2）第 7 章，将农业合作社公平关切和公司公益性纳入考虑，与第 6 章基本模型进行对比，分析极端天气下农业合作社公平关切和公司公益性对各方决策和政府补贴机制的影响。

（3）第 8 章，将农业合作社和公司的公益性同时纳入考虑，与第 6 章基本模型进行对比，分析极端天气下农业合作社公益性和公司公益性对各方决策和政府补贴机制的影响。

本书的研究思路框架如图 1.1 所示。

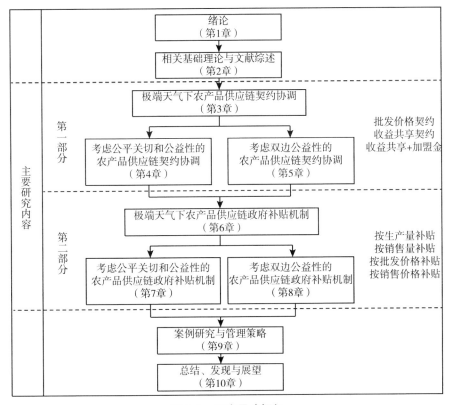

图 1.1 研究思路框架

1.4 主要研究方法

1. 随机利润函数

本书研究极端天气下农产品供应链契约协调与政府补贴机制,通过建立考虑天气的随机利润函数来刻画极端天气对农产品质量的影响。具体来说,农产品在生长过程中可能会遭遇多种极端天气(如暖冬、倒春寒以及强降雨等)。根据农产品特性,适合单一农作物生长的天气指数为 $v \in (\underline{v}, \overline{v}) \subset [\underline{\underline{v}}, \overline{\overline{v}}]$,其中 $\underline{v}$、$\overline{v}$ 分别为适合农作物生长的天气指数下界和上界,$\underline{\underline{v}}$、$\overline{\overline{v}}$ 分别为自然界出现的非灾难性极端天气指数下界和上界。本书以暖冬高温(即 $v \in [\overline{v}, \overline{\overline{v}}]$)极端天气为例,构建随机利润函数,研究极端天气影响下"农业合作社 + 公司"型农产品供应链的契约协调机制与政府补贴机制。当 $v \in [\underline{\underline{v}}, \underline{v}]$ 时,说明发生倒春寒、干旱等自然灾害,对于此类极端天气下农产品供应链契约协调与政府补贴机制问题可进行类似分析。

农产品质量 θ 受到农业合作社投入的种植努力 e 和极端天气 v 的共同影响，记为 $\theta(e, v)$。令 $\theta(e, v) = \theta_0 ek^{-\beta(v-\bar{v})}$，其中，$\theta_0$ 为农产品最高质量，为了保持量纲的一致性，以 k 和 β 共同表示天气对农产品质量的影响系数且 $k>1$，$\beta>1$。为了简化分析，令 $\theta_0 = 1$，于是 $\theta(e, v) = ek^{-\beta(v-\bar{v})}$，即农产品质量随农业合作社种植力投入的增加而提高，且当 $v \in [\bar{v}, \bar{\bar{v}}]$ 时，农产品质量随温度升高而降低且呈边际递增趋势，即 $\dfrac{\mathrm{d}\theta(e, v)}{\mathrm{d}v} < 0$，$\dfrac{\mathrm{d}^2\theta(e, v)}{\mathrm{d}v^2} > 0$。

2. 博弈论

本书通过构建农业合作社和公司之间的两阶段动态博弈模型，其中农业合作社处于博弈主导地位先决策农产品种植努力和批发价格、公司处于跟随地位后决策农产品订购数量和销售价格，分析极端天气对农产品供应链契约协调和政府补贴机制的影响，进一步纳入公平关切和公益性来分析极端天气下公平关切和公益性对农产品供应链契约协调和政府补贴机制的影响。

3. 比较研究和敏感性分析

首先，对极端天气下考虑农业合作社公平关切和公司公益性、考虑双边公益性时的农产品供应链契约协调和政府补贴机制进行对比研究，分析极端天气、公平关切、公益性的影响机理。其次，各种政府补贴方式对农业合作社和公司决策的差异影响通过对比分析得到，"差异"表示为不同标准相应表达式之差。最后，极端天气、公平关切和公益性对农产品供应链决策变量、契约参数协调范围、各种补贴方式效果的影响是通过对因变量求偏导数或交叉导数，拟合对一个变量的解析式或平面图等来表现。

4. 最优化技术

最优化技术是运用运筹学方法研究各种系统的优化途径及方案，并运用解析和仿真结合的方式进行求解，以期为决策者提供科学决策的理论依据。本书针对农产品供应链的特点，运用决策论等最优化技术原理，建立优化决策模型，并进一步采用解析法、数值计算法等相结合的方式对模型进行求解分析，为"农业合作社 + 公司"型农产品供应链提出有效应对极端天气的管理策略提供量化依据。

5. 案例研究

对"农业合作社 + 公司"型农产品供应链典型案例"新疆棉花供应链"和"赣南脐橙供应链"进行分析,并有机结合数理模型分析和案例研究提出切合实际、有效应对极端天气、实现农产品稳产保供和农产品供应链稳定运作的策略建议。

第2章　相关基础理论与文献综述

2.1节为相关基础理论，主要分为：农产品供应链理论（包括"农业合作社+公司"型农产品供应链）；农产品供应链政府补贴机制；天气风险概述；公平关切概念与理论模型；公益性概念与理论模型。2.2节为文献综述，主要分为：考虑政府补贴的农产品供应链；考虑极端天气的农产品供应链；考虑公平关切的农产品供应链；考虑公益性的农产品供应链；文献评述。

2.1　相关基础理论

2.1.1　农产品供应链管理

1. 农产品供应链的概念和特点

供应链最早源于彼得·德鲁克（Peter F Drucker，1954）提出的"经济链"，由迈克尔·波特（Michael E Porter，1985）发展为"价值链"，最终演变为"供应链"，是指围绕核心企业，从配套零件开始，制成中间产品及最终产品，最后由销售网络把产品送到消费者手中的，将供应商、制造商、分销商直到最终用户连成一个整体的功能网链结构（马士华，2005）。基于供应链概念，农产品供应链是指通过有机衔接供、产、运、加、销等，将农业产前、产中、产后与市场联结成满意的系统优化运转状态（张秀萍和王婷，2015）。于是，农产品供应链由农产品生产、加工、销售过程中的全部组织构成，具体包括原料供应、种植生产、农产品加工、运输、仓储、配送和销售等环节，涉及农业生产和流通过程各个相关部门，实现将农产品相关参与主体联系成一个价值增值的链状结构（Ahumada & Villalobos，2009；崔春晓等，2013）。农产品供应链管理能有效集成和优化农业产业链上下游资源配置（陈灿平，2015；谭建和罗家富，2017）、显著增加农民收入（李武和邱国斌，2016；颜廷武等，2017；吴若冰等，2021）、有效提高农产品质量（陈玉杰和刘学军，2021）。

农产品供应链是由工业品供应链演化而来，但农产品不同于工业产品，如农产品生产和流通受天气影响大，涉及参与者多、环节多、时间长、生产和物流成本高，造成农产品供应链结构复杂、灵活性和适应性都比较差，从而影响农产品有效供给、品质保证和到达消费者的时效性。另外，由于我国目前农产品流通过程的冷链设施不完善、应用范围小，导致农产品流通效率低、品质难以保证。与工业品供应链相比较，农产品供应链具有受自然风险影响大、冗长复杂、多元化、分散化、成员关系不稳定以及物流要求高等特点，具体如下。

（1）受自然风险的影响较显著。农业生产过程不可避免受到天气等自然风险的影响，这是生产环节区别于工业品供应链的特点。与西方国家相比，我国农业发展比较落后，农业生产方式以小农经济为主，农户的生产规模较小，规模经济效应较差，"靠天收"的局面尚未扭转。因此，农产品产量和质量在种植生产过程中都不可避免地受到气候、季节性等自然风险的影响，进而影响农产品供应链上下游供需，降低了农产品供应链稳定性。同时，需求端因受随机因素如天气、节日、消费偏好等因素影响，农产品市场需求表现出价格波动大、需求不确定等特征，加剧了农产品供应链运营的不稳定性。随着农产品供应链不断延长，不确定性因素逐渐增多，其负面影响在农产品供应链上不断被放大，导致农产品供应链协调和监控难度急剧上升。

（2）农产品供应链冗长复杂。农产品从农资购入、生产决策、种植、收获直到进入流通渠道到消费者手中，涉及环节众多，参与者众多。从价值增加角度分析，农产品在价值创造过程中因环节过多导致各项成本增加，如渠道成本、保鲜成本、损耗成本等，直接降低了农产品供应链利润。同时，多环节、多参与者也大幅降低了农产品供应链管理的灵活性、适应性和复杂性，从而影响农产品到达消费者的最终时效性。以美国生产和销售饮料为例，其供应链与香料的萃取加工链、玉米甜料加工链、甜菜和甘蔗加工链、二氧化碳气体加工、水果栽培加工、净化水生产、铝听和钢罐加工、纸箱加工、饮料生产、运输、储存和分销、市场研究、营销与促销、零售等有关。

（3）农产品供应链多元化和分散化程度高。多元化和分散化导致农产品供应链规模经济效益差、交易成本高，不利于农业资源的集约化利用和整合、不利于形成规模化经营的农产品供应链合作联盟。例如，仅在农产品生产源头，我国就有 2 亿多分散经营的家庭农户；而在农产品加工生产环节，全国获得生产许可证的企业超过 17 万家，其中还不包括几十万家小型农产品生产作坊。大量小农户、小作坊由于资金、成本、技术、理念的限制，不愿意投入技术和成本来提高农产品生产加工质量。在追求短期利润的驱动下，容易产生投机心理而生产不符合国家质量安全标准的农产品。同时，面对如此复杂的监管环节和数量庞大的监管对象，国家相关监管机构承受沉重的监管负荷和难度。

（4）农产品供应链中的成员关系不稳定。由于农产品供应链上大量存在着小规模经营主体，使很多交易都成为"一锤子买卖"、一次博弈，即农产品供应链中"机会主义行为"普遍，且供应链成员关系非常不稳定。以农产品生产为例，每一个农户都是市场中无数供给者之一，需求方对单个农户的身份识别度极低，每一次交易都是很难重复的，即非重复博弈，农户的投机行为对自身长期收益、关联收益、名誉的影响都非常小，声誉机制对农户投机行为的约束力很弱。消费者也就无法通过声誉激励机制对生产低质量农产品的农户进行惩罚，每一次交易都类似一次博弈。于是，农户的短期最优决策就是以低成本生产低质量农产品并设法通过高价出售从而赚取最大利润。不稳定的农产品供应链协作关系将严重影响供应链质量提升、制约农产品供应链质量投资激励。

（5）农产品供应链的物流要求高。农产品具有非标准化、易腐易逝、易损耗等特征，对保鲜条件有着更高的要求，同时很多农产品都是跨区域流通，更需要冷链物流来保障农产品的新鲜度。因此，农产品运输、流通和销售过程对温度控制有着更高的要求。为保证农产品品质，在物流过程中应采取全程冷链的方式，针对不同农产品的特性进行精准温控及合适包装，同时采用专业的冷链物流设施设备，导致物流成本急剧上升。另外，由于农产品具有鲜活性的特点和较高的农产品质量要求，要求绿色物流，在整个运输、仓储过程中，做到不变质、不污染、不破损，大大延长农产品的安全保质期。

2. 农产品供应链契约

供应链协调是指两个或两个以上的企业为了实现某种战略目标，通过公司协议或联合组织等方式而结成的一种网络式联合体（Cachon，2001）。

供应链体系协调的首要内容是目标的协调，使各企业的目标与供应链的目标兼容；其次是运作的协调，具体包括业务运作如生产制造、设计开发等的协调，主体企业利益冲突的协调和文化的协调等。供应链协调是供应链稳定运行的基础（马士华，2005）。

根据具体研究问题和对象，即极端天气下"农业合作社＋公司"型农产品供应链契约协调（第 3~5 章），供应链中的重要参与主体即农业合作社和公司。其中，农业合作社的决策变量是批发价格和种植努力水平、决策目标是极端天气下期望利润最大化；公司的决策变量是农产品订购数量和销售价格、决策目标是极端天气下期望利润最大化。农产品供应链协调是为了实现最优的农产品质量、双方稳定合作，即农业合作社和公司分散独立决策时的各个指标达到集中决策下的最优水平，即努力水平、销售价格、销售数量和供应链整理利润达到集中决策下的最优水平。农产品供应链协调的本质也就是让量化、可视化的指标如努力水平、销售价格、销售数量和供应链整理利润达到集中决策下的最优水平，此时农产品供应链就实现了协调。

双重边际效应和市场信息不对称会导致供应链失调，于是，有必要制定相应的协调或者激励机制消除不利因素对供应链的负面影响。其中，设计合理契约以约束供应链各方行为、明确参与主体的责任，作出有利于供应链良好运行、应对外部环境的行为是实现供应链协调、稳定运行的常用方式。借鉴供应链协调理论（Benita，1999；Cachon，2001），可以采用单一契约（如批发价格契约、收益共享契约、数量折扣契约）（吴忠等，2014）和组合契约（如"收益共享＋成本分担""收益共享＋加盟金"等）协调供应链各方的收益从而实现供应链参与主体有效联合、风险共担、收益共享的目标。具体见表 2.1。

表 2.1　　　　　　　　　　　农产品供应链契约分类

分类方法	契约类型
供应链主体合作程度	集中决策型契约
	分散决策型契约
外部环境和条件	确定需求条件下的契约
	不确定需求条件下的契约
契约参数数量	单一契约：批发价格契约、收益共享契约、回购契约、数量弹性契约、数量折扣契约等
	组合契约：收益共享＋成本分担、收益共享＋加盟金等

（1）批发价格契约。指供应商先决策批发价格，零售商再决策最优订货量，供应商根据该订货量信息制订生产计划。由于零售商不能掌握完全的市场需求信息，同时由于市场需求具有随机性和不确定性，订货量很难和实际市场需求完全相同，为了规避缺货和多余库存的双重风险，供应链"双重边际效应"产生，即批发价格契约不能实现供应链协调，但批发价格契约常常被用于评价其他契约协调效率的比较基准。

（2）回购契约。指在销售期末，零售商向供应商退还未销售出去的剩余产品来获得一定的经济补偿，减少自身因订货过多或者市场需求随机波动大导致的滞销损失。供应商为了激励零售商提高订购量，一般会承诺在销售末期将零售商未销售完的产品以合理的价格回收，分担零售商因滞销而产生的收益风险。

（3）收益共享契约。指在销售期初，零售商以较低批发价格订购较多数量的产品，在销售期末，零售商将自己的销售收益按一定比例分享给供应商，以补偿供应商以较低批发价格出售产品的经济损失，从而实现供应链总利润再次分配，帕累托改进各方利润，并加强供应链中各合作成员的稳定性。

（4）数量弹性契约。零售商预定部分数量的产品，供应商在销售旺季前根据预定的数量执行生产计划；当零售商面临市场实际需求时，再根据实际情况重新调整订购数量。但该契约下，零售商调整的订购量必须高于之前预定数量的最低下限，以防止供应商生产量过剩和滞销损失。

（5）成本分担契约。指供应链成员共同分担某些成本以实现双方更高的利润。例如生产商投入成本引入某项先进技术后能够提高供应链整体效益，此时零售商为保障自身以及供应链整体利益就选择分担一定比例的技术投入成本或者提供一定比例的利润补偿，从而保障双方企业都因此获利和稳定合作。

结合本书的研究对象"农业合作社＋公司"型农产品供应链，表2.2列出了几种典型的农产品供应链契约。

表 2.2　　　　　　　　　　典型的农产品供应链契约

契约	内容
批发价格	农业合作社决策农产品批发价格，然后公司决定农产品订货量
数量折扣	农业合作社根据不同的订货量向公司提供不同的价格折扣
收益共享	公司以较低价采购农产品，并在销售期末分享部分收益给农业合作社

续表

契约	内容
成本分担	农产品供应链参与者分担合作伙伴的相关成本，如农资投入成本、质量努力成本、农产品保鲜成本等
返利契约	公司依据农产品实际销售量情况给予农业合作社一定比例的销售返利

3. "农业合作社 + 公司"型农产品供应链

（1）"农业合作社 + 公司"型农产品供应链内涵。我国农业生产已经向社会化、现代化、规模化生产阶段发展，但各地农村仍普遍是以家庭为单位的"小农经济"模式组织种植、生产和销售，各家投产规模小、机械化程度低、生产效率低，抗自然风险能力弱等，而消费市场高度分散性、涉及范围广，农产品需求呈现多样化、个性化、时效性强等特点。因此，我国农业正面临着"小生产、大市场"的典型矛盾，严重制约了我国农业现代化的发展（伏红勇，2013）。虽然政府积极推进各项农业供给侧结构性改革政策、加快农业现代化发展，但还迫切需要快速推进新型现代化农业生产方式的发展和应用。"农业合作社 + 公司"型农产品供应链模式是破解"小生产、大市场"这一典型矛盾的有效模式。

"农业合作社 + 公司"型农产品供应链中，农业合作社代表分散的农户在平等、自愿、互利的基础上与公司签订农产品收购契约，契约中明确规定农业合作社与公司各自的权利、义务、利益关系和相关违约责任，实现农产品规模化生产、流通和销售。农业合作社根据与公司的合同内容组织安排农户具体农产品生产，公司则按合同规定收购农业合作社所生产的农产品，并安排运输、流通加工和销售的农产品供应链模式。

从供应链的维度看，"农业合作社 + 公司"模式属于二级农产品供应链。农业合作社负责对农产品进行技术指导和质量监管，农产品成熟后，农业合作社收购农户农产品，并将其销售给下游公司，最终由公司销售给消费者。农业合作社能够代表广大分散的农户与销售公司、终端零售商进行谈判，能够为农户争取更多、更加公平的农产品收购价格和供应链收益比例。农业合作社能够有效密切联系农户和市场，向农户及时传递农产品需求和销售信息，帮助、指导农户作出科学合理的种植生产决策，然后将农产品集中起来，再通过公司统一物流、保鲜和销售，保障了农产品的品质，并极大提升了农产品生产和物流的规模效益。

　　"农业合作社＋公司"型农产品供应链在美国、欧洲等发达国家或地区已经有较长的发展历史。而我国"农业合作社＋公司"模式发展较晚，直到20世纪80年代才从其他发达国家引入，随后在国内逐渐推广和普及。近年来，我国"农业合作社＋公司"模式得到了快速发展，且已经成为农业生产中一种重要、典型的新型生产经营方式。

　　（2）"农业合作社＋公司"型农产品供应链优势。在农产品生产环节，全国有两亿多分散经营的家庭农户，导致生产环节具有农户分散、产量小的特点，无法形成规模化，通过农业合作社统一安排生产、种植技术指导、统一收购、深度加工，能够提升农产品质量、延长保存时间、增加农产品的多样性，能够帮助农户解决盲目种植、供需不匹配等问题，从而有效满足消费者对农产品的多样化需求，增加农户收益。在销售环节，处于终端的农产品公司由于靠近终端市场，能够更好地了解消费者喜好，将市场需求及时传递给农业合作社，有助于农业合作社更好地指导农户进行种植，从而更好地提供满足消费者需求的农产品。农业合作社相对农户具有更多的资金，能够引进先进的农业种植技术、病虫害治理技术、农药喷洒设备、低碳安全能源、环保包装材料等，而公司在销售环节通过规模化经营在储存、销售过程中采用冷库、定时喷洒保鲜喷雾，以及销毁处理不合格产品时减少环境污染，确保消费者始终能够买到高质量产品。

　　从当前"农业合作社＋公司"模式的实施情况看，一方面，该模式能够有效降低农业生产经营过程中的成本，并减少农户种植决策的盲目性、增强农户抵御市场价格波动风险的能力并能有效促进农户增收，从而提高农户种植积极性，保证优质农产品的稳定供给。另一方面，该模式能够有效优化农业资源配置，减少农业资源的浪费，从而保障公司收购到保质保量的农产品，促进我国农业更加现代、更加安全、更加可持续的发展。

　　（3）"农业合作社＋公司"型农产品供应链的影响因素。虽然"农业合作社＋公司"型农产品供应链在我国发展迅猛，但"农业合作社＋公司"型农业生产模式作为一种完成远期订单契约的农业生产模式，生产过程仍然存在较多问题，尤为突出的是运营稳健性问题。其中，产出不确定性、投资资产专用性、契约不完备性、信息不对称性、投机行为、市场风险、价格波动等因素都是影响和制约"农业合作社＋公司"型供应链稳健运行的重要因素。首先，从风险维度分析，由于"农业合作社＋公司"型订单契约具有远期合约性质，在契约到期之前必然会面临农业生产的自然风险、农产品市场价格波动风险、各种限制条件下的市场风险，从而使得"农业合作社 + 公司"型订单农业模式执行难度大、监管成本高、违约率居高不下。其次，"农业合作社 + 公司"型模式的订单农业因农产品生产的独特性，在农产品生产过程中不可避免地会受到天气、季节性、病虫害等不可控因素的自然因素影响，这是农产品生产区别于工业品生产的显著特性，在"农业合作社 + 公司"型模式运营中必须予以考虑。气候的好坏往往直接决定农户是否丰收，间接决定"农业合作社 + 公司"型合作模式能否持续运作。因此，天气、季节性等自然、客观、不可控因素带来的不利影响，可能导致"农业合作社 + 公司"型农产品供应链中农业合作社与公司都缺乏执行契约的动力，从而降低"农业合作社 + 公司"型农产品供应链系统的可持续性和稳健性，严重制约"农业合作社 + 公司"型订单农业的规模经营和现代农业产业化的健康发展。

对此，本书将研究重心置于以下三方面：极端天气影响下"农业合作社 + 公司"型农产品供应链中农业合作社与公司双方如何确定各自的最优决策，如农业合作社确定最优的种植努力和农产品收购价格、公司决定农产品的最优订购数量和销售价格；极端天气影响下如何设计契约以协调"农业合作社 + 公司"型农产品供应链以缓解极端天气对农业生产的不利影响，从而尽可能实现农产品稳产保供、农产品供应链稳定运作；极端天气影响下政府如何选择补贴机制从而确保农业丰收、农民增收，推进"农业合作社 + 公司"型农产品供应链的优化运作。

2.1.2　农产品供应链政府补贴机制

农业是国家经济和社会发展的关键基础产业，巩固和促进农业生产发展始终是国家政府格外重视与关注的目标。对农业生产和发展进行财政支持、补贴和保护是大多数国家的普遍做法，也是推动农业发展最直接、最高效的关键政策措施（韩长赋，2019）。

当前，我国农业对天气风险等客观因素依赖程度依然较深，农业依然是对天气变化最为敏感的行业之一，但是我国农业依然欠缺规模优势，农产品"靠天收"的局面尚未扭转。在农产品种植过程中，农产品产量和质量受极端天气影响较大，农户（包括代表农户的农业合作社）独自承担因极端天气造成的产量损失、质量损失等引起的收益损失，导致农业合作社产生不公平感，降低了生产积极性，并通过实施投机行为尽量避免利润受损，如降低努力水平、以次充好、添加各种保鲜剂、膨大素和色素等。为调动农户生产积极性，促进农业丰收、农民增收，政府需要对其进行补贴。同时，农业的弱质性特点也决定了政府必须对农户、农业生产实施补贴。农业补贴是政府补贴的重要基本构成部分，政府对农业进行补贴在保障重要农产品供给安全，提高农民种植积极性、增加农民收入、稳定农产品供给等方面都具有重要的现实意义。农业生产的补贴政策由来已久，但根据社会制度的变化和农业补贴政策的发展，农业补贴政策不断调整，总体上包括两个阶段（王锋，2017）。

第一阶段：干预农产品价格机制的间接补贴方式。政府对农业生产所需要投入的原料、设施设备等进行价格干预和补贴，达到直接降低农业生产成本的目的。同时，通过设定最低收购价格保护农民最低收入或者通过价格补贴的方式直接增加农户收益，如按产出量补贴、按收购量补贴等，农户从每单位种植中获得补贴，能够极大地提高种植积极性、增加农资投入。

第二阶段：直接补贴农户收益。随着农产品市场发展和制度健全，我国政府补贴农业的方式转变为直接对农户收益进行补贴。具体而言，2002年农作物良种补贴、2004年种粮补贴、2006年直接补贴农户购买农业机械设备，最后形成21世纪初期直接补贴农户收益的"三项补贴"：粮食直补、良种补贴和农资综合补贴。随着国家对农耕用地保护、适度规模经营要求的提出和农业现代化的发展，财政部、农业部联合发文于2015年5月对"三项补贴"进行改革，将粮食直补、良种补贴和农资综合补贴折算合并为现金直接发放给农户作为农业保护性补贴。改革后，耕地地力保护的预算补贴对象主要是享有耕地承包权的中低收入农民，而粮食适度规模经营部分预算补贴对象主要是种养大户、家庭农场、农业生产合作社等粮食适度规模经营生产者。

"三项补贴"合并后有利于保护耕地地力、增强农业生产的可持续发展能力，其中粮食直补、良种补贴、农机具购置补贴和农资综合补贴四项补贴的总金额由2004年的145.20亿元到2015年1651.45亿元，增长高达10.37倍，且补贴金额最多的是2014年，共1792.90亿元，如图2.1所示。

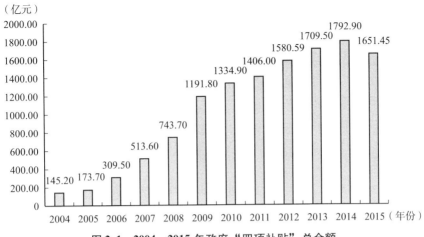

图 2.1　2004—2015 年政府"四项补贴"总金额

资料来源：Wind 数据库。

2016 年"三项补贴"合并为农业支持保护补贴后，中央财政划拨资金 1404.91 亿元，2020 年为 1204.85 亿元，如表 2.3 所示。

表 2.3　　　　　　　　　　**2016—2020 年的国家财政补贴**

年份	农业机具购置		农业支持保护补贴	
	金额（亿元）	比例（%）	金额（亿元）	比例（%）
2016	237.37	14.45	1404.91	85.55
2017	186.00	11.48	1434.00	88.52
2018	186.00	13.37	1204.85	86.63
2019	177.84	12.87	1204.85	87.19
2020	169.43	12.33	1204.85	87.67

资料来源：财政部（http://www.mof.gov.cn）和农业农村部（http://www.moa.gov.cn）。

农业补贴制度不断发展与完善，能有效保障农民收入、优质农产品稳定供给，提高我国粮食等重要农产品自给水平和国家粮食安全战略，但在补贴政策的落地实行中，仍存在诸多问题，如补贴形式单一、补贴金额差异大、各地补贴方式不统一等。

（1）农业补贴形式单一。根据 2016 年财政部、农业部关于印发《农业支持保护补贴资金管理办法》，对农业支持保护补贴资金具体补贴标准并没有做限制，可由各省级单位根据实际情况确定补贴依据、补贴方式和补贴金额，而在实际补贴确认方式中，兼顾可操作性和标准统一性，各省均采用"投产补贴"方式，即补贴农户的实际金额与种植面积正相关，而与农产品最终产量无关。以确权登记种植面积作为发放标准的依据可操作性强且标准统一，但在农业适度规模化经营需求下，虽然一些新型农业主体通过经营权流转能够取得土地的使用权并开展按需耕作，但实际承包权仍然归属于土地的农业主，导致出现农民没有实际种粮，但仍获得了实际农业补贴，而承包土地的种养大户、家庭农场、合作社等却难以得到政府的农业补贴。

（2）农业补贴金额差异大。2006 年以来，我国农业直接补贴资金总额呈现不断上升的趋势，农业补贴资金在政府财政支出中所占的比重逐渐增加、国家对农业补贴的力度不断加强，这说明政府对农业发展的重视与日俱增、不断加强。从实际补贴效果来看，政府对农业进行直接补贴虽然能够提升农户收入，但因各地经济发展不平衡，故补贴标准存在差异，如根据《湖南省耕地地力保护补贴实施方案》，湖南省 2022 年耕地地力保护补贴为 57.52 亿元，在计税面积内种植一季农作物的耕地地力为每年 105.00 元/亩、种植双季稻的耕地地力每年 175.00 元/亩；根据《浙江省财政厅 浙江省农业农村厅关于提前下达 2022 年中央财政农业生产发展资金的通知》，浙江省 2022 年耕地地力补贴为 12.56 亿元。

（3）各地政府目前的补贴方式不统一，补贴策略选择缺乏精准性。从 2010 年开始，中央实行"菜篮子"市长负责制，要求各地政府每年投入一定的专项财政补贴资金。如 2016 年北京市政府对 8 个品种的生鲜猪肉进行了补贴销售，每斤补贴 2.5 元左右；针对 2019 年猪肉持续涨价开展的"肉价保卫战"，中央政府明确提出"平抑物价、增加供给"的目标，2019 年 4 月到 8 月已有 29 个省政府下发了 20 多亿元"买肉钱"。不同政府补贴方式对农户、农业合作社、公司、销售商、消费者以及政府有着显著差异的影响，并且各地具体的财政预算会影响、制约政府补贴策略的选择。

2.1.3　天气风险概述

天气风险是指突发极端天气、气候变化等对自然生态和社会经济造成的各种不利影响。其中，风险事件不仅包括突发性的变化，如洪水和暴雪，还包括一些长期形成的危险（如生态系统结构和功能的破坏，土壤盐碱化），这些都属于天气风险。2008 年，彼得拉赫森提出了"天气敏感度"一词。彼得拉赫森通过处理历史气温、降雨量以及 GDP，量化了 68 个国家和地区的国民经济对气候变化的敏感性。天气风险是一种外在的系统性风险，客观存在、不以人的意志为转移、对单个经济实体来说不可控，仅通过单个经济实体努力难以减弱和规避，且天气风险的影响具有地域性、关联性。同时，天气风险还是一种数量风险，极端天气影响下的各个经济实体所面临的是由天气变化所引起的某种产品供给与需求发生变化的风险，直接影响收入和支出的不确定性、间接增加了经济实体现金流与利润的不确定性和不稳定性。

表 2.4 所示为整理出 10 个国家因天气风险造成的损失及其占 GDP 的比重。

表 2.4　　　　　　　　　　　天气损失总额及其占 GDP 的比重

排名	国家	天气损失（亿美元）	GDP 总额（亿美元）	天气损失占 GDP 比重（％）
1	美国	256.18	1137.14	23
2	日本	119.28	365.70	33
3	中国	77.83	173.37	45
4	德国	69.80	186.28	37
5	英国	46.74	174.82	27
6	法国	42.21	157.56	27
7	意大利	39.75	123.44	32
8	西班牙	23.07	80.40	29
9	加拿大	22.16	88.72	25
10	巴西	21.65	54.16	40

资料来源：根据彼得森国际经济研究所（PIIE）报告数据整理（2018）。

同时，根据相关气象机构估计，全球约有 80％ 以上的行业都直接或间接遭受天气风险的影响，部分常见行业的天气风险见表 2.5。

表 2.5　　　　　　　　　　　部分行业常见的天气风险

行业	天气类型	风险带来的影响描述
制造业	暴雨、低温	极端天气会影响风扇、空调等产品的需求和销量
农业	暴雨、低温	恶劣天气直接降低农产品产量和质量

续表

行业	天气类型	风险带来的影响描述
能源行业	持续低温	冬季较暖、夏季较凉爽时，销售量下降
交通运输	降雪、大雾、低温、降雨	恶劣天气造成道路设施维护费用增加甚至运输中断
食品饮料	持续低温	夏季凉爽时，销售量下降
旅游业	低温、降雪	低温、暴雪导致旅游人数减少
水电	降雨、降雪	降雨不足水力发电减少、降雪增加导致水电供给不足
建筑行业	降雨、降雪、低温	高温、降雨等导致建筑施工中断和材料性能正常发挥

资料来源：根据《中国统计年鉴》资料整理。

我国是农业大国，农业不可避免地受到天气风险的影响。根据《中国统计年鉴》统计数据，近二十年来，中国农作物受灾面积高达 4800.00 万公顷，受灾率约为 31.30%。近几年，我国农业生产中的具体天气风险事件见表 2.6。

表 2.6 农业生产中的天气风险事件

时间	事件	天气风险后果描述
2016 年 2 月	暴雨、大风、冰雹等	河南遭遇暴雨、大风、冰雹等灾害性天气，导致 14 万亩待收割的小麦倒伏，并且收割后因未及时归仓的小麦也受到雨水长时间浸泡，直接影响 0.63 万亩小麦的收成
2017 年 6 月	连续降雨	浙江温州地区杨梅采摘期内遭遇连续降雨天气，引起杨梅落果、腐烂，导致杨梅品质与产量大幅下降
2018 年 2 月	霜冻灾害	南方 12 省市水果、蔬菜收获期间遭遇霜冻灾害，导致大面积"绝收"
2020 年 5 月	连续暴雨	湖北连降暴雨 40 余天，给黄桃采摘、销售带来严重影响，部分果农大户一天损失近 10.00 万元
2021 年 7 月	高温少雨	全国高温少雨天气造成农作物受旱面积高达 3426.20 千公顷，直接经济损失 200.90 亿元
2022 年 7 月	持续高温干旱	四川、重庆、云南干旱灾害造成农作物受灾面积高达 457.50 千公顷，直接经济损失 27.30 亿元
2022 年 8 月	持续高温少雨	南方旱情快速发展，农作物受灾面积 4076 千公顷，直接经济损失 328.00 亿元

续表

时间	事件	天气风险后果描述
2022 年 2 月	持续低温雨雪	全国共出现 6 次大范围低温雨雪天气，农作物受灾面积 550.30 千公顷，直接经济损失 104.70 亿元

资料来源：中华人民共和国应急管理部发布全国自然灾害情况（https：//www. mem. gov. cn/xw/yjglbgzdt/202204/t20220412_411507. shtml）。

根据天气风险发生的概率和天气风险造成的影响，可以将天气风险归纳为四类（Pérez – González & Yun，2013），如图 2.2 所示。

（1）一般天气风险，指由低概率、低危害程度的天气事件（如夏季的连阴雨天气、持续干旱等天气）引发的风险而导致企业利润的波动，如图 2.2 区域Ⅰ。针对此类风险可以利用科技信息产品（如卫星等）来提高天气预报技术，农业生产企业可以通过利用天气预报预先采取应对措施以控制或规避天气风险（Tena & Gomez，2011；Caporin & Preś，2012）。例如，在夏季，如果预报会有冰雹，农户可通过提前采摘蔬菜瓜果以降低、避免冰雹带来的损害；如果预报会出现持续保持凉爽天气，那么饮料零售商可直接减少冷饮订货量以降低、避免滞销损失。

（2）天气灾害风险，指由低概率、高危害程度的天气事件（如旋风、强降雪、干旱等天气）引发的风险，针对此类风险可以利用天气保险来控制或转移不可控天气风险造成的企业人员伤亡和企业财产损失（Turvey & Kong，2010），如图 2.2 区域Ⅱ。如莫巴拉克和罗森茨威格（Mobarak & Rosenzweig，2013）提出降雨保险合同能有效缓减此类风险造成的损失。

（3）气候变化风险，指由高概率、低危害程度的天气事件引发的风险，这类风险一般是因天气变化对自然环境所造成的危害，如水资源短缺、海平面上升等，如图 2.2 区域Ⅲ。针对此类风险可以利用天气衍生品（天气期货、天气期权等）来控制或转移此类天气风险。

（4）气候灾害风险，指由高概率、高危害程度的天气事件（如异常持续高温等天气）而引发的风险，如图 2.2 区域Ⅳ。针对此类风险目前主要采用的是风险回避策略（祝燕德等，2006）。

极端天气频发给我国广泛的、分散的小农户农业生产带来了巨大困难和挑战，尤其是收获期内遭遇的极端天气，临近采收的农产品对极端天气更敏感，可能导致农作物落果、腐烂等问题。同时，农产品收获期间遭遇极端天气容易让农户之前投入的生产成本难以甚至无法收回，直接打击农户的生产种植积极性，进而影响农产品供应链下游农业合作社、涉农公司的正常生产经营活动。因此，缓减和应对极端天气对农业生产造成的负面影响十分迫切和重要。

由于本书聚焦于研究极端天气下的农产品供应链契约协调和政府补贴机制问题，本书所研究的极端天气仅涉及一般天气风险（见图2.2区域Ⅰ），即天气风险给农产品供应链成员所造成的损失是非灾难性，而天气灾害、气候变化和气候灾害等灾难性天气风险属于应急管理范畴，不属于本书的研究范畴。

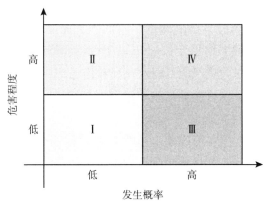

图2.2　天气风险分类坐标

2.1.4　公平关切概念与理论模型

1. 公平关切概念

许多博弈实验诸如单方指定博弈、公共品博弈、最后通牒博弈和礼物交换博弈等都证明了决策者具有公平关切、互惠利他、同情、嫉妒等社会偏好行为（Loch & Wu，2008）。也就是说，决策者是有限理性的，他们不仅考虑自身收益最大化进行决策，还会关注其他人的收益（Ho & Su，2009）。社会偏好是公平关切、互惠利他等各种心理偏好的总称，其中公平关切最为典型和重要（陈叶烽，2010）。本书研究主要考虑"农业合作社 + 公司"型农产品供应链中的公平关切，这里重点阐述公平关切的概念和基本模型。

截至目前，实验经济学中对有关传统以来都假设决策者为纯粹自利偏好的前提条件受到争议。因为越来越多的博弈实验和实证研究也得出：个人或者企业除了纯粹自利偏好之外还可能存在公平关切心理，即个人或企业在决策时不仅追求自身收益的最大化，他们还会去关注、对比自身与参考对象的直接收益之间的分配是否合理或通过收益比较来判断对方的行为动机是否公平。于是，与自利偏好一样，公平关切也同样会显著影响个人、供应链企业的决策和策略，并且往往很多时候完全自利偏好和公平关切对供应链决策的影响并不总是相同的，甚至很多时候是矛盾、相反的，例如有些决策主体宁愿牺牲自身部分甚至全部收益去追求在他看来更加公平的收益分配结果、实施拆台行为去打击、报复对方的一些敌意动机或行为，他们有时也会牺牲自身部分甚至全部收益去感谢和报答其他对象的善意行动。他们采取报复、报答行为所付出的成本和代价越低，那么实施报复或报答行动的可能性就越大。因而，很多行为经济博弈实验和实证研究证明，引入公平关切对传统研究进行重新分析和检验能够提高对实际经济现象的解释力和预测力，更好地指导经济决策行为，从而能更有效地解释许多传统仅考虑自利偏好假设条件下不能够解释的经济问题和经济行为。可见，公平关切在商业实践或者供应链运作中具有很重要的影响、经济价值和管理参考意义。

　　2. 公平关切理论模型

　　目前，构建描述公平关切的效用决策模型主要可以归纳为三类。（1）收益分配公平关切模型，主要以费尔和施密特（Fehr & Schmidt，1999）最先提出的直接以对方收益为公平参考点的 FS 模型、博尔顿和赫尔姆特（Bolton & Ockenfels，2000）提出的以全体平均收益为公平参考点的 BO 公平关切理论模型为代表；（2）以雷宾（Rabin，1993）为代表提出的行为动机公平模型；（3）以法尔克和费尔（Falk & Fehr，2001）、杜文伯格和克什施泰格（Dufwenberg & Kirchsteiger，2004）以及法尔克和费施巴赫（Falk & Fischbacher，2006）提出的混合公平关切理论模型，即该模型同时将收益分配结果公平、行为动机过程公平都纳入所建立的综合公平关切模型，文献中简写为 FF 模型。

　　根据魏光兴（2007）的研究，FS 公平关切模型结构简单、可操性强，往往只存在唯一的均衡结果，且几乎能够解释重要且典型的行为博弈实验，如最后通牒实验、礼物交换实验、信任博弈实验、独裁博弈实验等。例如，独裁博弈实验中规定首先由提议者分配给响应者比较多份额从而自己收益就减少，但是由于该分配结果使得两者之间的物质收益差减少，从而就提高了二者的相对收益分配公平程度，这样做可以使提议者降低因收益分配不公平而导致的同情心理负效用。只要同情心理负效用减少量大于提议者自身收益的减少量，那么提议者就会增加分配给响应者的份额，直到两者的收益相等，心理负效用为 0。因此，在独裁者博弈实验结果中，提议者总会提出这样的分配结果：分配给响应者明显大于 0 但又不会太多的金额。原因在于，一方面如果提议者分配给响应者的份额占总体太少，那么提议者会遭受较大的同情心理负效用，但是另一方面如果提议者分配了太大份额给响应者，那么他就会因损失自身太多物质收益而导致物质收益的直接减少，从而遭受物质收益减少而带来的总效用降低。另外，FS 公平关切模型因自身的函数结构形式简单、明了，可操作性强，往往只存在唯一的均衡结果，从而成为实践和理论中应用为最多、最广泛的公平关切模型，在引入公平关切模型的供应链契约协调中也不例外。当然，在应用 FS 公平关切模型构建具体的决策者效用函数时，研究者根据具体的研究问题和主题，对 FS 公平关切模型的基本模型结构进行一些改变，使得模型一方面更具有可操作性，另一方面使得模型分析结果能够启发更丰富、直观的管理启示。比如将公平关切引入供应链契约协调研究中，通常将 FS 模型的多个博弈参与者简化为两个，例如供应商和零售商。

本书也基于 FS 模型刻画农产品供应链决策者的公平关切效用函数。这里主要阐述 FS 模型理论，根据收益分配公平关切理论中对 FS 模型的论述，费尔和施密特（1999）认为当决策主体自身收益低于他人时就会产生嫉妒心理负效用（有些文献称为"不利不公平负效用"），而当决策主体自身收益高于他人时则会产生同情心理负效用（有些文献称为"有利不公平负效用"），并且 FS 公平关切模型认为收益同等幅度低于他人所产生的嫉妒心理负效用必定大于收益同等幅度高于他人时产生的同情负效用。也就是说在 FS 模型中，决策主体往往会将自身的物质收益与参考群体内决策主体所关注的其他个体物质收益进行一一比较从而判断自身在群体内的收益分配是否公平。这样，就可以计算出决策主体的总效用就包含直接的自身物质收益、产生的嫉妒心理负效用和同情心理负效用之和。于是，考虑公平关切的效用函数就可以表示为

$$u_i(x) = x_i - \frac{\alpha_i}{n-1}\sum_{j \neq i}\max(x_j - x_i, \ 0) - \frac{\beta_i}{n-1}\sum_{j \neq i}\max(x_i - x_j, \ 0) \qquad (2.1)$$

其中，第一项为决策主体自身的直接物质收益产生的效用；第二项 $-\dfrac{\alpha_i}{n-1}\sum_{j \neq i}\max(x_j - x_i, \ 0)$ 表示当决策主体所关注其他参考者收益高于自身收益时所遭受的嫉妒心理负效用；相反，第三项 $-\dfrac{\beta_i}{n-1}\sum_{j \neq i}\max(x_i - x_j, \ 0)$

则表示决策主体自身物质收益高于所关注参考对象时所产生的同情心理负效用；系数 α_i 表示嫉妒心理强度系数，β_i 则表示同情心理强度系数，它们一般满足 $\alpha_i > \beta_i$ 和 $0 \leqslant \beta_i < 1$。$\alpha_i > \beta_i$ 意味着收益同等幅度低于他人而遭受的嫉妒心理负效用必定大于收益同等幅度高于他人时产生的同情心理负效用。$0 \leqslant \beta_i < 1$ 则表示虽然当决策主体自身收益高于他人时遭受同情心理负效用 $\beta_i \geqslant 0$，但决策主体总是偏好于自己得到相对其他成员更多的物质收益 $\beta_i < 1$。每个不同的决策主体所具有的嫉妒心理强度系数 α 和同情心理强度系数 β 是不相同的。有的决策主体因具有较强的嫉妒偏好心理，对应 α 的取值就会比较大；而有的决策主体因富有同情心而使自身的同情心理强度系数 β 的具体取值就会比较大。特别地，当 $\alpha = \beta = 0$，表示纯粹自利偏好即传统的理性人假设，即决策主体只关心自身的物质利益。$\alpha > 0$、$\beta = 0$ 表示决策主体为完全嫉妒偏好者，只会因所关注主体收益高于自身物质收益而产生嫉妒心理负效用，而不会因对方物质收益低于自身而产生任何心理负效用。$\alpha = 0$、$\beta > 0$ 则表示完全同情偏好者，只会因对方收益低于自身而产生同情心理负效用，不会因对方收益高于自身而产生任何心理效用变化。

式（2.1）为多个决策者情况下讨论各方收益分配结果的公平情况，当农产品供应链中只有农业合作社和公司两个决策者时，二者的效用函数可以简化为

$$u_f = \pi_f - \lambda_f \max(\pi_s - \pi_f, \, 0) - \alpha_f \max(\pi_f - \pi_s, \, 0) \qquad (2.2)$$

$$u_s = \pi_s - \lambda_s \max(\pi_f - \pi_s, \, 0) - \alpha_s \max(\pi_s - \pi_f, \, 0) \qquad (2.3)$$

其中，下标 f 代表农业合作社、下标 s 代表公司，u_f、u_s 分别表示农业合作社和公司的效用，π_f、π_s 分别表示农业合作社和公司的利润；λ_f、λ_s 分别表示公司和农户的嫉妒偏好系数，α_f、α_s 分别表示农业合作社和公司的同情偏好系数。

进一步，根据浦徐进等（2014）的研究，决策者往往更关注对自己的不利不公平（嫉妒偏好），符合"人往高处走"的思想，也就是当对方收益高于自身，决策者更容易产生心理负效用。因此，本书仅考虑农产品供应链中直接面临天气风险、收益风险且收益处于弱势的农业合作社的公平关切负效用。于是，在"农业合作社＋公司"型农产品供应链中双方的效用函数进一步简化为

$$u_f = \pi_f - \lambda_f(\pi_b - \pi_f) \qquad (2.4)$$

$$u_s = \pi_s \qquad (2.5)$$

2.1.5　公益性概念与理论模型

1. 公益性概念

西方企业的公益性研究，最早开始于美国学者谢尔顿提出的"社会责任"（social responsibility），接着弗曼的"利益相关者理论"进一步促进了社会责任相关研究的发展。基于利益相关者理论，企业应当兼顾与经营活动相关的各个利益群体，仅考虑自身利润最大化并不能保证企业长远发展，企业还需要通过执行公益性职能获得外部资金、人力、舆论等资源。关于公益性的定义和内容，代表性观点如下。

（1）从利益相关者来界定企业公益性。罗西菲（Rohofs，1974）提出无论社会如何发展、经济情况如何，企业都应该关心消费者利益，如货真价实、确保产品品质安全、保护生态环境等，即不仅是履行经济责任，更应对整个利益相关者负责。古德帕斯特（Goodpaster，1991）认为企业公益性要求企业能处理各种利益相关者的关系和利益权衡，即不仅以股东权益最大化为目标，且能综合考虑各相关利益方的权益，如供应商、客户、消费者和环境。唐纳森和彼斯顿（Donaldson & Pseston，1995）认为企业公益性与经济活动过程所涉及的内外部所有利益相关者的责任密不可分。

（2）以社会责任来界定企业公益性。卡罗尔（Carroll，1998）认为企业通过承担社会责任来履行公益性，如尊重法律法规、提高社会公众幸福指数等。哈里森和梅森（Harrison & Mason，1992）鉴于企业在生产过程中不可避免产生资源耗费和环境污染，提出企业执行公益性应包括承担经济、社会和环境责任，强调企业的生态环保意识，坚持企业实现绿色可持续发展。

（3）以概念比较来定义企业公益性。奥佩勒等（Aupperle et al.，1985）通过将社会责任与企业公益性概念进行对比，发现企业社会责任涵盖了公益性，即公益性就属于社会责任，当企业履行社会责任时也就执行了公益性职能。利博维茨和马戈利斯（Liebowitz & Margolis，1995）将社会责任与公益性进行对比分析，提出企业社会责任是外部压力造成，而外部压力是指企业策略或者公众对企业发展寄予的各种希望，是外部强加给企业的义务，而企业公益性是企业主动并积极改进公众的利益。

由于企业社会责任能够反映企业在权衡利益相关者福利时的道德价值。卡罗尔（1991）提出企业社会责任的"金字塔模型"理论，他认为企业社会责任应该包含经济、法律、伦理和慈善四个部分，且经济责任是基础、所占权重最大，往上依次是法律、伦理及慈善责任。埃尔金顿（Elkington，1997）提出三重底线论也称为"3P维度"，认为企业社会责任包含经济责任、环境责任和社会责任，其中社会责任指的是对于社会其他利益相关方的责任。近年来，国内外学者越来越多重视企业社会责任的定义和内涵，如徐尚昆和杨汝岱（2007）将企业社会责任划分为八个层级，顾客至上是最底层，而公益性则处于最高层。钱明等（2017）认为企业社会责任通常是指企业以一种有利于社会的方式进行经营和管理，承担高于组织自身目标的社会义务。公彦德和陈梦泽（2020）基于利益相关者理论，指出企业社会责任是企业为改善利益相关者福利、实现社会效益的提升而进行的一系列社会管理活动。特加蒂等（Tencati et al.，2020）认为企业通过履行社会责任影响整个组织及利益相关者，并通过可持续发展的行为满足利益相关者的期望。

综上，本书认为公益性是指一个主体的行为或者其提供的服务，让公共集体或他人获得利益，但自身并没有获得相应的完全补偿，即公益性在一定程度上表现为利他性。因此，履行公益性的企业必须超越把追求最大化利润作为唯一目标的传统理念，并在生产和决策过程中强调自身对环境、消费者和社会的贡献，除了自身经济利益外还同时兼顾社会效益和环境效益所进行的一系列企业生产和社会管理活动，实现企业盈利、利益相关者福利之间的均衡，促进经济、社会实现可持续发展。

2. 农产品供应链中公益性的体现方式

（1）促进农产品供应链市场功能的完善。随着社会经济发展，人们消费观念变化，对多样、优质农产品需求增加，不停留在数量上的满足，而是注重营养的摄入平衡和质量安全。农产品供应链公益性行为能够有效降低市场的逐利性、提高农产品质量检查力度、加强农产品质量溯源机制、完善农产品供应链对接农业生产与消费需求等功能，从而实现农产品的稳产保供。农产品生产和种植具有季节性、区域性等特点，不同农产品有着不同的生产周期且受自然规律的支配，因此农产品对应市场供需波动、农产品价格周期性波动较大。当农产品供需不稳定或遇到极端天气时，农产品供应链公益性就能发挥稳定供给、降低价格和保障民生的作用。

（2）促进农产品生产流通组织化程度的提高。农产品供应链作为链接供给和需求的重要桥梁，通过信息透明化的溯源系统建设能够对农产品供应链公司和农业合作社的质量行为起到有力的约束作用。农产品供应链公益性通过相关政策指引、提高市场准入门槛、农产品品质标准化来督促对农业合作社提高生产环节的规范化、规模化和组织化程度。同时，通过制定合理的制度和政策，激励和促进农产品公司扩大生产经营规模，充分发挥规模经营和现代化经营的优势，提高农产品分级包装化程度、标准化程度和组织化程度，进而提高农产品质量，促进农产品供应链稳定和良好运行。

（3）促进农产品质量安全水平的提高。为了保障农产品质量安全，农产品供应链公益性体现在农产品加工商和公司投入成本购买相关监测仪器、采用冷链运输、提高保鲜能力水平等，通过规模化、产业化经营收回相关成本并保障农产品质量安全，维护农产品供应链稳定运行。例如，农产品加工商在加工过程中使用低碳安全能源、采用环保包装材料以及先进加工技术，超市在储存、销售过程中采用冷库、定时喷洒保鲜喷雾，以及销毁处理不合格产品时减少环境污染，确保消费者始终能够买到高质量产品。通过农产品供应链成员双边质量努力能够确保农产品高质量，进一步保障人们生命安全。

（4）促进形成精准的农产品价格信息。公益性农产品供应链能够统一实现电子交易、建立农产品信息平台，对农产品交易进行全程监控，从而形成农产品成交价格、成交量等全面的信息。必须加快农产品公益性市场体系建设，促进农产品供应链参与企业提升相关硬件水平、产销规模，从而促进农产品供应链整体结构升级、农产品质量和供给效率提高。例如永辉超市为加快自身发展，会采用与农业合作社签订订单、建立长期农产品种植基地等措施帮助农户提升收益，同时精简、扁平化农产品流通环节，提高农产品新鲜度、降低农产品流通成本，让利给消费者，扩大销售和市场覆盖，进一步持续、稳定提升自身收益（文晓巍和张蓓，2012）。

3. 农产品供应链公益性理论模型

由于公益性强调企业除了自身经济利益外还同时兼顾社会效益和环境效益进行决策，其中社会效益体现增加消费者福利。于是，参考朱江华等（2022），在农产品供应链中，考虑具有公益性的农产品供应链成员执行"稳价保供"的职能，所以在决策时不仅追逐自身的利润，同时还需兼顾消费者剩余，并以两者之和最大化为决策目标，即当供应链成员执行公益性职能时，其效用函数为

$$u = \pi + \gamma CS \tag{2.6}$$

其中，γ 为公益性系数（$0 \leq \gamma \leq 1$）、π 为利润、u 为效用、CS 为消费者剩

余。当 $\gamma = 0$ 时，企业仅以自身利润 π 最大化进行决策，此时企业不履行公益性职能；当 $\gamma = 1$ 时，企业认为追求利润和追求消费者剩余同样重要；当 $0 < \gamma < 1$ 时，企业执行公益性，但是企业更多看重自身利润的增加。因此，γ 越大，表示企业越注重改进消费者剩余，执行公益性的程度越高。

消费者剩余 CS 指消费者愿意支付产品的最高价格与实际支付价格的差异。供应链成员创造消费者剩余越多，消费者享受到的福利越多，说明企业执行公益性程度就越高，用消费者剩余来表示成员履行公益性是因为消费者剩余具有简单、易量化、能够代表消费者真实感受的优点。借鉴潘达和莫达克（Panda & Modak，2016）、张旭梅等（2022）的研究，消费者剩余表示为

$$CS = \int_{p}^{+\infty} (x - p)\phi(x)\,\mathrm{d}x \tag{2.7}$$

其中，p 为农产品的销售价格，x 为消费者的支付意愿，$\phi(x)$ 为市场的需求密度函数。

2.2 文 献 综 述

2.2.1 考虑政府补贴的农产品供应链研究

1. 提高农产品质量

吴月红（2013）证明农业补贴政策能够促进农户主动采取保护耕地的相关行为。沃尔和尤瑟夫（Warr & Yusuf，2014）研究价格支持和投入补贴对水稻产量的影响，表明对肥料的投入补贴比水稻的价格支持更高效，是实现优质水稻自给自足的最有效补贴方式。王欧和杨进（2014）发现政府补贴有利于农户扩大种植面积、追加投入资本从而提高农产品产量。熊峰等（2015）证明不同补贴方式对关系契约稳定性影响较大，但引入冷链设施补贴总能更显著地提高农产品生鲜度。王永明和秦翠平（2017）证明极端天气降低农户的努力水平，合理的政府补贴因子能有效地提高农户努力水平、农产品产出和供应链成员收益。阿兹马尔等（Alizamir et al.，2018）分析了价格补贴和收入补贴对消费者、农民和政府的影响，发现价格补贴鼓励农民种植更多的土地，而收入补贴反而使农民种植更少的土地，同时农民和消费者在价格补贴下能够获得更多收益。浦徐进等

（2023）证明电商和政府对于不同补贴政策的偏好具有显著的差异性，电商始终偏好于政府按收购量提供补贴；随着农户产量风险厌恶程度增大，政府会更加倾向于选择按收购价补贴的政策。焦薇和王付宇（2022）证明随着政府补贴的增加，农户最优努力水平上升，零售商最优基准收购价下降，农产品产出和销售量都明显增加。王文利和张睿贞（2023）证明政府补贴有利于推动农产品供应链绿色化转型发展从而促进农产品质量生态化。

2. 改进消费者剩余

阿卡亚等（Akkaya et al.，2016）分析了发展中国家政府以价格支持、成本支持或增产措施进行干预，发现干预未必能改进消费者剩余。于和萨姆纳（Yu & Sumner，2018）分析了补贴农作物保险对农作物选择的影响，发现农作物保险可以通过降低风险和提供补贴来增加农业投资，从而实现消费者剩余扩大。黄建辉和林强（2019）在产量不确定的情形下，分别研究了贸易信用和贷款保证保险对农户的影响，发现政府对农产品供应链进行补贴，有利于农民更合理决策生产投入量，有效规避风险。彭和庞（Peng & Pang，2019）发现政府补贴率提高能扩大农产品生产规模，同时提高农产品供应链各成员利润，维持供应链稳定运作和改进消费者剩余。余星等（2020）证明政府给农户提供生产成本补贴能有效激励农户扩大生产规模，提高农户和公司收益，实现农产品供应链协调，实现消费者能持续购买低价优质的农产品。闻卉等（2021）研究表明当零售商的合作偏好程度低于某一临界值，且"丰收年"发生的概率适中或偏高时，政府的最优补贴政策是对农户提供补贴。何和杨（He & Yang，2022）发现当政府对生产商的补贴因子最小时，政府专项减排补贴模式下的减排量更大，但不会提高食品的新鲜度质量。马文博等（2023）研究政府补贴对农产品产地仓建设的影响，研究发现政府补贴有助于提高农产品产地仓保鲜水平，提高农户和产地仓利润以及提升消费者福利。雷婷等（2023）发现政府补贴能够促进应急代储策略的有效实施，提高市场盈利性，增加消费者剩余。

3. 增进社会整体福利

薛（Xue，2021）研究不同供应链结构和政府补贴策略下的多产品定价和绿色产品设计策略，发现当政府提供统一的补贴策略时，零售商主导供应链可以带来更绿色的产品，更多的市场需求、利润和社会福利。王道平和王婷婷（2021）证明政府补贴大小与供应链的博弈结构有关，且政府补贴对改进供应链利润分配公平程度和提高社会整体福利都起到良好的促进作用。郭方方和钟耀广（2022）研究发现政府单独补贴农户，既能给农产品供应链整体带来利润最大化，又可以增加农民收入，达到农产品供应链消费扶贫的效果，显著增加社会整体福利。谢家平和刘丹（2022）证明面积补贴可以通过调整每亩农田的补贴标准进而促进农户收入以及农户生产投入量的提升，持续稳定增加农户收入。冯颖等（2023）发现政府对农户进行税收补贴，可激励农户提高生产量并促使公司降低保底价格，进而增加双方期望收益，让利消费者，改进社会整体福利。宋等（Song et al.，2023）证明当供应链成员合作关系紧密时，政府补贴改进社会福利的效果更好，但补贴方式的最优选择取决于市场竞争水平。

4. 提高政府补贴资金使用效率

张旭梅等（2022）证实公益性与补贴资金杠杆率负相关，加强公益性会导致财政补贴资金效率降低。周永务等（2022）建立以公司为主导的订单农业供应链，研究土地规模对政府补贴资金使用效率的影响。曹等（Cao et al.，2022）证明政府对零售商的补贴总是有利于零售商和供应链，但不影响制造商的运营策略和利润，补贴效率有待改进；政府对制造商的补贴总是有利于制造商，但并不总是有利于零售商和供应链。朱江华等（2022）研究发现，在财政预算充裕时，采购补贴和销售补贴均有效且可行；从改善社会整体福利的角度看，采购补贴最优；从补贴资金效率的角度看，销售补贴最优。在销售补贴预算充裕而采购补贴预算存在缺口时，销售补贴最优；在财政预算不足时，政府的最优策略就是不干涉市场的运营。

2.2.2　考虑极端天气的农产品供应链研究

在乡村振兴、共同富裕背景下，农产品供应链已成为当下热点问题。目前，国内外已有大量学者对农产品供应链展开研究并得到了一些重要结论。农业是受天气影响最大的行业之一，但是关于极端天气对农业供应链的相关研究仍处于初期发展阶段，特别地，在 CNKI 中以"天气 + 供应链"为主题词检索仅有 8 篇直接相关文献，以但斌等（2014）、伏红勇（2013）、覃燕红和王少杰（2023）为代表，研究文献较少且主要集中于极端天气对农业生产决策的影响。

1. 从种植环节出发研究天气对农业的影响

赵等（Zhao et al.，1991）以山东省清县的农作物与家畜为例，通过构建线性规划模型研究不同天气条件下的最优生产规划问题。达比-道曼等（Darby-Dowman et al.，2000）围绕极端天气影响蔬菜产量构建两阶段随机规划模型，求解了极端天气下蔬菜的最优生产规模。费舍尔等（Fischer et al.，2007）和特勒尔等（Turral et al.，2010）研究全球气候变暖对农作物需水量的影响。杰克斯森等（Jacxsens et al.，2010）通过实证研究证明土壤中水分损失和水平衡是影响小麦产量和质量的关键因素。旺达（Wandaka，2013）研究发现温度对农作物生产更为显著。葛兰斯利等（Gleissy et al.，2016）研究证明温度每升高 5℃，适宜种植区面积从37.3% 减少到 4.3%。利萨索等（Lizaso et al.，2018）发现高温会促进玉米生长，并导致其营养期和繁殖期缩短。里瓦代拉等（Rivadeneira et al.，2020）认为气温持续增长会造成农作物蒸腾量的增加从而缩短生长周期。陈乐群和王波（2021）基于福建省 1993—2017 年的数据，运用实证研究发现年降雨量增加对福建种植业生产效率产生显著负面影响。陈晓琳等（2022）证明冬小麦高产与稳产、低产与不稳产密切关联，灌溉条件是促进冬小麦高产、稳产的关键因素，且灌溉对冬小麦的影响随时间逐渐增强。冯军和石超（2022）证明降雨量是直接影响油菜土壤微生物群落结构的关键因素。齐月等（2022）认为冬小麦生产潜力主要受气温的影响，气温的升高有利于冬小麦光合作用、是冬小麦光温生产潜力和气候生产潜力提高的主要因素。万红莲等（2022）发现冰雹灾害在空间分布上存在明显的差异性，不同季节和危害程度下的雹灾具有不同的空间分布特征，但集中分布在关中平原及其以北地区。温焜和余星（2022）探讨了不同天气条件对最优收购价格和公司利润的影响，并建议公司按统一价格收购后以质量分级模式进行销售。何亮和毛留喜（2023）对东北地区气象站 1991—2020 年的数据进行了分析，研究发现日照变化是大豆气候适宜度变化的主要因素，降水变化对大豆气候适宜度变化贡献率最小。刘慧丽和陈浩（2023）证明在川西高山高原区植被覆盖度与气温呈显著正相关关系，但与降水的关系不明显；而四川盆地区和盆周山地区植被覆盖度与气温和降水均呈正相关关系。

2. 从供应链的视角对极端天气影响下需求风险进行分析

如赵霞和吴方卫（2009）在考虑生鲜农产品生产受季节性影响的条件下设计收益共享契约协调了产量和需求扰动均为均匀分布条件下的农产品供应链。陈和雅诺（Chen & Yano，2010）设计风险补偿契约实现了极端天气影响市场需求下的农产品供应链协调。尼古洛普洛和菲尔德斯（Nikolopoulos & Fildes，2013）研究发现天气变化会对促销活动中产品销量产生影响，提出了天气调整机制以改进供应链的需求预测功能。伊和李（Yi & Li，2013）通过给农户签订极端天气补偿合同可以降低农户风险、保障农户利润，实现农产品供应链协调。但斌等（2014）、伏红勇和但斌（2015）证明极端天气越严重对供应链影响越大。伏等（Fu et al.，2018）证明设计天气指数和损失厌恶程度的风险回报契约可以有效调动农民生产积极性，以应对极端天气对供应链的负面影响。杨磊等（2015）采用 CVaR 计算了批发商的最优订货决策，从而有效缓减了极端天气对农产品供应链的负面影响。伏红勇等（2020）在极端天气影响下建立了由风险厌恶农户和风险中性公司组成的二级供应链，并通过天气看跌期权契约实现供应链完美协调。史和王（Shi & Wang，2022）通过研究一个与天气相关的产量不确定性的供应商和一个面临与市场需求相关的不确定性的零售商组成的两级供应链，证明收益共享契约能够实现农产品供应链协调、帕累托改进供应链各方的期望利润。覃燕红和王少杰（2023）通过极端天气视角研究农产品供应链协调机制，发现"收益共享 + 加盟金"组合契约可以实现农产品供应链协调。陈柳鑫和黄磊（2023）针对室外高温下由供应商、零售商和 TPL 组成的三级农产品供应链建立了供应商和零售商共担 TPL 运费的供应链博弈模型，并引入"保鲜成本共担 + 补贴"契约协调高温影响下的农产品供应链。

2.2.3　考虑公平关切的农产品供应链研究

崔等（Cui et al.，2007）最早引入公平关切研究供应链管理，发现通过批发价格契约可以实现供应链协调。继此之后，很多学者都将公平关切引入农产品供应链，研究公平关切对农产品供应链成员决策的影响。

1. 农产品供应链的决策优化

洪美娜等（2014）证明生鲜农产品供应链各方最优利润都随零售商公平关切强度严格递减。曹武军和李新艳（2014）将公平关切引入生鲜农产品双渠道供应链，证明供应商公平关切具有自动协调供应链的功能。王雅婷（2015）考虑农产品供应商公平关切建立了农产品供应链模型，证明公平关切下批发价格契约能够协调农产品供应链且分析农产品供应链利润分配不公平的原因在于公平关切信息不对称。熊峰等（2017）证明供应商公平关切对零售商生鲜农产品质量投入与定价有显著影响。张旭和张庆（2017）以供应商主导的两级农产品供应链为研究对象，证明零售商公平关切越强、供应商让渡利润越多，并提出改进旁支付契约实现各方决策优化。亨德里克森等（Hendrickson et al.，2018）指出农产品供应链中的公平关切行为表现更为普遍和复杂。穆恩等（Moon et al.，2018）指出零售商的公平关切行为会显著影响农产品供应链各成员的投资决策。陈军等（2020）发现农户直接公平关切下的收购价最高，而纳什讨价还价公平关切下的保鲜努力水平最高。许芳等（2020）采用实证研究分析了农户公平关切对种植努力决策的影响。康等（Kang et al.，2021）证明农产品供应链中的公平关切会加剧供应链双重边缘化效应，导致双方利润都显著下降和农产品供应链效率降低。张娜娜等（2021）研究发现供应商的公平关切会降低生鲜电商保鲜努力水平和"最后一公里"服务努力水平，而且生鲜农产品供应链成员的公平关切总是伴随着各自渠道收益比提升而减弱。刘瑞（2022）通过建立改进公平熵和改进非对称纳什谈判的收益分配模型，分析了农产品电商供应链收益分配公平程度最高的方案。梁薇薇等（2022）运用分析了公平关切信息非对称对农产品供应链双边质量努力的影响。

2. 农产品供应链协调方面

曹武军和李新艳（2014）证明供应商公平关切能够自动协调双渠道供应链，且会提高供应链协调效率。冯春等（2018）在指数需求下基于"农超对接"研究公平关切对渠道定价策略的影响，指出农户公平关切会降低渠道整体利润。刘佩佩和代建生（2019）建立三级生鲜农产品供应链模型，并证明零售超市的公平关切行为会导致收益共享契约不能协调农产品供应链。刘磊等（2019）研究"企业＋农户"两级认证农产品供应链，发现供应链协调程度和利润分配公平程度随企业公平关切而增强。兰岚（2019）证明只有建立公平合理的收益分配机制，才能促进农业合作社的可持续发展。喻冬冬等（2020）通过研究双渠道农产品供应链中的横向、纵向公平关切，指出零售商的横向、纵向公平关切对农业合作社效用和超市利润并不总是起到积极作用，依赖于双方的公平关切类型及强度。晏等（Yan et al.，2020）证明制造商和零售商双方公平关切导致新鲜农产品供应链整体有效性降低，提出收益共享契约能改进双方利润并激励制造商实施保鲜工作。张晓和安世阳（2021）通过构建生鲜品双渠道供应链，证明收益共享契约可以实现生鲜品双渠道供应链的协调，且零售商的公平关切行为对供应链具有协调作用。高瑛等（2021）证明无论采用基于个体参考点公平关切模型还是平均收益为参考的超市公平关切模型，批发价格契约都可以可协调农产品供应链。覃燕红和王少杰（2023）证明农户公平关切加剧了农产品供应链双重边际效应，但"收益共享＋加盟金"组合契约可以实现农产品供应链协调、帕累托改进农产品供应链成员利润。孜等（Zi et al.，2022）发现当零售商公平关切程度较高时，双边成本分担可以提高生鲜农产品供应链的协调效率，减少双边际效应。

2.2.4 考虑公益性的农产品供应链研究

农产品稳定供应关系到民生，为向消费者提供优质低价的农产品，政府以"提供平价或微利公共服务"为宗旨推进公益性市场体系建设。但是，考虑公益性的供应链研究较少，以"公益性 + 供应链"在 CNKI 中搜索，仅 4 篇文献，且都是研究药品供应链，如李诗杨等（2017）、但斌等（2017）、李诗杨等（2019）；以"公益性 + 农产品供应链"为主题词在 CNKI 中搜索，缺乏直接相关文献，且相关文献也特别少，具体如下。

埃格尔斯顿和叶普（Eggleston & Yip，2004）研究认为企业公益性能促进各方成员的利益改进。张浩等（2009）采用 DEA 对不同类型农产品批发市场的公益性进行了比较研究，发现集体和国有市场、股份制市场的效率高于私营批发市场，建议应加强扶持私营市场中具有公益性职能的设施建设。张闯等（2015）分析北京新发地市场来剖析农产品批发市场公益性实现方式，发现政府可以通过合约或制度的安排实现农产品批发市场的公益性目标。古川（2015）通过对比分析发现公益性批发市场和民营批发市场在经营中各有优劣，以利润为导向的民营批发市场会损害其公益性功能，公益性农产品批发市场需要政府的适当投资，以弥补经营者对公益性努力的不足。曹武（2021）研究发现电商平台（如淘宝、京东、拼多多）的公益性行为有助于提高农产品供应链整体运行效率，如开展公益性的电商培训，通过缩短中间环节拉近农户与消费者的距离，让消费者能够购买到更加高质量的农产品。张旭梅等（2022）研究发现加强生鲜销售商的公益性会对供应链各成员的盈利能力产生促进作用，且公益性与补贴资金杠杆率负相关，过多地加强公益性将降低财政补贴效率。

2.2.5 文献评述

农业是国民经济的基础性产业，其稳定、健康发展对民生兜底、社会和谐稳定都具有重要意义。农产品供应链是沟通农业生产与市场的重要桥梁，农产品生产的高度分散性、季节性以及区域性等特点，特别是农产品生产过程中不可避免地受到天气等自然风险的影响，导致农产品供应链管理难度大、复杂性高，必须考虑农产品生产受天气影响这一重要典型特征来研究农产品供应链协调和政府补贴机制。现有文献考虑极端天气研究供应链管理中的决策优化问题，分析了政府补贴对农产品供应链的影响、决策主体公平关切和公益性对农产品供应链决策优化和契约协调的影响，这些研究为推动天气影响下农产品供应链契约协调和补贴机制奠定了理论基础。但是，现有研究还存在以下问题。

1. 主要研究极端天气对供应链的影响，但较少涉及农产品供应链

首先，农产品具有易腐性、保存难度大、运输条件严苛等特性，与工业品供应链存在显著差异，有关极端天气对供应链影响的结论难以直接用于农产品供应链研究中。其次，现有文献研究了极端天气对农业生产种植或者农产品销售的影响，但是缺乏研究农产品供应链，未见文献研究极端天气下"农业合作社＋公司"型农产品供应链契约协调问题，而契约合理设计直接关系到农业合作社和公司之间的利益分配、关系到农产品供应链的稳定运行。因此，有必要研究极端天气对"农业合作社＋公司"型农产品供应链契约协调的影响，促进该模式供应链稳定运作，高效推动我国农业产业化、规模化和现代化发展。

2. 忽略了公平关切对农产品供应链的影响

以上虽有少量文献将极端天气纳入农产品供应链中，但均忽略公平关切对农产品供应链决策的影响。事实上，在"农业合作社＋公司"型农产品供应链中，一方面，农业合作社代表广大农户利益，也要同广大农户一样直接面临极端天气对农业生产的负面影响，直接面临收益风险；另一方面，相对公司而言，农业合作社远离市场，不能第一时间获取精准的农产品需求信息，在与公司合作中谈判处于弱势。农业合作社容易产生公平关切心理，为了争取更加公平的利润，容易采取一些投机行为，如以次充好、使用抗生素、生产激素等尽可能降低生产成本、增加利润，对农产品质量安全控制与农产品供应链运作非常不利，不能忽略公平关切这一重要因素。因此，有必要考虑农业合作社的公平关切研究农产品供应链契约协调，从更符合实际决策心理的情况开展研究。

3. 忽略了公益性对农产品供应链的影响

目前我国农业"靠天收"的局面尚未根本扭转，农产品产量和质量受极端天气影响较大，市场需求的随机性进一步加剧了农产品供应链运营的困难。出于响应国家政策和维持供应链良好运营以获取更可持续的利润的目的，公司也积极履行公益性职能来增加消费者福利，提高农业合作社利润，间接持续增加自身利润。因此，在极端天气下研究"农业合作社＋公

司"型农产品供应链中的公益性对农产品供应链各方决策、契约设计和供应链协调性的影响，以减少极端天气和公平关切对农产品供应链的负面影响，具有重要的理论意义和实践价值。

4. 涉及农产品供应链政府补贴机制的研究没有考虑极端天气这一重要特征

一方面，现有文献主要从农产品种植生产环节研究政府补贴机制，较少从农产品供应链的视角研究政府补贴机制；另一方面，较少涉及农产品供应链政府补贴的文献忽略极端天气的影响，不能客观分析、比较和评价政府补贴方式（如按生产量补贴、按销售量补贴、按批发价格补贴、按销售价格补贴）下的政府支出，也不能定量评价政府补贴对农产品供应链的激励效果、对社会整体福利的改进程度和补贴资金的使用效率，难以为政府选择补贴策略提供可靠的量化理论依据。因此，有必要在极端天气下研究"农业合作社＋公司"型农产品供应链中的政府补贴机制问题，并从提高农产品质量、改进消费者剩余、改善社会整体福利和提高补贴资金使用效率方面定量计算、比较各种补贴方式，为政府合理选择补贴方式、优化补贴策略提供微观的理论依据。

2.3　本章小结

首先，本章对涉及的基础理论，如"农业合作社＋公司"型农产品供应链的特点和优势、农产品供应链契约协调、政府补贴机制、公平关切和公益性的理论模型进行阐述。其次，通过现有考虑极端天气的农产品供应链决策优化与契约协调、考虑政府补贴的农产品供应链契约协调、考虑公平关切和公益性的农产品供应链研究进行综述和分析。

为了进一步完善现有研究、提升农产品质量和农产品供应链效率，有必要先考虑农业生产中极端天气这一重要典型特征，建立极端天气影响农产品质量的随机利润函数，基于该利润函数，分析极端天气对农产品供应链决策、契约协调和政府补贴机制的影响机理。然后，将农产品供应链中的公平关切和公益性纳入各方的决策中，分析极端天气下公平关切和公益性对农产品供应链契约协调和不同政府补贴方式的影响机理。最后，设计利益分配机制协调农产品供应链运作，并从改进消费者剩余、社会整体福利和补贴资金使用效率定量评价各种政府补贴方式。

第3章 极端天气下农产品供应链契约协调

作为基本模型，本章仅考虑极端天气影响农产品质量这一条件来研究农产品供应链各方决策和契约协调机制。首先，通过刻画极端天气影响农产品质量的随机利润函数，建立农业合作社主导的二级农产品供应链斯塔克伯格（Stackelberg）博弈模型，分别求解集中决策、分散决策下的农产品供应链各成员均衡策略，并对各情形下的均衡策略进行比较分析和敏感性分析。其次，设计"收益共享"契约和"收益共享＋加盟金"组合契约协调极端天气影响下的农产品供应链，并分析极端天气对契约协调性及契约参数协调范围的影响。最后，通过数值分析进一步验证结论。

3.1 问题描述和模型假设

3.1.1 问题描述

在不确定的市场需求条件下，由农业合作社和公司组成的一个二级农产品供应链，农业合作社和公司构成 Stackelberg 博弈：农业合作社处于主导地位先决策批发价格 w 和种植努力投入 e，公司处于跟随地位后决策订购数量 q 和销售价格 p。农产品的单位生产成本为 c。农产品供应链博弈时序如图 3.1 所示。

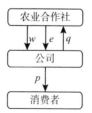

图 3.1 农产品供应链博弈时序

农产品在生长过程中可能会遭遇多种极端天气（如暖冬、倒春寒以及强降雨等）。根据农产品特性，适合单一农作物生长的天气指数为 $v \in (\underline{v}, \overline{v}) \subset [\underline{\underline{v}}, \overline{\overline{v}}]$，其中 $\underline{v}$、$\overline{v}$ 分别为适合农作物生长的天气指数下界和上界，$\underline{\underline{v}}$、$\overline{\overline{v}}$ 分别为自然界出现的非灾难性极端天气指数下界和上界。本章以暖冬高温（即 $v \in [\overline{v}, \overline{\overline{v}}]$）极端天气为例，研究极端天气影响下"农业合作社 + 公司"型农产品供应链的契约协调。当 $v \in [\underline{\underline{v}}, \underline{v}]$ 时，说明发生倒春寒、干旱等自然灾害，对于此类极端天气影响下农产品供应链契约协调问题可进行类似分析。

3.1.2 模型假设

假设 3.1 农业合作社对农产品投入的种植努力为 $e \in [0, 1]$，$C(e)$ 是与 e 相关的成本函数，且 $C(e)$ 关于 e 二阶可微、单调凸函数，即 $\dfrac{dC(e)}{de} > 0$、$\dfrac{d^2C(e)}{de} > 0$，于是，农业合作社的种植努力成本函数可简化为 $C(e) = \dfrac{1}{2}e^2$。

假设 3.2 农产品质量 θ 受到农业合作社投入的种植努力 e 和极端天气 v 的共同影响，记为 $\theta(e, v)$。参考蔡等（Cai et al., 2010），令 $\theta(e, v) = \theta_0 ek^{-\beta(v-\overline{v})}$，其中，$\theta_0$ 为农产品初始质量，为了保持量纲的一致性，以 k 和 β 共同表示天气对农产品质量的影响系数且 $k > 1$，$\beta > 1$。为了简化分析，令 $\theta_0 = 1$，于是 $\theta(e, v) = ek^{-\beta(v-\overline{v})}$。农产品质量随农业合作社种植努力投入的增加而提高，且当 $v \in [\overline{v}, \overline{\overline{v}}]$ 时，农产品质量随温度升高而降低且呈边际递增趋势，即 $\dfrac{d\theta(e, v)}{dv} < 0$，$\dfrac{d\theta^2(e, v)}{dv^2} > 0$。

假设 3.3 极端天气下，农产品需求函数 $d = ap^{-b}\theta(e, v)\varepsilon$，$a > 0$，$b > 1$，其中，$a$ 为市场最大潜在规模的度量，b 为市场需求价格弹性，ε 是与销售价格、质量无关的随机因子，$\varepsilon \in (0, +\infty)$ 且 $E(\varepsilon) = 1$，其概率密度函数和累积分布函数分别为 $f(x)$ 和 $F(x)$，ε 的广义失败率为 $h(x) = xf(x)/\overline{F}(x)$，其中，$\overline{F}(x) = 1 - F(x)$，$\varepsilon$ 具有递增的广义失败率性质。

其他符号说明：π 表示利润，u 表示效用；上标 C 表示集中决策情形，上标 N、RC、$RC-T$ 分别表示批发价格契约、收益共享契约和"收益共享 + 加盟金"组合契约；下标 f、s 和 sc 分别代表农业合作社、公司和农产品供应链；上标 * 表示最优情形。

本书模型中天气是随机因子，故农业合作社、公司和农产品供应链通过决策得到的都是期望利润，但是为了叙述方便和减少冗余，一律将"期望利润"简写为"利润"。

由以上问题描述和假设，可得农业合作社、公司及农产品供应链利润分别为

$$E(\pi_f) = (w-c)q - \frac{1}{2}e^2$$

$$E(\pi_s) = pE[\min(q, d)] - wq$$

$$E(\pi_{sc}) = pE[\min(q, d)] - cq - \frac{1}{2}e^2$$

集中决策下农产品供应链系统的决策问题为

$$\max_{e,q,p} E(\pi_{sc}^C) = pE[\min(q, d)] - cq - \frac{1}{2}e^2$$

借鉴佩特鲁齐和达达（Petruzzi & Dada, 1999）、利维拉（Lariviere, 2006）的做法，定义库存因子 $z = \dfrac{q}{ap^{-b}ek^{-\beta(v-\bar{v})}}$，将选择最优的 p 转化为选择最优的 z。将 $p = \left(\dfrac{zaek^{-\beta(v-\bar{v})}}{q}\right)^{\frac{1}{b}}$ 代入 $E(\pi_{sc}^C)$ 整理可得

$$E(\pi_{sc}^C) = \left(\frac{zaek^{-\beta(v-\bar{v})}}{q}\right)^{\frac{1}{b}} qE\min\left(1, \frac{\varepsilon}{z}\right) - cq - \frac{1}{2}e^2$$

通过对 $\dfrac{\partial E(\pi_{sc}^C)}{\partial z}$ 的分析，以及 ε 的广义失败率，得到引理 3.1。

引理 3.1　最优库存因子由以下方程确定：$\int_0^z (b-1)xf(x)\mathrm{d}x = z(1-F(z))$。

证明：$\dfrac{\mathrm{d}E(\pi_{sc}^C)}{\mathrm{d}z} = \dfrac{(aek^{-\beta(v-\bar{v})})^{\frac{1}{b}} q^{1-\frac{1}{k}} \int_0^z xf(x)\mathrm{d}x}{bz^{2-\frac{1}{b}}}\left(\dfrac{z(1-F(z))}{\int_0^z xf(x)\mathrm{d}x} - (b-1)\right)$，

定义 $G(x) = \dfrac{z\bar{F}(x)}{\int_0^z xf(x)\mathrm{d}x}$，则 $\dfrac{\mathrm{d}G(x)}{\mathrm{d}z} = \dfrac{\bar{F}(x)}{\left(\int_0^z xf(x)\mathrm{d}x\right)^2}\int_0^z\left(\dfrac{xf(x)}{\bar{F}(x)} - \dfrac{zf(z)}{\bar{F}(z)}\right)\bar{F}(x)\,\mathrm{d}x$。

由于 ε 的广义失败率为 $h(x) = xf(x)/\bar{F}(x)$，其中，$\bar{F}(x) = 1-F(x)$，ε 具有递增的广义失败率性质，于是 $\mathrm{d}G(x)/\mathrm{d}z < 0$，此时 $\lim\limits_{x\to 0}\mathrm{d}E(\pi_{sc}^C)/\mathrm{d}z > 0$，$\lim\limits_{x\to\infty}\mathrm{d}E(\pi_{sc}^C)/\mathrm{d}z < 0$，因此 $E(\pi_{sc}^C)$ 关于 z 在 $[0, +\infty)$ 上为严格凹函数，由凹函数性质可知，存在唯一的最优库存因子 z 满足 $\mathrm{d}E(\pi_{sc}^C)/\mathrm{d}z = 0$，此时得到 $\int_0^z (b-1)xf(x)\mathrm{d}x = z(1-F(z))$。证毕。

由引理 3.1，可得农产品供应链集中决策下的模型转化为

$$\max_{e,q} E(\pi_{sc}^C) = E(\pi_f^C) + E(\pi_s^C) = (w-c)q - \frac{1}{2}e^2 + pE[\min(q,\ d)] - wq$$

$$= pE[\min(q,\ d)] - cq - \frac{1}{2}e^2$$

$$= \left(\frac{zaek^{-\beta(v-\bar{v})}}{q}\right)^{\frac{1}{b}} q\left(1 - \int_0^z \left(1 - \frac{x}{z}\right)f(x)\,dx\right) - cq - \frac{1}{2}e^2$$

$$= \left(\frac{zaek^{-\beta(v-\bar{v})}}{q}\right)^{\frac{1}{b}} q\,\frac{b(1-F(z))}{b-1} - cq - \frac{1}{2}e^2$$

此时海塞矩阵为

$$\boldsymbol{H}_0(q,\ e) = \begin{pmatrix} -\dfrac{\left(\dfrac{zaek^{-\beta(v-\bar{v})}}{q}\right)^{\frac{1}{b}} q(1-F(z)) + be^2}{be^2} & \dfrac{\left(\dfrac{zaek^{-\beta(v-\bar{v})}}{q}\right)^{\frac{1}{b}}(1-F(z))}{be} \\[4mm] \dfrac{\left(\dfrac{zaek^{-\beta(v-\bar{v})}}{q}\right)^{\frac{1}{b}}(1-F(z))}{be} & -\dfrac{\left(\dfrac{zaek^{-\beta(v-\bar{v})}}{q}\right)^{\frac{1}{b}}(1-F(z))}{bq} \end{pmatrix}$$

由 $0 < F(z) < 1$，$b > 1$，$\beta > 1$，可知海塞矩阵为负定。

令 $\dfrac{\mathrm{d}E(\pi_{sc}^C)}{\mathrm{d}q} = \dfrac{\mathrm{d}E(\pi_{sc}^C)}{\mathrm{d}e} = 0$，联立求解可得

$$q^{C*} = \frac{z^2 a^2 ck^{-2\beta(v-\bar{v})}}{b-1}\left(\frac{1-F(z)}{c}\right)^{2b}$$

$$e^{C*} = \frac{zack^{-\beta(v-\bar{v})}}{b-1}\left(\frac{1-F(z)}{c}\right)^{b}$$

将 q^{C*} 和 e^{C*} 代入 $p = \left(\dfrac{zaek^{-\beta(v-\bar{v})}}{q}\right)^{\frac{1}{b}}$ 得 $p^{C*} = \dfrac{c}{1-F(z)}$。

将 p^{C*}、q^{C*}、e^{C*} 代入式 $\max\limits_{e,q,p} E(\pi_{sc}^C) = pE[\min(q,\ d)] - cq - \frac{1}{2}e^2$，可以求得集中决策下农产品供应链的最优利润 $E(\pi_{sc}^{C*})$ 为

$$E(\pi_{sc}^{C*}) = \frac{z^2 a^2 c^2 k^{-2\beta(v-\bar{v})}}{2(b-1)^2}\left(\frac{1-F(z)}{c}\right)^{2b}$$

3.2　基于批发价格契约的模型分析

3.2.1　模型分析

在本章基本模型中，极端天气下双方都仅以自身利润最大化为目标。

因此，仅采用批发价格契约时，农业合作社和公司的博弈模型表示为

$$\max_{w,e} E(\pi_f^N) = (w-c)q - \frac{1}{2}e^2$$

$$\text{s. t. } \max_{p,q} E(\pi_s^N) = pE[\min(q, d)] - wq$$

采用逆向归纳法求解上述博弈模型。

给定农业合作社的决策 (w, e)，在博弈第二阶段中，通过库存因子，公司的决策为

$$\max_{p,q} E(\pi_s^N) = pE[\min(q, d)] - wq = \left(\frac{zaek^{-\beta(v-\bar{v})}}{q}\right)^{\frac{1}{b}} \frac{qb(1-F(z))}{b-1} - wq$$

由 $\dfrac{\mathrm{d}E(\pi_s^N)}{\mathrm{d}q} = (zaek^{-\beta(v-\bar{v})})^{\frac{1}{b}} q^{-\frac{1}{b}}(1-F(z)) - w$ 可得

$$\frac{\mathrm{d}^2 E(\pi_s^N)}{\mathrm{d}q^2} = -\frac{(zaek^{-\beta(v-\bar{v})})^{\frac{1}{b}} q^{-\frac{1}{b}-1}(1-F(z))}{b}$$

结合 $0 < F(z) < 1$，$b > 1$，$\beta > 1$，于是 $\dfrac{\mathrm{d}^2 E(\pi_s^N)}{\mathrm{d}q^2} < 0$，因此存在 q 的最优解。令 $\dfrac{\mathrm{d}E(\pi_s^N)}{\mathrm{d}q} = 0$，得公司的最优反应函数为 $q^*(w, e) = zaek^{-\beta(v-\bar{v})} \left(\dfrac{w}{1-F(z)}\right)^{-b}$。

回到博弈第一阶段，将 $q^*(w, e)$ 代入 $E(\pi_f^N) = (w-c)q - \frac{1}{2}e^2$，可得农业合作社的决策问题为

$$\max_{w,e} E(\pi_f^N) = (w-c)zaek^{-\beta(v-\bar{v})} \left(\frac{w}{1-F(z)}\right)^{-b} - \frac{1}{2}e^2$$

此时海塞矩阵为

$$H_1(w, e) = \begin{pmatrix} -\dfrac{zabek^{-\beta(v-\bar{v})}((-w+c)b+c+w)\left(\dfrac{w}{1-F(z)}\right)^{-b}}{w^2} & \dfrac{zak^{-\beta(v-\bar{v})}((-w+c)b+w)\left(\dfrac{w}{1-F(z)}\right)^{-b}}{w} \\ \dfrac{zak^{-\beta(v-\bar{v})}((-w+c)b+w)\left(\dfrac{w}{1-F(z)}\right)^{-b}}{w} & -1 \end{pmatrix}$$

由海塞矩阵负定可得约束条件，即

$$w_1(w, e) = -\frac{zabek^{-\beta(v-\bar{v})}((-w+c)b+c+w)\left(\dfrac{w}{1-F(z)}\right)^{-b}}{w^2} < 0$$

根据 $w_1(w, e) < 0$，构建拉格朗日函数：$L_1 = (w-c)q - \frac{1}{2}e^2 + g_1 w_1(w, e)$，

满足 KT 条件：$\dfrac{\mathrm{d}L_1}{\mathrm{d}w}=\dfrac{\mathrm{d}L_1}{\mathrm{d}e}=0$，$\dfrac{\mathrm{d}L_1}{\mathrm{d}w}<0$，$g_1w_1(w,\ e)=0$，$g_1=0$。

联立求解解得：$w^{N^*}=\dfrac{bc}{b-1}$，$e^{N^*}=\dfrac{zack^{-\beta(v-\bar v)}}{b-1}\left(\dfrac{(b-1)(1-F(z))}{bc}\right)^b$。

将 w^{N^*} 和 e^{N^*} 代入公司的最优反应函数 $q^*=zaek^{-\beta(v-\bar v)}\left(\dfrac{w}{1-F(z)}\right)^{-b}$ 得

q^{N^*}，再将 q^{N^*} 代入 $p=\left(\dfrac{zaek^{-\beta(v-\bar v)}}{q}\right)^{\frac{1}{b}}$ 得 p^{N^*}。即博弈均衡时，农产品供应链各方的最优决策为

$$w^{N^*}=\frac{bc}{b-1}$$

$$e^{N^*}=\frac{zack^{-\beta(v-\bar v)}}{b-1}\left(\frac{(b-1)(1-F(z))}{bc}\right)^b$$

$$q^{N^*}=\frac{z^2a^2ck^{-2\beta(v-\bar v)}}{b-1}\left(\frac{(b-1)(1-F(z))}{bc}\right)^{2b}$$

$$p^{N^*}=\left(\frac{(b-1)(1-F(z))}{bc}\right)^{-1}$$

于是，批发价格契约下农业合作社、公司及农产品供应链利润分别为

$$E(\pi_f^{N^*})=\frac{z^2a^2c^2k^{-2\beta(v-\bar v)}}{2(b-1)^2}\left(\frac{(b-1)(1-F(z))}{bc}\right)^{2b}$$

$$E(\pi_s^{N^*})=\frac{z^2a^2bc^2k^{-2\beta(v-\bar v)}}{(b-1)^3}\left(\frac{(b-1)(1-F(z))}{bc}\right)^{2b}$$

$$E(\pi_{sc}^{N^*})=\frac{z^2a^2c^2k^{-2\beta(v-\bar v)}(3b-1)}{2(b-1)^3}\left(\frac{(b-1)(1-F(z))}{bc}\right)^{2b}$$

通过将批发价格契约下的博弈均衡解与集中决策情形比较，可以得到命题 3.1。

命题 3.1　$e^{C^*}>e^{N^*}$，$q^{C^*}>q^{N^*}$，$p^{C^*}<p^{N^*}$，$E(\pi_{sc}^{C^*})>E(\pi_{sc}^{N^*})$。

由 $\dfrac{e^{C^*}}{e^{N^*}}=\dfrac{q^{C^*}}{q^{N^*}}=\left(\dfrac{b}{b-1}\right)^b>1$、$\dfrac{p^{C^*}}{p^{N^*}}=\dfrac{b-1}{b}<1$ 和 $\dfrac{E(\pi_{sc}^{C^*})}{E(\pi_{sc}^{N^*})}=\dfrac{b-1}{3b-1}\left(\dfrac{b}{b-1}\right)^{2b}>1$ 即可证明。

由命题 3.1，批发价格契约下的种植努力投入、公司订购数量及农产品供应链利润低于集中决策情形，而销售价格高于集中决策情形。

通过对各项指标关于极端天气求导数，可以得到极端天气对农业合作社和公司决策以及各方利润的影响，即性质 3.1。

性质 3.1　（1）当 $v\in[\bar v,\ \bar{\bar v}]$ 时，$\dfrac{\mathrm{d}e^{C^*}}{\mathrm{d}v}<0$，$\dfrac{\mathrm{d}e^{N^*}}{\mathrm{d}v}<0$；$\dfrac{\mathrm{d}q^{C^*}}{\mathrm{d}v}<0$，$\dfrac{\mathrm{d}q^{N^*}}{\mathrm{d}v}<0$。

（2）当 $v \in [\bar{v}, \bar{\bar{v}}]$ 时，$\dfrac{\mathrm{d}E(\pi_f^{N*})}{\mathrm{d}v} < 0$；$\dfrac{\mathrm{d}E(\pi_s^{N*})}{\mathrm{d}v} < 0$；$\dfrac{\mathrm{d}E(\pi_{sc}^{C*})}{\mathrm{d}v} < 0$，$\dfrac{\mathrm{d}E(\pi_{sc}^{N*})}{\mathrm{d}v} < 0$。

证明：

$$\frac{\mathrm{d}e^{C*}}{\mathrm{d}v} = -\frac{zack^{-\beta(v-\bar{v})}\beta\ln(k)}{b-1}\left(\frac{1-F(z)}{c}\right)^b < 0$$

$$\frac{\mathrm{d}e^{N*}}{\mathrm{d}v} = \frac{zack^{-\beta(v-\bar{v})}\beta\ln(k)}{b-1}\left(\frac{(b-1)(1-F(z))}{bc}\right)^b < 0$$

$$\frac{\mathrm{d}q^{C*}}{\mathrm{d}v} = -\frac{2z^2a^2ck^{-2\beta(v-\bar{v})}\beta\ln(k)}{b-1}\left(\frac{1-F(z)}{c}\right)^{2b} < 0$$

$$\frac{\mathrm{d}q^{N*}}{\mathrm{d}v} = -\frac{2z^2a^2ck^{-2\beta(v-\bar{v})}\beta\ln(k)}{b-1}\left(\frac{(b-1)(1-F(z))}{bc}\right)^{2b} < 0$$

$$\frac{\mathrm{d}E(\pi_f^{N*})}{\mathrm{d}v} = -\frac{2z^2a^2c^2k^{-2\beta(v-\bar{v})}\beta\ln(k)}{2(b-1)^2}\left(\frac{(b-1)(1-F(z))}{bc}\right)^{2b} < 0$$

$$\frac{\mathrm{d}E(\pi_s^{N*})}{\mathrm{d}v} = -\frac{2z^2a^2bc^2k^{-2\beta(v-\bar{v})}\beta\ln(k)}{(b-1)^3}\left(\frac{(b-1)(1-F(z))}{bc}\right)^{2b} < 0$$

$$\frac{\mathrm{d}E(\pi_{sc}^{C*})}{\mathrm{d}v} = -\frac{2z^2a^2c^2k^{-2\beta(v-\bar{v})}\beta\ln(k)}{2(b-1)^2}\left(\frac{1-F(z)}{c}\right)^{2b} < 0$$

$$\frac{\mathrm{d}E(\pi_{sc}^{N*})}{\mathrm{d}v} = -\frac{2z^2a^2c^2k^{-2\beta(v-\bar{v})}(3b-1)\beta\ln(k)}{2(b-1)^3}\left(\frac{(b-1)(1-F(z))}{bc}\right)^{2b} < 0$$

证毕。

由性质 3.1（1）可得，随着极端天气加剧，农业合作社种植努力投入及公司订购数量减少。由农产品质量函数 $\theta(e,v)=\theta_0 ek^{-\beta(v-\bar{v})}$ 的性质 $\dfrac{\mathrm{d}\theta(e,v)}{\mathrm{d}v} < 0$ 和 $\dfrac{\mathrm{d}^2\theta(e,v)}{\mathrm{d}v^2} > 0$，随着极端天气加剧，农产品质量加速下降，农业合作社即使增加种植努力投入也难以挽回极端天气造成的损失，还会造成种植成本增加，因此农业合作社通过减少种植努力投入来尽可能降低成本。再结合不确定市场需求函数 $d=ap^{-b}\theta(e,v)\varepsilon$，农产品质量受极端天气和农业合作社种植努力投入的共同影响而降低，市场需求缩减，公司相应降低订购数量。

由性质 3.1（2）可得，随着极端天气加剧，农业合作社、公司及农产品供应链利润都降低。这是因为极端天气使农产品质量降低、消费者需求减少，农业合作社和公司的利润降低，农产品供应链整体利润也随之降低。

3.2.2　契约协调性分析

由命题 3.1 和性质 3.1，可得批发价格契约的协调性分析，即结论 3.1。

结论 3.1　批发价格契约总是不能协调农产品供应链，且极端天气会使农产品供应链进一步偏离最优。

由 $E(\pi_{sc}^{C*}) > E(\pi_{sc}^{N*})$ 可知，仅采用批发价格契约时的农产品供应链利润总是低于集中决策情形，即批发价格契约不能实现农产品供应链协调。结合 2.1.1 节对批发价格契约的理论介绍，批发价格契约下由于农业合作社和公司都从利润最大化进行决策，同时市场需求具有随机性和不确定性，订货量很难和实际市场需求完全相同，为了规避缺货和库存多余的双重风险，供应链"双重边际效应"产生，批发价格契约不能实现农产品供应链协调。

进一步，当考虑极端天气影响农产品质量的情况下，农业合作社努力水平、公司订购数量等都下降，导致农产品供应链利润随极端天气加剧而递减 $\dfrac{\mathrm{d}E(\pi_{sc}^{N*})}{\mathrm{d}v} < 0$，即极端天气使农产品供应链进一步偏离最优，加剧供应链"双重边际效应"。

同时，通过农业合作社利润与公司进行比较，可以得到推论 3.1。

推论 3.1　农业合作社利润总是低于公司。

由 $\dfrac{E(\pi_f^{N*})}{E(\pi_s^{N*})} = \dfrac{b-1}{b} < 1$ 可得 $E(\pi_f^{N*}) < E(\pi_s^{N*})$。

本章模型中，农业合作社处于博弈主导地位，但是利润却总是低于公司。这是因为，一方面，农业合作社代表广大农户利益，也要同农户一样直接面临极端天气对农业生产的负面影响，即使在农产品供应链中处于博弈先动地位，收益也未必具有优势。另一方面，与公司比较，农业合作社远离市场，不能及时掌握消费者对农产品的具体偏好、质量、数量等需求信息，更不能通过调节市场价格避免自身利润损失。相反，公司远离生产环节，避免了天气带来的直接收益风险，同时可以通过市场需求制定农产品销售价格来尽可能获取更多的利润。因此，当考虑极端天气影响农产品质量的情形时，农业合作社即使处于博弈优势，但也未必获得农产品供应链大部分利润。

农业合作社直接面临极端天气的收益风险、远离市场而引起的利润弱势，导致农业合作社容易遭受利润分配公平负效用，从而采取各种投机行为尽可能避免利润损失，如降低努力水平、以次充好、添加催长素和膨大素等。于是,我们将在第4章考虑农业合作社公平关切和公司公益性,在第5章考虑农业合作社和公司双边公益性对农产品供应链决策和契约协调的影响,在第6~8章会引入政府补贴机制,并考虑不同政府补贴方式(按生产量补贴、按销售量补贴、按批发价格补贴、按销售价格补贴)对农产品供应链决策和各方收益的影响。通过契约协调从农产品供应链内部有效促进供应链成员形成收益共享、风险共担的利益整体,共同应对极端天气对农业生产的负面影响;通过政府补贴从外部降低农产品供应链的收益风险、提高农产品供应链的稳定性,以实现优质农产品的稳产保供。

3.3　基于收益共享契约的模型分析

3.3.1　模型分析

根据结论3.1,批发价格契约不能协调农产品供应链,极端天气会导致农产品供应链进一步偏离最优。因此,本节设计收益共享契约来协调农产品供应链,即公司将实际销售收益的 η 比例分享给农业合作社,自身保留 $1-\eta$ 比例。此时,博弈模型表示为

$$\max_{w,e} E(\pi_f^{RC}) = (w-c)q - \frac{1}{2}e^2 + \eta p E[\min(q,d)]$$

$$\text{s. t. } \max_{p,q} E(\pi_s^{RC}) = (1-\eta)p E[\min(q,d)] - wq$$

同批发价格契约情形,采用逆向归纳法求解。

给定农业合作社的决策 (w,e),在博弈第二阶段中,公司的决策为

$$\max_{p,q} E(\pi_s^{RC}) = (1-\eta)p E[\min(q,d)] - wq$$

$$= (1-\eta)\left(\frac{zaek^{-\beta(v-\bar{v})}}{q}\right)^{\frac{1}{b}} q \frac{b(1-F(z))}{b-1} - wq$$

可以计算 $\dfrac{dE(\pi_s^{RC})}{dq} = (1-\eta)(zaek^{-\beta(v-\bar{v})})^{\frac{1}{b}} q^{-\frac{1}{b}}(1-F(z)) - w$,结合假设中 $0 < F(z) < 1$,$b > 1$,$\beta > 1$ 可以计算 $\dfrac{d^2E(\pi_s^{RC})}{dq^2} = -\dfrac{(1-\eta)(zaek^{-\beta(v-\bar{v})})^{\frac{1}{b}} q^{-\frac{1}{b}-1}(1-F(z))}{b} < 0$。于是,存在唯一最优 $q^*(w,e)$ 使公司利润最大化。令 $\dfrac{dE(\pi_s^{RC})}{dq} = 0$,得

$$q^*(w, e) = zaek^{-\beta(v-\bar{v})}\left(\frac{w}{(1-F(z))(1-\eta)}\right)^{-b}$$

回到博弈第二阶段，将 $q^*(w, e)$ 代入 $E(\pi_f^{RC}) = (w-c)q - \frac{1}{2}e^2 + \eta p E[\min(q, d)]$，可得第一阶段农业合作社的决策问题为

$$\max_{w,e}E(\pi_f^{RC}) = \left((w-c)+\frac{\eta bw}{(1-\eta)(b-1)}\right)zaek^{-\beta(v-\bar{v})}\left(\frac{w}{(1-F(z))(1-\eta)}\right)^{-b} - \frac{1}{2}e^2$$

同批发价格决策情形，海塞矩阵为负定，于是通过联立 $\dfrac{\mathrm{d}E(\pi_f^{RC})}{\mathrm{d}w} = \dfrac{\mathrm{d}(\pi_f^{RC})}{\mathrm{d}e} = 0$ 求解可得农业合作社的最优决策为：$w^{RC*} = \dfrac{bc(1-\eta)}{b+\eta-1}$，$e^{RC*} = \dfrac{zack^{-\beta(v-\bar{v})}}{b-1}\left(\dfrac{(b+\eta-1)(1-F(z))}{bc}\right)^b$。

将 w^{RC*} 和 e^{RC*} 代入公司的反应函数 $q^*(w, e) = zaek^{-\beta(v-\bar{v})}$ $\left(\dfrac{w}{(1-F(z))(1-\eta)}\right)^{-b}$ 得公司的最优订货量 q^{RC*}，再将 q^{RC*} 代入 $p = \left(\dfrac{zaek^{-\beta(v-\bar{v})}}{q}\right)^{\frac{1}{b}}$ 得 p^{RC*}，可得收益共享契约下农产品供应链的最优均衡决策为

$$w^{RC*} = \frac{bc(1-\eta)}{b+\eta-1}$$

$$e^{RC*} = \frac{zack^{-\beta(v-\bar{v})}}{b-1}\left(\frac{(b+\eta-1)(1-F(z))}{bc}\right)^b$$

$$q^{RC*} = \frac{z^2a^2ck^{-2\beta(v-\bar{v})}}{b-1}\left(\frac{(b+\eta-1)(1-F(z))}{bc}\right)^{2b}$$

$$p^{RC*} = \frac{bc}{(b+\eta-1)(1-F(z))}$$

将 w^{RC*}，e^{RC*}，q^{RC*}，p^{RC*} 依次代入各方利润表达式，可分别求得博弈均衡时，农业合作社、公司及农产品供应链利润分别为

$$E(\pi_f^{RC*}) = \frac{z^2a^2c^2k^{-2\beta(v-\bar{v})}}{2(b-1)^2}\left(\frac{(b+\eta-1)(1-F(z))}{bc}\right)^{2b}$$

$$E(\pi_s^{RC*}) = \frac{z^2a^2bc^2k^{-2\beta(v-\bar{v})}(1-\eta)}{(b-1)^2(b+\eta-1)}\left(\frac{(b+\eta-1)(1-F(z))}{bc}\right)^{2b}$$

$$E(\pi_{sc}^{RC*}) = \frac{z^2a^2bc^2k^{-2\beta(v-\bar{v})}(-2b\eta+3b+\eta-1)}{2(b-1)^2(b+\eta-1)}\left(\frac{(b+\eta-1)(1-F(z))}{bc}\right)^{2b}$$

3.3.2　契约协调性分析

将收益共享契约下的博弈均衡解与集中决策下的最优解进行对比，得

到收益共享契约的协调性分析，即命题 3.2。

命题 3.2 当 $\eta = 1$ 时，收益共享契约能实现农产品供应链协调、提高农业合作社利润，但此时公司需要牺牲自身全部利润。

证明：为实现集中决策下农业合作社最优种植努力投入，令 $e^{RC*} = e^{C*}$ 可得 $\eta = 1$。再将 $\eta = 1$ 分别代入 q^{RC*}、p^{RC*}、$E(\pi_{sc}^{RC*})$、$E(\pi_{f}^{RC*})$、$E(\pi_{s}^{RC*})$ 比较可得：$q^{RC*} = q^{C*}$，$p^{RC*} = p^{C*}$，$E(\pi_{sc}^{RC*}) = E(\pi_{sc}^{C*})$，$E(\pi_{f}^{RC*}) = E(\pi_{sc}^{RC*}) > E(\pi_{f}^{N*})$，$E(\pi_{s}^{RC*}) = 0$。证毕。

由命题 3.2，合理设计收益共享契约系数（即 $\eta = 1$）可实现集中决策下最优种植努力投入、最优订购数量、最优销售价格及最优农产品供应链利润，同时提高农业合作社利润。但此时，$E(\pi_{f}^{RC*}) = E(\pi_{sc}^{RC*})$，$E(\pi_{s}^{RC*}) = 0$，即农业合作社通过收益共享契约获得供应链全部利润，而公司利润降为零，公司没有参与收益共享契约的意愿，不利于维护农产品供应链的稳定性，甚至导致公司退出合作。

3.4 基于"收益共享 + 加盟金"组合契约的模型分析

3.4.1 模型分析

为了保证收益共享契约的有效执行，在实际"农业合作社 + 公司"型农产品供应链运作过程中，农业合作社可向公司交纳一定金额的加盟金作为补偿，这主要是由于农业合作社在生产过程中离不开公司的技术指导和资金支持，该加盟金可以看作农业合作社的加盟费，也可以看作公司向农业合作社提供技术指导以及化肥、种子等生产原料时农业合作社支付的费用，此加盟金可以防范农业合作社的机会主义行为。在该加盟金机制下，所设计的"收益共享 + 加盟金"组合契约可使公司与农业合作社成为一个利益共同体，双方在收益共享的同时能真正做到风险共担。

因此，在收益共享契约基础上引入加盟金，构成"收益共享 + 加盟金"组合契约，即公司根据农产品的实际销售情况将 η 比例的销售收益共享给农业合作社，自身保留 $1 - \eta$ 比例的销售收益。同时为了调动公司的积极性，农业合作社需缴纳加盟金 T 给公司，确保双方利润都得到改进，构成利益共同体，共同应对极端天气，以保障农产品供应链稳定运行。此时，农业合作社和公司的博弈模型表示为

$$\max_{w,e} E(\pi_f^{RC-T}) = (w - c)q - \frac{1}{2}e^2 + \eta p E[\min(q, d)] - T$$

$$\text{s. t. } \max_{p,q} E(\pi_s^{RC-T}) = (1 - \eta)p E[\min(q, d)] - wq + T$$

同批发价格契约和收益共享契约求解过程，这里依然采用逆向归纳法求解。

在博弈第二阶段中，公司的决策为

$$\max_{p,q} E(\pi_s^{RC-T}) = (1 - \eta)p E[\min(q, d)] - wq + T$$

$$= (1 - \eta)\left(\frac{zaek^{-\beta(v-\bar{v})}}{q}\right)^{\frac{1}{b}} q \frac{b(1 - F(z))}{b - 1} - wq + T$$

由 $\dfrac{dE(\pi_s^{RC-T})}{dq} = (1 - \eta)(zaek^{-\beta(v-\bar{v})})^{\frac{1}{b}} q^{-\frac{1}{b}}(1 - F(z)) - w$，结合 $0 < F(z) < 1$，

$b > 1$，$\beta > 1$，可以计算 $\dfrac{d^2 E(\pi_s^{RC-T})}{dq^2} = -\dfrac{(1 - \eta)(zaek^{-\beta(v-\bar{v})})^{\frac{1}{b}} q^{-\frac{1}{b}-1}(1 - F(z))}{b} <$

0。即存在唯一最优的 q 实现公司利润最大化。令 $\dfrac{dE(\pi_s^{RC-T})}{dq} = 0$，公司的

最优反应函数为

$$q^*(w, e) = zaek^{-\beta(v-\bar{v})}\left(\frac{w}{(1 - F(z))(1 - \eta)}\right)^{-b}$$

回到博弈第一阶段，将 $q^*(w, e)$ 代入农业合作社的利润函数 $E(\pi_f^{RC-T})$ 可得

$$\max_{w,e} E(\pi_f^{RC-T}) = \left((w - c) + \frac{\eta bw}{(1 - \eta)(b - 1)}\right) zaek^{-\beta(v-\bar{v})}\left(\frac{w}{(1 - F(z))(1 - \eta)}\right)^{-b}$$

$$- \frac{1}{2}e^2 - T$$

令 $\dfrac{dE(\pi_f^{RC-T})}{dw} = \dfrac{dE(\pi_f^{RC-T})}{de} = 0$，联立求解可得农业合作社的最优决策为

$$w^{RC-T*} = \frac{bc(1 - \eta)}{b + \eta - 1}, \quad e^{RC-T*} = \frac{zack^{-\beta(v-\bar{v})}}{b - 1}\left(\frac{(b + \eta - 1)(1 - F(z))}{bc}\right)^b$$

将 w^{RC-T*} 和 e^{RC-T*} 代入 $q^*(w, e) = zaek^{-\beta(v-\bar{v})}\left(\dfrac{w}{(1 - F(z))(1 - \eta)}\right)^{-b}$

得公司的最优订货数量为 q^{RC-T*}，结合库存因子转化关系 $p = \left(\dfrac{zaek^{-\beta(v-\bar{v})}}{q}\right)^{\frac{1}{b}}$

得 p^{RC-T*}，可以得到"收益共享 + 加盟金"组合契约下农产品供应链各方最优决策为

$$w^{RC-T*} = \frac{bc(1 - \eta)}{b + \eta - 1}$$

$$e^{RC-T^*} = \frac{zack^{-\beta(v-\bar{v})}}{b-1}\left(\frac{(b+\eta-1)(1-F(z))}{bc}\right)^b$$

$$q^{RC-T^*} = \frac{z^2a^2ck^{-2\beta(v-\bar{v})}}{b-1}\left(\frac{(b+\eta-1)(1-F(z))}{bc}\right)^{2b}$$

$$p^{RC-T^*} = \frac{bc}{(b+\eta-1)(1-F(z))}$$

均衡时，农业合作社、公司及农产品供应链利润分别为

$$E(\pi_f^{RC-T^*}) = \frac{z^2a^2c^2k^{-2\beta(v-\bar{v})}(b+\eta-1)}{2(b-1)^2(b+\eta-1)}\left(\frac{(b+\eta-1)(1-F(z))}{bc}\right)^{2b} - T$$

$$E(\pi_s^{RC-T^*}) = \frac{z^2a^2bc^2k^{-2\beta(v-\bar{v})}(1-\eta)}{(b-1)^2(b+\eta-1)}\left(\frac{(b+\eta-1)(1-F(z))}{bc}\right)^{2b} + T$$

$$E(\pi_{sc}^{RC-T^*}) = \frac{z^2a^2c^2k^{-2\beta(v-\bar{v})}(-2b\eta+3b+\eta-1)}{2(b-1)^2(b+\eta-1)}\left(\frac{(b+\eta-1)(1-F(z))}{bc}\right)^{2b}$$

3.4.2 契约协调性分析

命题 3.3 当 $\eta=1$，且 $E(\pi_s^{N^*}) < T < E(\pi_f^{RC^*}) - E(\pi_f^{N^*})$ 时，"收益共享 + 加盟金"组合契约总能实现农产品供应链协调，同时帕累托改进农产品供应链各成员利润。

证明：令 $e^{RC-T^*} = e^{C^*}$ 可得 $\eta=1$。再将 $\eta=1$ 分别代入 q^{RC-T^*}、p^{RC-T^*}、$E(\pi_{sc}^{RC-T^*})$、$E(\pi_f^{RC-T^*})$、$E(\pi_s^{RC-T^*})$ 比较可得：$q^{RC-T^*}=q^{C^*}$，$p^{RC-T^*}=p^{C^*}$，$E(\pi_{sc}^{RC-T^*})=E(\pi_{sc}^{C^*})$，$E(\pi_f^{RC-T^*})=E(\pi_f^{RC^*})-T$，$E(\pi_s^{RC-T^*})=E(\pi_s^{RC^*})+T$。

为保证引入加盟金后能够实现农产品供应链协调，农业合作社利、公司及农产品供应链利润需满足：$E(\pi_f^{RC-T^*}) > E(\pi_f^{N^*})$、$E(\pi_s^{RC-T^*}) > E(\pi_s^{N^*})$、$E(\pi_{sc}^{RC-T^*}) > E(\pi_{sc}^{N^*})$，此时只要 $T > E(\pi_s^{N^*})$ 时即可实现 $E(\pi_s^{RC-T^*}) > E(\pi_s^{N^*})$，帕累托改进公司利润；同理，只要 $T < E(\pi_f^{RC^*}) - E(\pi_f^{N^*})$ 即可实现 $E(\pi_f^{RC-T^*}) > E(\pi_f^{N^*})$，帕累托改进农业合作社利润。

由命题 3.3，合理设计收益共享契约系数及加盟金 T 的范围，"收益共享 + 加盟金"组合契约可实现集中决策下最优种植努力投入、最优订购数量、最优销售价格及最优农产品供应链利润，同时提高了农业合作社及公司利润，即"收益共享 + 加盟金"组合契约不仅实现了农产品供应链协调，可以帕累托改进农产品供应链各成员的利润，有效促进农业合作社和公司形成收益共享、风险共担的利益整体，共同应对极端天气。一方面，公司分享给农业合作社部分销售收益，减缓了极端天气对农业合作社的收

益风险，激励农业合作社提高种植努力投入；另一方面，农业合作社通过缴纳加盟金 T 弥补了公司的利润损失，有效改进了双方利润，保障了农产品供应链整体的稳定性。

3.5　数　值　仿　真

为直观分析极端天气对农产品供应链产生的影响，以某地区范围内某种农作物在生产过程中遭遇暖冬极端天气进行数值仿真分析。暖冬即某年某一区域整个冬季（全国范围冬季为上年 12 月到次年 2 月）的平均气温高于常年值 0.5℃（自 2002 年开始我国根据 WMO 的规定起用 1971 年至 2000 年 30 年平均气温值 -4.2℃作为常年值）。假设 ε 在区间 $[l, m]$ 服从均匀分布，具体赋值见表 3.1。

表 3.1　　　　　　　　　　　　　　参数

a	b	c	z	$F(z)$	$\bar{v}$	β	k	l	m	λ
100	2	1	4/3	2/3	-4.2	2	4	0	2	0.2

图 3.2 ~ 图 3.4 印证了命题 3.1。根据图 3.2 ~ 图 3.6，农业合作社种植努力投入、公司订购数量以及各方利润都随极端天气加剧而降低，印证性质 3.1。图 3.4、图 3.5 说明实施收益共享契约能够实现集中决策下农产品供应链最优利润，此时公司需要牺牲自身全部利润（见图 3.6），与命题 3.2 阐述相一致。

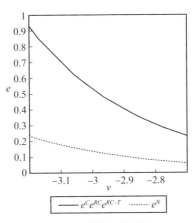

图 3.2　种植努力投入

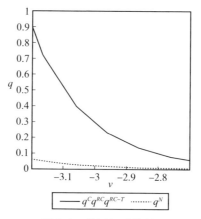

图 3.3　公司订购数量

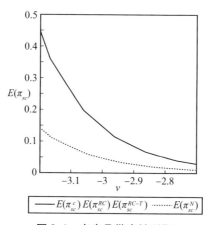

图 3.4　农产品供应链利润

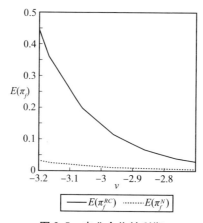

图 3.5　农业合作社利润

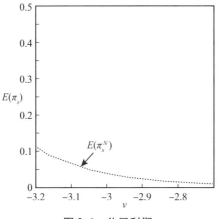

图 3.6　公司利润

根据图 3.7，在一定天气条件下（$v = -3.2$）采用"收益共享 + 加盟金"组合契约后，存在一个合理的加盟金区间 $T \in [0.338, 0.403]$（图 3.7 三角形部分）使得 $\Delta E(\pi) > 0$（$\Delta E(\pi) = E(\pi_{sc}^{C*}) - E(\pi_{sc}^{RC-T})$），证明"收益共享 + 加盟金"组合契约能帕累托改进农业合作社与公司利润，与命题 3.3 相一致。

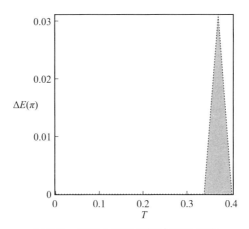

图 3.7　加盟金对供应链协调的影响

3.6　本 章 小 结

通过刻画极端天气影响农产品质量的随机利润函数，建立农业合作社主导的二级农产品供应链 Stackelberg 博弈模型，分析集中决策和批发价格契约下各方决策，并在批发价格契约基础上设计"收益共享契约"和"收益共享＋加盟金"组合契约实现农产品供应链协调，最后通过数值分析验证了"收益共享＋加盟金"组合契约的有效性和稳定性。研究表明：（1）批发价格契约总是不能实现农产品供应链协调，且极端天气会使供应链进一步偏离最优，加剧农产品供应链"双重边际效应"。（2）采用收益共享契约能实现集中决策下最优种植努力投入、最优订购数量、最优销售价格、最优农产品供应链利润，同时提高农业合作社利润，但公司需要牺牲自身全部利润，导致农产品供应链的稳定性降低，很难实现极端天气下的农产品供应链协调。（3）采用"收益共享＋加盟金"组合契约可以实现极端天气下的农产品供应链协调，且帕累托改进农产品供应链各成员利润，提高农产品供应链运行的稳定性。

第4章 极端天气下考虑公平关切和公益性的农产品供应链契约协调

由第 3 章推论 3.1 可知，农业合作社直接面临极端天气带来的收益风险、远离市场而引起的利润弱势，容易遭受利润分配不公平的心理负效用。而公司一般会执行各种公益性行为减少农业合作社的收益风险，从而保证优质农产品的稳定供给，维持农产品供应链稳定运作，最终实现公司自身利润的可持续增长。

与第 3 章结构类似，本章首先通过刻画极端天气影响农产品质量的随机利润函数，将农业合作社公平关切和公司公益性纳入考虑，建立农业合作社主导的二级农产品供应链 Stackelberg 模型，采用逆向归纳法求解博弈均衡解，并通过比较分析、敏感性分析研究农业合作社公平关切和公司公益性对农业合作社种植努力投入、农产品批发价格、公司订购数量、农产品销售价格及农产品供应链协调性的影响。其次，分别设计收益共享契约、"收益共享 + 加盟金"组合契约协调极端天气下的农产品供应链，分析极端天气对契约协调性及契约参数协调范围的影响。最后，通过数值分析进一步验证结论。

4.1 问题描述和模型假设

本章问题描述同第 3 章，本章模型包括以下假设。

假设 4.1 至假设 4.3，同第 3 章假设 3.1 至假设 3.3。

新增以下假设。

假设 4.4 借鉴张旭梅等（2022），消费者剩余为 $CS = \int_{p}^{+\infty} (x - p)\phi(x)\mathrm{d}x$，且 $\phi(x) = ax^{-b}ek^{-\beta(v-\bar{v})}\varepsilon$，$x$ 为消费者的支付意愿。

同在集中决策下的求解过程，农产品供应链决策为

$$\max_{e,q,p} E(\pi_{sc}^C) = pE\big[\min(q,\ d)\big] - cq - \frac{1}{2}e^2$$

通过"库存因子"将 $p = \left(\dfrac{zaek^{-\beta(v-\bar{v})}}{q}\right)^{\frac{1}{b}}$ 代入 $E(\pi_{sc}^C)$ 整理得

$$E(\pi_{sc}^C) = \left(\frac{zaek^{-\beta(v-\bar{v})}}{q}\right)^{\frac{1}{b}} qE\min\left(1,\ \frac{\varepsilon}{z}\right) - cq - \frac{1}{2}e^2$$

$$= (zaek^{-\beta(v-\bar{v})})^{\frac{1}{b}} q^{\frac{b-1}{b}}\left(1 - \int_0^z (1 - \frac{x}{z})f(x)\,\mathrm{d}x\right) - cq - \frac{1}{2}e^2$$

通过对 $\dfrac{\partial E(\pi_{sc}^C)}{\partial z}$ 的分析，以及 ε 的广义失败率，得到引理 4.1。

引理 4.1 最优库存因子由以下方程确定

$$\int_0^z (b-1)xf(x)\,\mathrm{d}x = z(1 - F(z))$$

证明过程见附录 A（1）。

注意：从本章开始，第 4～第 8 章证明过程的公式较多，为了阅读的流畅性，证明过程都放入附录中。

同 3.1 集中决策求解过程，农产品供应链最优决策为

$$e^{C*} = \frac{zack^{-\beta(v-\bar{v})}}{b-1}\left(\frac{1-F(z)}{c}\right)^b$$

$$q^{C*} = \frac{z^2 a^2 ck^{-2\beta(v-\bar{v})}}{b-1}\left(\frac{1-F(z)}{c}\right)^{2b}$$

$$p^{C*} = \left(\frac{1-F(z)}{c}\right)^{-1}$$

于是，集中决策下农产品供应链的最优利润为

$$E(\pi_{sc}^{C*}) = \frac{z^2 a^2 c^2 k^{-2\beta(v-\bar{v})}}{2(b-1)^2}\left(\frac{1-F(z)}{c}\right)^{2b}$$

证明过程见附录 A（2）。

4.2 基于批发价格契约的模型分析

4.2.1 不考虑公平关切和公益性情形

同第 3 章，农业合作社和公司的博弈模型表示为

$$\max_{w,e} E(\pi_f^N) = (w-c)q - \frac{1}{2}e^2$$

$$\text{s. t. } \max_{p,q} E(\pi_s^N) = pE[\min(q, d)] - wq$$

农产品供应链最优均衡决策为

$$w^{N*} = \frac{bc}{b-1}$$

$$e^{N*} = \frac{zack^{-\beta(v-\bar{v})}}{b-1}\left(\frac{(b-1)(1-F(z))}{bc}\right)^b$$

$$q^{N*} = \frac{z^2 a^2 ck^{-2\beta(v-\bar{v})}}{b-1}\left(\frac{(b-1)(1-F(z))}{bc}\right)^{2b}$$

$$p^{N*} = \left(\frac{(b-1)(1-F(z))}{bc}\right)^{-1}$$

均衡时，农业合作社、公司与农产品供应链利润分别为

$$E(\pi_f^{N*}) = \frac{z^2 a^2 c^2 k^{-2\beta(v-\bar{v})}}{2(b-1)^2}\left(\frac{(b-1)(1-F(z))}{bc}\right)^{2b}$$

$$E(\pi_s^{N*}) = \frac{z^2 a^2 c^2 k^{-2\beta(v-\bar{v})}b}{(b-1)^3}\left(\frac{(b-1)(1-F(z))}{bc}\right)^{2b}$$

$$E(\pi_{sc}^{N*}) = \frac{z^2 a^2 c^2 k^{-2\beta(v-\bar{v})}(3b-1)}{2(b-1)^3}\left(\frac{(b-1)(1-F(z))}{bc}\right)^{2b}$$

证明过程见附录 A（3）。

同推论 3.1，以 $\Delta E(\pi) = E(\pi_s^{N*}) - E(\pi_f^{N*})$ 表示公司和农业合作社的利润差，有 $\Delta E(\pi) = \frac{z^2 a^2 c^2 k^{-2\beta(v-\bar{v})}(b+1)}{2(b-1)^3}\left(\frac{(b-1)(1-F(z))}{bc}\right)^{2b}$，结合 $k>1$，$b>1$ 可得 $\Delta E(\pi) > 0$ 恒成立，于是可以得到推论 4.1。

推论 4.1 极端天气下，处于博弈从属地位的公司利润总是高于农业合作社。

4.2.2 农业合作社公平关切情形

根据推论 4.1，虽然农业合作社处于农产品供应链决策主导地位，但由于农业合作社独自承担极端天气的种植风险和收益风险，且农业合作社在农产品供应链利润分配中处于弱势，导致农业合作社产生公平关切，农业合作社以包括自身利润和公平负效用在内的总效用最大化进行决策。假设农业合作社的公平关切强度为 $\lambda(0 \leq \lambda \leq 1)$，根据浦徐进等（2019）的研究，农业合作社效用函数可以表示为 $u_f = \pi_f - \lambda(\pi_s - \pi_f)$。农业合作社的公平关切并不改变博弈时序，因此农业合作社和公司的博弈模型

表示为

$$\max_{w,e} E(u_f^F) = E(\pi_f^F) - \lambda(E(\pi_s^F) - E(\pi_f^F))$$

$$\text{s. t. } \max_{p,q} E(\pi_s^F) = pE[\min(q, d)] - wq$$

其中，$E(\pi_f^F) = (w-c)q - \dfrac{1}{2}e^2$。

农产品供应链最优均衡决策为

$$w^{F*} = \frac{bc(1+\lambda)}{(b-2)\lambda + b - 1}$$

$$e^{F*} = \frac{zack^{-\beta(v-\bar{v})}}{b-1}\left(\frac{(b\lambda - 2\lambda + b - 1)(1-F(z))}{bc(1+\lambda)}\right)^b$$

$$q^{F*} = \frac{z^2 a^2 ck^{-2\beta(v-\bar{v})}}{b-1}\left(\frac{(b\lambda - 2\lambda + b - 1)(1-F(z))}{bc(1+\lambda)}\right)^{2b}$$

$$p^{F*} = \left(\frac{(b\lambda - 2\lambda + b - 1)(1-F(z))}{bc(1+\lambda)}\right)^{-1}$$

均衡时，农业合作社、公司与农产品供应链利润分别为

$$E(\pi_f^{F*}) = \frac{z^2 a^2 c^2 k^{-2\beta(v-\bar{v})}(3b\lambda + b - 2\lambda - 1)}{2(b-1)^2(b\lambda - 2\lambda + b - 1)}\left(\frac{(b\lambda - 2\lambda + b - 1)(1-F(z))}{bc(1+\lambda)}\right)^{2b}$$

$$E(\pi_s^{F*}) = \frac{z^2 a^2 bc^2 k^{-2\beta(v-\bar{v})}(1+\lambda)}{(b-1)^2(b\lambda - 2\lambda + b - 1)}\left(\frac{(b\lambda - 2\lambda + b - 1)(1-F(z))}{bc(1+\lambda)}\right)^{2b}$$

$$E(\pi_{sc}^{F*}) = \frac{z^2 a^2 c^2 k^{-2\beta(v-\bar{v})}(1+\lambda)(5b\lambda - 2\lambda + 3b - 1)}{2(b-1)^2(b\lambda - 2\lambda + b - 1)}\left(\frac{(b\lambda - 2\lambda + b - 1)(1-F(z))}{bc(1+\lambda)}\right)^{2b}$$

证明过程见附录 A（4）。

性质 4.1 （1） $\dfrac{\partial e^{F*}}{\partial \lambda} < 0$，$\dfrac{\partial q^{F*}}{\partial \lambda} < 0$，$\dfrac{\partial w^{F*}}{\partial \lambda} > 0$，$\dfrac{\partial p^{F*}}{\partial \lambda} > 0$；

（2） $\dfrac{\partial E(\pi_f^{F*})}{\partial \lambda} < 0$，$\dfrac{\partial E(\pi_s^{F*})}{\partial \lambda} < 0$，$\dfrac{\partial E(\pi_{sc}^{F*})}{\partial \lambda} < 0$。

证明过程见附录 A（5）。

性质 4.1（1）表明农业合作社的公平关切增强时，一方面会减少种植努力以降低投入成本，另一方面会提高批发价格以增加单位农产品收益，减少与公司的利润差额，减缓公平负效用。种植努力投入减少会导致农产品质量降低、消费者需求减少，公司订购数量也随之减少，并在销售环节提高销售价格。性质 4.1（2）表明农业合作社减少种植努力投入、提高批发价格也无法弥补公司减少订购数量造成的损失，因此农业合作社利润降低；同样地，公司提高销售价格也无法弥补消费者需求减少造成的损失，因此公司利润降低。

4.2.3　农业合作社公平关切 + 公司公益性情形

由性质 4.1 可知，农业合作社的公平关切会使公司利润降低。此时，公司会积极履行公益性职能，即公司以包括自身利润和消费者剩余在内的总效用最大化进行决策。参考张旭梅等（2022）的做法，公司的效用函数可以表示为 $u_s = \pi_s + \gamma CS$，γ 为公司的公益性强度（$0 \leqslant \gamma \leqslant 1$）。农业合作社公平关切和公司公益性并不改变博弈时序。因此，农业合作社和公司的博弈模型表示为

$$\max_{w,e} E(u_f^l) = E(\pi_f^l) - \lambda (E(\pi_s^l) - E(\pi_f^l))$$

$$\text{s. t. } \max_{p,q} E(u_s^l) = E(\pi_s^l) + \gamma CS^l$$

$$CS^l = \int_p^{+\infty} (x - p) \varphi(x) \mathrm{d}x$$

其中，$E(\pi_f^l) = (w - c)q - \dfrac{1}{2}e^2$，$E(\pi_s^l) = pE[\min(q, d)] - wq$。

农产品供应链最优均衡决策为

$$w^{l^*} = \frac{bc(1 + \lambda)(b - 1 + \gamma)}{(b - 1)((b + 2\gamma - 2)\lambda + b + \gamma - 1)}$$

$$e^{l^*} = \frac{zack^{-\beta(v - \bar{v})}}{b - 1} \Lambda^b$$

$$q^{l^*} = \frac{z^2 a^2 ck^{-2\beta(v - \bar{v})}}{b - 1} \Lambda^{2b}$$

$$p^{l^*} = \Lambda^{-1}。$$

均衡时，农业合作社、公司与农产品供应链利润分别为

$$E(\pi_f^{l^*}) = \frac{z^2 a^2 c^2 k^{-2\beta(v - \bar{v})}(((3 - 2\gamma)b + 2\gamma - 2)\lambda + b + \gamma - 1)}{2(b - 1)^2((b + 2\gamma - 2)\lambda + b + \gamma - 1)} \Lambda^{2b}$$

$$E(\pi_s^{l^*}) = \frac{z^2 a^2 bc^2 k^{-2\beta(v - \bar{v})}(1 + \lambda)(1 - \gamma)}{(b - 1)^2((b + 2\gamma - 2)\lambda + b + \gamma - 1)} \Lambda^{2b}$$

$$E(\pi_{sc}^{l^*}) = \frac{z^2 a^2 c^2 k^{-2\beta(v - \bar{v})}(-4b\gamma\lambda + 5b\lambda + 2\gamma\lambda - 2b\gamma - 2\lambda + 3b + \gamma - 1)}{2(b - 1)^2((b + 2\gamma - 2)\lambda + b + \gamma - 1)} \Lambda^{2b}$$

其中，$\Lambda = \dfrac{((b + 2\gamma - 2)\lambda + b + \gamma - 1)(1 - F(z))}{bc(1 + \lambda)}$。

证明过程见附录 A（6）。

性质 4.2　（1）$\dfrac{\partial w^{l^*}}{\partial \gamma} < 0$，$\dfrac{\partial p^{l^*}}{\partial \gamma} < 0$，$\dfrac{\partial e^{l^*}}{\partial \gamma} > 0$，$\dfrac{\partial q^{l^*}}{\partial \gamma} > 0$。

（2）$\dfrac{\partial E(\pi_f^{l^*})}{\partial \gamma} > 0$，$\dfrac{\partial E(\pi_{sc}^{l^*})}{\partial \gamma} > 0$。当 $0 \leqslant \gamma < \dfrac{1 + 3\lambda}{2(1 + 2\lambda)}$ 时，$\dfrac{\partial E(\pi_s^{l^*})}{\partial \gamma} > 0$；

当 $\dfrac{1+3\lambda}{2(1+2\lambda)}\leqslant\gamma\leqslant 1$ 时，$\dfrac{\partial E(\pi_s^{l^*})}{\partial\gamma}<0$。

证明过程见附录 A（7）。

性质 4.2（1）表明公司加强公益性会促使农业合作社增加种植努力投入，种植努力投入的增加会使农产品质量提高、消费者需求增加，公司订购数量也随之增加，并在销售环节降低农产品销售价格，进一步增加市场需求。性质 4.2（2）表明随公益性强度的增大，公司利润呈现先增加后减少的趋势；农业合作社利润与公司的公益性强度正相关，说明加强公司公益性总是对农业合作社有利。

4.2.4 均衡策略比较

性质 4.3　（1）当 $v\in[\bar{v},\ \bar{\bar{v}}]$ 时，$\dfrac{\mathrm{d}e^{C^*}}{\mathrm{d}v}<0$，$\dfrac{\mathrm{d}e^{N^*}}{\mathrm{d}v}<0$，$\dfrac{\mathrm{d}e^{F^*}}{\mathrm{d}v}<0$，$\dfrac{\mathrm{d}e^{l^*}}{\mathrm{d}v}<0$；

$\dfrac{\mathrm{d}q^{C^*}}{\mathrm{d}v}<0$，$\dfrac{\mathrm{d}q^{N^*}}{\mathrm{d}v}<0$，$\dfrac{\mathrm{d}q^{F^*}}{\mathrm{d}v}<0$，$\dfrac{\mathrm{d}q^{l^*}}{\mathrm{d}v}<0$。

（2）当 $v\in[\bar{v},\ \bar{\bar{v}}]$ 时，$\dfrac{\mathrm{d}E(\pi_f^{N^*})}{\mathrm{d}v}<0$，$\dfrac{\mathrm{d}E(\pi_f^{F^*})}{\mathrm{d}v}<0$，$\dfrac{\mathrm{d}E(\pi_f^{l^*})}{\mathrm{d}v}<0$；

$\dfrac{\mathrm{d}E(\pi_s^{N^*})}{\mathrm{d}v}<0$，$\dfrac{\mathrm{d}E(\pi_s^{F^*})}{\mathrm{d}v}<0$，$\dfrac{\mathrm{d}E(\pi_s^{l^*})}{\mathrm{d}v}<0$；$\dfrac{\mathrm{d}E(\pi_{sc}^{C^*})}{\mathrm{d}v}<0$，$\dfrac{\mathrm{d}E(\pi_{sc}^{N^*})}{\mathrm{d}v}<0$，

$\dfrac{\mathrm{d}E(\pi_{sc}^{F^*})}{\mathrm{d}v}<0$，$\dfrac{\mathrm{d}E(\pi_{sc}^{l^*})}{\mathrm{d}v}<0$。

证明过程见附录 A（8）。

由性质 4.3（1），随极端天气加剧，农业合作社种植努力投入及公司订购数量减少。因为极端天气加剧，农业合作社增加种植努力投入也难以挽回极端天气造成的损失，造成成本增加，因此农业合作社通过减少种植努力投入来尽可能降低成本。同时，农产品质量受极端天气和农业合作社种植努力投入的共同影响而降低，导致市场需求缩减，公司相应减少订购数量。

由性质 4.3（2），随极端天气加剧，农业合作社、公司及农产品供应链利润降低。这是因为极端天气使农产品质量降低、消费者需求减少，农业合作社和公司的利润降低，农产品供应链整体利润也随之降低。

4.2.5 契约协调性分析

命题 4.1　（1）当 $0\leqslant\gamma<\dfrac{\lambda}{1+2\lambda}$ 时，$e^{C^*}>e^{N^*}>e^{l^*}>e^{F^*}$，$q^{C^*}>q^{N^*}>q^{l^*}>$

q^{F^*}，$p^{C^*} < p^{N^*} < p^{I^*} < p^F$；当 $\frac{\lambda}{1+2\lambda} \leqslant \gamma \leqslant 1$ 时，$e^{C^*} > e^{I^*} > e^{N^*} > e^{F^*}$，$q^{C^*} > q^{I^*} > q^{N^*} > q^{F^*}$，$p^{C^*} < p^{I^*} < p^{N^*} < p^{F^*}$。

（2）当 $0 \leqslant \gamma < \frac{\lambda}{1+2\lambda}$ 时，$E(\pi_{sc}^{C^*}) > E(\pi_{sc}^{N^*}) > E(\pi_{sc}^{I^*}) > E(\pi_{sc}^{F^*})$；当 $\frac{\lambda}{1+2\lambda} \leqslant \gamma \leqslant 1$ 时，$E(\pi_{sc}^{C^*}) > E(\pi_{sc}^{I^*}) > E(\pi_{sc}^{N^*}) > E(\pi_{sc}^{F^*})$。

由命题 4.1，无论公司公益性如何，集中决策下的种植努力投入、公司订购数量及农产品供应链利润最高，而销售价格最低；仅农业合作社公平关切下的种植努力投入、公司订购数量及农产品供应链利润最低，而销售价格最高。公司公益性能改进种植努力投入和公司订购数量、降低销售价格，提高农产品供应链利润，仅只有较强的公益性（即 $\frac{\lambda}{1+2\lambda} \leqslant \gamma \leqslant 1$）才能完全克服农业合作社公平关切带来的负面影响，但依然无法实现极端天气下的农产品供应链协调。

由命题 4.1 和性质 4.1，可得结论 4.1。

结论 4.1 批发价格契约总是不能协调农产品供应链，且极端天气和农业合作社的公平关切都会使供应链进一步偏离最优，而公司执行公益性却可以优化农产品供应链。

4.3 基于收益共享契约的模型分析

根据结论 4.1，批发价格契约总是不能协调农产品供应链，极端天气和农业合作社公平关切均会导致农业合作社、公司及农产品供应链整体的利润降低，虽然公司公益性能在一定程度上缓解农业合作社的公平关切负效用，优化各方决策，从而提高供应链整体利润，但也无法达到集中决策下的最优水平。进一步，由性质 4.2（2），当公司公益性强度过大时，自身利润也会受到损失。因此，本节在考虑农业合作社公平关切及公司公益性的基础上，设计收益共享契约来协调极端天气下的农产品供应链。此时，农业合作社和公司的博弈模型表示为

$$\max_{w,e} E(u_f^{RC}) = E(\pi_f^{RC}) - \lambda(E(\pi_s^{RC}) - E(\pi_f^{RC}))$$

$$\text{s. t. } \max_{p,q} E(u_s^{RC}) = E(\pi_s^{RC}) + \gamma CS^{RC}$$

$$CS^{RC} = \int_p^{+\infty} (x-p)\phi(x)\,\mathrm{d}x$$

其中，$E(\pi_f^{RC}) = (w-c)q - \frac{1}{2}e^2 + \eta pE[\min(q, d)]$，$E(\pi_s^{RC}) = (1-\eta)pE[\min(q, d)] - wq$。

采用逆向归纳法求解上述博弈模型，农产品供应链最优均衡决策为

$$w^{RC*} = \frac{bc(1+\lambda)(-b\eta + b + \eta + \gamma - 1)}{(b-1)((b+2\gamma+2\eta-2)\lambda + b + \eta + \gamma - 1)}$$

$$e^{RC*} = \frac{zack^{-\beta(v-\bar{v})}}{b-1}\Omega^b$$

$$q^{RC*} = \frac{z^2a^2ck^{-2\beta(v-\bar{v})}}{b-1}\Omega^{2b}$$

$$p^{RC*} = \Omega^{-1}$$

均衡时，农业合作社、公司与农产品供应链利润分别为

$$E(\pi_f^{RC*}) = \frac{Az^2a^2c^2k^{-2\beta(v-\bar{v})}}{2(b-1)^2((b+2\gamma+2\eta-2)\lambda + b + \eta + \gamma - 1)}\Omega^{2b}$$

$$E(\pi_s^{RC*}) = \frac{z^2a^2bc^2k^{-2\beta(v-\bar{v})}((1+\lambda)(1-\eta-\gamma))}{(b-1)^2((b+2\gamma+2\eta-2)\lambda + b + \eta + \gamma - 1)}\Omega^{2b}$$

$$E(\pi_{sc}^{RC*}) = \frac{Bz^2a^2c^2k^{-2\beta(v-\bar{v})}}{2(b-1)^2((b+2\gamma+2\eta-2)\lambda + b + \eta + \gamma - 1)}\Omega^{2b}$$

其中，$A = ((-2\gamma - 2\eta + 3)b + 2\gamma + 2\eta - 2)\lambda + b + \eta + \gamma - 1$，$B = (-4b\eta - 4b\gamma + 5b + 2\eta + 2\gamma - 2)\lambda - 2b\eta - 2b\gamma + 3b + \eta + \gamma - 1$，$\Omega = \frac{((b+2\gamma+2\eta-2)\lambda + b + \eta + \gamma - 1)(1-F(z))}{bc(1+\lambda)}$。

证明过程见附录 A（9）。

命题4.2 当 $\eta = 1 - \gamma$ 时，收益共享契约总能实现农产品供应链协调、提高农业合作社利润，但此时公司需要牺牲自身全部利润。

证明过程见附录 A（10）。

由命题4.2，农业合作社通过收益共享契约获得供应链全部利润，而公司利润降为零，公司没有参与收益共享契约的意愿，不利于维护农产品供应链的稳定性。

4.4 基于"收益共享+加盟金"组合契约的模型分析

根据命题4.2，仅收益共享契约无法保障农产品供应链稳定运行。因此在收益共享契约基础上引入加盟金，构成"收益共享+加盟金"组合契

约，即农业合作社需缴纳加盟金 T 给公司，确保双方利润都得到改进，构成利益共同体。此时，农业合作社和公司的博弈模型表示为

$$\max_{w,e} E(u_f^{RC-T}) = E(\pi_f^{RC-T}) - \lambda(E(\pi_s^{RC-T}) - E(\pi_f^{RC-T}))$$

$$\text{s. t.} \max_{p,q} E(u_s^{RC-T}) = E(\pi_s^{RC-T}) + \gamma CS^{RC-T}$$

$$CS^{RC-T} = \int_p^{+\infty}(x-p)\phi(x)\,\mathrm{d}x$$

其中，$E(\pi_f^{RC-T}) = (w-c)q - \dfrac{1}{2}e^2 + \eta pE[\min(q,d)] - T$，$E(\pi_s^{RC-T}) = (1-\eta)pE[\min(q,d)] - wq + T$。

农产品供应链最优均衡决策为

$$w^{RC-T*} = \frac{bc(1+\lambda)(-b\eta+b+\eta+\gamma-1)}{(b-1)((b+2\gamma+2\eta-2)\lambda+b+\eta+\gamma-1)}$$

$$e^{RC-T*} = \frac{zack^{-\beta(v-\bar v)}}{b-1}\Omega^b$$

$$q^{RC-T*} = \frac{z^2a^2ck^{-2\beta(v-\bar v)}}{b-1}\Omega^{2b}$$

$$p^{RC-T*} = \Omega^{-1}$$

均衡时，农业合作社、公司与农产品供应链利润分别为

$$E(\pi_f^{RC-T*}) = \frac{Az^2a^2c^2k^{-2\beta(v-\bar v)}}{2(b-1)^2((b+2\gamma+2\eta-2)\lambda+b+\eta+\gamma-1)}\Omega^{2b} - T$$

$$E(\pi_s^{RC-T*}) = \frac{z^2a^2bc^2k^{-2\beta(v-\bar v)}((1+\lambda)(1-\eta-\gamma))}{(b-1)^2((b+2\gamma+2\eta-2)\lambda+b+\eta+\gamma-1)}\Omega^{2b} + T$$

$$E(\pi_{sc}^{RC-T*}) = \frac{Bz^2a^2c^2k^{-2\beta(v-\bar v)}\Omega^{2b}}{2(b-1)^2((b+2\gamma+2\eta-2)\lambda+b+\eta+\gamma-1)}$$

证明过程见附录 A（11）。

命题 4.3　当 $\eta = 1-\gamma$，且 $E(\pi_s^{I*}) < T < E(\pi_f^{RC*}) - E(\pi_f^{I*})$ 时，"收益共享 + 加盟金"组合契约总能实现农产品供应链协调，同时帕累托改进农产品供应链各成员利润。

证明过程见附录 A（12）。

由命题 4.3，"收益共享 + 加盟金"组合契约不仅能实现农产品供应链协调，还能帕累托改进农产品供应链各成员利润，有效促进农业合作社和公司形利益共同体，缓解极端天气的负面影响。一方面，公司分享给农业合作社部分销售收益，减缓了极端天气对农业合作社的负面影响，减弱了农业合作社的公平关切负效用，激励农业合作社提高种植努力投入；另一方面，农业合作社的加盟金 T 弥补了公司的利润损失，有效改进了双方

利润，并提高了农产品供应链整体的稳定性。

4.5　数值仿真

农产品供应链成员公平关切及公益性对农产品供应链的实际运营有显著影响。公平关切方面，如 2010 年 4 月青岛出现毒韭菜问题，9 人因农药残留中毒，正是因为农户获利远少于零售商，出于厌恶不公平心理而采取各种手段降低保鲜成本，导致农产品质量降低（吴瑞雯，2016）。公益性方面，阿里盒马集市通过"最先一公里"公益助农模式减少了农产品的流通损失率，一年可将 100 万吨生鲜农产品直供百姓餐桌，反哺了产业带工厂和农产品基地。[①] 为直观分析极端天气、公平关切和公益性对农产品供应链的影响，同样采用第 3 章数值仿真的参数，假设 ε 在区间 $[l, m]$ 服从均匀分布，具体赋值见表 4.1。

表 4.1　　　　　　　　　　　　　　**参数**

a	b	c	z	$F(z)$	$\bar{v}$	β	k	l	m	λ
100	2	1	4/3	2/3	−4.2	−4.2	4	0	2	0.2

4.5.1　极端天气对农产品供应链的影响

根据图 4.1～图 4.5，批发价格契约下，农业合作社种植努力、公司订购数量、农业合作社利润、公司利润及农产品供应链利润随暖冬极端天气的加剧而降低，印证性质 4.3。

根据图 4.1 和图 4.2，不考虑公平关切时，当 $\gamma \geqslant 1/7$ 时，农业合作社种植努力投入及公司订购数量增加；当 $\gamma < 1/7$ 时，农业合作社种植努力投入及公司订购数量减少。这与命题 4.1（1）相一致。农业合作社种植努力投入及公司订购数量均随农业合作社公平关切的增强而减少。这是因为农业合作社为尽量减少利润损失，缓解公平负效用，会采取投机行为降低成本，以达到效用最大化，印证性质 4.1（1）。农业合作社种植努力投

---

① 损耗率从 16% 直降到 3%　阿里社区电商联手供应商晨采蔬菜 24 小时上餐桌 ［EB/OL］. （2021 − 8 − 16）［2023 − 11 − 20］. https：//caijing. chinadaily. com. cn/a/202108/16/WS611a2fb5a 3101e7ce975ee9d. html.

入及公司订购数量均随公司公益性的增强而增加，印证性质 4.2（1）和性质 4.3（1）。

根据图 4.3 和图 4.4，实施收益共享契约后实现了集中决策下农产品供应链利润，同时增加了农业合作社利润。但根据图 4.5，收益共享契约导致公司需要牺牲自身全部利润，这与命题 4.2 相一致。同时，农业合作社、公司及农产品供应链利润均随农业合作社公平关切的增强而减少，印证性质 4.1（2）；当 $\gamma < 1/7$ 时，公司利润增加，当 $\gamma \geqslant 3/7$ 时，公司利润减少，印证性质 4.2（2）。

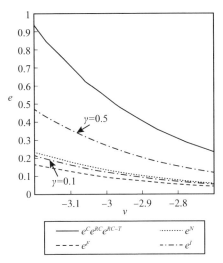

图 4.1　种植努力投入

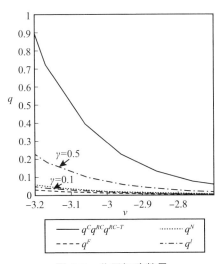

图 4.2　公司订购数量

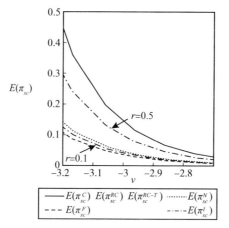

图 4. 3 供应链利润

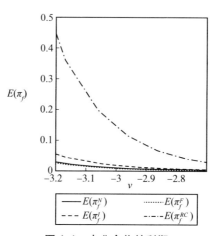

图 4. 4 农业合作社利润

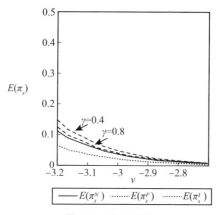

图 4. 5 公司利润

4.5.2　公平关切和公益性对农产品供应链的影响

根据图 4.6 和图 4.7，农产品供应链利润随农业合作社公平关切增强而降低、随公司公益性增大而提高，这与结论 4.1 一致。结合图 4.3，相较于公平中性情形，当 $\gamma \geqslant 1/7$ 时，农产品供应链利润提高；当 $\gamma < 1/7$ 时，农产品供应链利润降低，印证命题 4.1（2）。

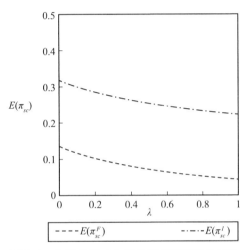

图 4.6　公平关切对农产品供应链利润的影响

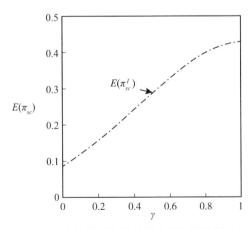

图 4.7　公益性对农产品供应链利润的影响

4.5.3 加盟金对农产品供应链协调性的影响

根据图4.8，采用"收益共享+加盟金"组合契约后，存在一个合理的加盟金区间 $T \in [0.142, 0.376]$（图4.8三角形部分）使 $\Delta E(\pi) > 0$，即"收益共享+加盟金"组合契约能帕累托改进各方利润。这与命题4.3相一致。

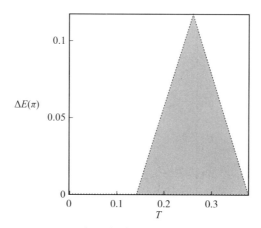

图4.8　加盟金对供应链协调的影响

4.5.4 收益共享系数对农产品供应链的影响

1. 收益共享系数 + 公平关切

根据图4.9，农产品供应链利润随农业合作社公平关切增强而降低、随收益共享比例增大呈现先增加后减少的趋势。这是因为农业合作社公平关切产生的负效用导致农业合作社及公司利润都降低，供应链整体利润也随之降低。而收益共享比例与公司公益性强度满足一定条件时，农产品供应链整体才能达到均衡。

2. 收益共享系数 + 公益性

根据图4.10，收益共享比例与公司公益性强度满足一定条件，即线性函数 $\eta = 1 - \gamma$ 时，收益共享契约及"收益共享+加盟金"组合契约均可使农产品供应链达到协调，且收益共享系数越大，实现供应链协调所需要的公司公益性就越小。

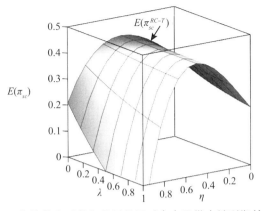

图 4.9　收益共享系数与公平关切对农产品供应链利润的影响

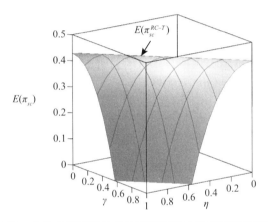

图 4.10　收益共享系数与公益性对农产品供应链利润的影响

4.6　本 章 小 结

在极端天气影响农产品质量的情况下，建立农业合作社主导的二级农产品供应链 Stackelberg 博弈模型，分别分析农业合作社公平关切和公司公益性对农业合作社种植努力投入、农产品批发价格、公司订购数量、农产品销售价格及农产品供应链协调性的影响，并设计收益共享契约、"收益共享＋加盟金"组合契约实现农产品供应链协调，最后通过数值分析验证了"收益共享＋加盟金"组合契约的有效性。研究表明：（1）批发价格契约总是不能实现农产品供应链协调，且极端天气和农业合作社公平关切都会使供应链进一步偏离最优，加剧双重边际效应，而公司公益性却可以优化供应链。（2）采用收益共享契约总能实现集中决策下最优种植努力投入、最优订购数量、最优销售价格、最优农产品供应链利润，同时提高农业合作社利润，但公司需要牺牲自身全部利润，导致农产品供应链的稳定性降低。（3）采用"收益共享＋加盟金"组合契约可以实现农产品供应链协调，且帕累托改进农产品供应链各成员利润，提高农产品供应链稳定性。

进一步，将本章研究结果与第 3 章基本模型进行对比发现：（1）考虑农业合作社公平关切及公司公益性后，收益共享契约与"收益共享＋加盟金"组合契约下，公司需要分给农业合作社的收益比例 η 减小。基本模型中，只有 $\eta = 1$ 时才能实现农产品供应链协调，考虑农业合作社公平关切及公司公益性后，只要满足 $\eta = 1 - \gamma$ 即可实现农产品供应链协调。这增强了公司执行收益共享契约的动力，但此时公司仍需要牺牲自身全部利润。（2）"收益共享＋加盟金"组合契约情形下，农业合作社的加盟金 T 的区间范围扩大。基本模型中，农业合作社的加盟金区间为 $T \in [0.338, 0.403]$，考虑农业合作社公平关切及公司公益性后，农业合作社的加盟金区间扩大为 $T \in [0.142, 0.376]$。因此"收益共享＋加盟金"组合契约更易被农业合作社接受，且考虑农业合作社公平关切和公司公益性后农产品供应链的稳定性增强。

第 5 章 极端天气下考虑双边公益性的农产品供应链契约协调

由第 4 章命题 4.1 可知，公司执行公益性能够提高农业合作社种植努力和公司订购数量、降低销售价格，提高农产品供应链利润，但只有较强的公益性才能完全克服农业合作社公平关切带来的负面影响，与此同时，公司需要以牺牲自身部分甚至全部利润为代价，因此公司执行公益性动力不强。出于响应国家政策和维持供应链良好运营以获取可持续利润的目的，农业合作社也会履行公益性来增加消费者福利，维持农产品供应链稳定运作。因此，在极端天气下分析农业合作社和公司双边公益性对农产品供应链决策和契约协调的影响具有重要意义。

首先，同第 3 章，将农业合作社和公司双边公益性纳入考虑，建立农业合作社主导的二级农产品供应链 Stackelberg 模型，采用逆向归纳法求解并通过比较分析、敏感性分析研究农业合作社公益性和公司公益性对农业合作社种植努力投入、农产品批发价格、公司订购数量、农产品销售价格及农产品供应链协调性的影响。其次，分别设计收益共享契约、"收益共享 + 加盟金"组合契约协调极端天气下的农产品供应链，分析极端天气对契约协调性及契约参数协调范围的影响。最后，通过数值分析进一步验证结论。

5.1 问题描述和模型假设

本章问题描述同第 3 章，本章模型包括以下假设。

假设 5.1 至假设 5.3，同第 3 章假设 3.1 至假设 3.3。

新增以下假设。

假设 5.4 借鉴张旭梅等（2022）的研究，消费者剩余 $CS = \int_p^{+\infty} (x - p)$

$\phi(x)\mathrm{d}x$，且 $\phi(x)=ax^{-b}ek^{-\beta(v-\bar{v})}\varepsilon$，$x$ 为消费者的支付意愿。

其他符号说明：上标 N、FA、SA、RC、$RC-T$ 分别表示不考虑公益性情形、农业合作社执行公益性情形、公司执行公益性情形、收益共享契约情形、"收益共享+加盟金"组合契约情形。

为了阅读的顺畅性，这里直接引用 4.1 节集中决策的计算结果。

农产品供应链最优决策为

$$e^{C*} = \frac{zack^{-\beta(v-\bar{v})}}{b-1}\left(\frac{1-F(z)}{c}\right)^{b}$$

$$q^{C*} = \frac{z^2a^2ck^{-2\beta(v-\bar{v})}}{b-1}\left(\frac{1-F(z)}{c}\right)^{2b}$$

$$p^{C*} = \left(\frac{1-F(z)}{c}\right)^{-1}$$

于是，集中决策下农产品供应链的最优利润为

$$E(\pi_{sc}^{C*}) = \frac{z^2a^2c^2k^{-2\beta(v-\bar{v})}}{2(b-1)^2}\left(\frac{1-F(z)}{c}\right)^{2b}$$

5.2 基于批发价格契约的模型分析

农产品供应链中农业合作社和公司不仅关心自身收益，还会执行公益性职能，即以包括自身利润和消费者剩余在内的总效用最大化进行决策，通过直接考虑增加消费者福利、扩大产品销售，间接改进农产品供应链所有成员利润，以此来巩固市场、保障农产品供应链稳定运作。农产品供应链中可以是农业合作社执行公益性职能，可以是公司执行公益性职能，也可以是联合承担。为了简化分析，这里研究仅农业合作社执行公益性职能和仅公司执行公益性职能下农产品供应链的最优决策，且假设农业合作社与公司承执行公益性职能的系数分别为 γ_f 和 γ_s，γ_f 和 $\gamma_s \in [0,1]$。当农业合作社执行公益性职能时，农业合作社的效用函数可以表示为 $u_f = \pi_f + \gamma_f CS$；而当公司执行公益性职能时，公司效用函数为 $u_s = \pi_s + \gamma_s CS$。

为了比较、分析农业合作社公益性和公司公益性对农产品供应链各方决策的影响，该部分分别在不考虑公益性、仅考虑农业合作社执行公益性、仅考虑公司执行公益性下建立博弈模型，通过求解博弈均衡解进行分析。

5.2.1 农业合作社执行公益性

$$\max_{w,e} E(u_f^{FA}) = E(\pi_f^{FA}) + \gamma_f CS^{FA}$$

$$\text{s. t. } \max_{p,q} E(\pi_s^{FA}) = pE[\min(q,\ d)] - wq$$

$$CS^{FA} = \int_p^{+\infty} (x - p)\phi(x)\,dx$$

$$SW^{FA} = E(\pi_f^{FA}) + E(\pi_s^{FA}) + CS^{FA}$$

采用逆向归纳法可得农产品供应链最优均衡决策为

$$w^{FA*} = \frac{(b-1)bc}{(b-1)^2 + \gamma_f b}$$

$$e^{FA*} = \frac{azck^{-\beta(v-\bar{v})}}{b-1}\left(\frac{((b-1)^2 + \gamma_f b)(1 - F(z))}{(b-1)bc}\right)^b$$

$$q^{FA*} = \frac{a^2 z^2 ck^{-2\beta(v-\bar{v})}}{b-1}\left(\frac{((b-1)^2 + \gamma_f b)(1 - F(z))}{(b-1)bc}\right)^{2b}$$

$$p^{FA*} = \left(\frac{((b-1)^2 + \gamma_f b)(1 - F(z))}{(b-1)bc}\right)^{-1}$$

均衡时，各方及供应链利润、消费者剩余、社会整体福利分别为

$$E(\pi_f^{FA*}) = \frac{z^2 a^2 c^2 k^{-2\beta(v-\bar{v})}((1-2\gamma_f)b^2 + (\gamma_f - 2)b + 1)}{2(b-1)^2((b-1)^2 + \gamma_f b)}$$
$$\left(\frac{((b-1)^2 + \gamma_f b)(1 - F(z))}{(b-1)bc}\right)^{2b}$$

$$E(\pi_s^{FA*}) = \frac{z^2 a^2 c^2 k^{-2\beta(v-\bar{v})}b}{(b-1)((b-1)^2 + \gamma_f b)}\left(\frac{((b-1)^2 + \gamma_f b)(1 - F(z))}{(b-1)bc}\right)^{2b}$$

$$E(\pi_{sc}^{FA*}) = \frac{z^2 a^2 c^2 k^{-2\beta(v-\bar{v})}((3-2\gamma_f)b^2 + (\gamma_f - 4)b + 1)}{2(b-1)^2((b-1)^2 + \gamma_f b)}$$
$$\left(\frac{((b-1)^2 + \gamma_f b)(1 - F(z))}{(b-1)bc}\right)^{2b}$$

$$CS^{FA*} = \frac{z^2 a^2 c^2 k^{-2\beta(v-\bar{v})}b^2}{(b-1)^2((b-1)^2 + \gamma_f b)}\left(\frac{((b-1)^2 + \gamma_f b)(1 - F(z))}{(b-1)bc}\right)^{2b}$$

$$SW^{FA*} = \frac{z^2 a^2 c^2 k^{-2\beta(v-\bar{v})}((5-2\gamma_f)b^2 + (\gamma_f - 4)b + 1)}{2(b-1)^2((b-1)^2 + \gamma_f b)}$$
$$\left(\frac{((b-1)^2 + \gamma_f b)(1 - F(z))}{(b-1)bc}\right)^{2b}$$

证明过程见附录 B（1）。

5.2.2 公司执行公益性

$$\max_{w,e}E(\pi_f^{SA}) = (w-c)q - \frac{1}{2}e^2$$

$$\text{s. t. } \max_{p,q}E(u_s^{SA}) = E(\pi_s^{SA}) + \gamma_s CS^{SA}$$

$$CS^{SA} = \int_p^{+\infty}(x-p)\phi(x)\mathrm{d}x$$

$$SW^{SA} = E(\pi_f^{SA}) + E(\pi_s^{SA}) + CS^{SA}$$

其中, $E(\pi_s^{SA}) = pE[\min(q, d)] - wq$。

采用逆向归纳法可得农产品供应链最优均衡决策为

$$w^{SA*} = \frac{bc}{b-1}$$

$$e^{SA*} = \frac{azck^{-\beta(v-\bar{v})}}{b-1}\left(\frac{(b-1+\gamma_s)(1-F(z))}{bc}\right)^b$$

$$q^{SA*} = \frac{a^2z^2ck^{-2\beta(v-\bar{v})}}{b-1}\left(\frac{(b-1+\gamma_s)(1-F(z))}{bc}\right)^{2b}$$

$$p^{SA*} = \left(\frac{(b-1+\gamma_s)(1-F(z))}{bc}\right)^{-1}$$

均衡时,各方及供应链利润、消费者剩余、社会整体福利分别为

$$E(\pi_f^{SA*}) = \frac{a^2z^2c^2k^{-2\beta(v-\bar{v})}}{2(b-1)^2}\left(\frac{(b-1+\gamma_s)(1-F(z))}{bc}\right)^{2b}$$

$$E(\pi_s^{SA*}) = \frac{a^2z^2c^2k^{-2\beta(v-\bar{v})}b(1-\gamma_s)}{(b-1)^2(b-1+\gamma)}\left(\frac{(b-1+\gamma_s)(1-F(z))}{bc}\right)^{2b}$$

$$E(\pi_{sc}^{SA*}) = \frac{a^2z^2c^2k^{-2\beta(v-\bar{v})}(2b(1-\gamma_s)+b-1+\gamma_s)}{2(b-1)^2(b-1+\gamma)}$$
$$\left(\frac{(b-1+\gamma_s)(1-F(z))}{bc}\right)^{2b}$$

$$CS^{SA*} = \frac{a^2z^2c^2k^{-2\beta(v-\bar{v})}b^2}{(b-1)^3(b-1+\gamma_s)}\left(\frac{(b-1+\gamma_s)(1-F(z))}{bc}\right)^{2b}$$

$$SW^{SA*} = \frac{a^2z^2c^2k^{-2\beta(v-\bar{v})}((5-2\gamma_s)b^2+(3\gamma_s-4)b+1-\gamma_s)}{2(b-1)^3(b-1+\gamma_s)}$$
$$\left(\frac{(b-1+\gamma_s)(1-F(z))}{bc}\right)^{2b}$$

证明过程见附录 B (2)。

推论 5.1 在批发价格契约下,农业合作社的公益性系数 γ_f 需满足 $0 \leqslant \gamma_f^{FA} \leqslant$

$$\frac{(b-1)^2}{b(2b-1)}。$$

推论 5.1 说明，为了保证农产品供应链成员参与博弈，农产品供应链成员的利润必须为非负，则农业合作社的公益性系数不能高于一定阈值。

5.2.3 均衡策略比较

性质 5.1 （1）$\dfrac{\partial e^{FA*}}{\partial v}<0$，$\dfrac{\partial e^{SA*}}{\partial v}<0$；$\dfrac{\partial q^{FA*}}{\partial v}<0$，$\dfrac{\partial q^{SA*}}{\partial v}<0$；

（2）$\dfrac{\partial E(\pi_{sc}^{FA*})}{\partial v}<0$，$\dfrac{\partial E(\pi_{sc}^{SA*})}{\partial v}<0$。

证明过程见附录 B（3）。

由性质 5.1，农产品供应链利润随着极端天气加剧而下降，这是因为，极端天气使得农产品产量降低、农产品质量下降、消费者需求减少，导致农业合作社与公司的利润都降低，农产品供应链利润下降。

性质 5.2 （1）$\dfrac{\partial e^{FA*}}{\partial \gamma_f}>0$，$\dfrac{\partial e^{SA*}}{\partial \gamma_s}>0$；$\dfrac{\partial q^{FA*}}{\partial \gamma_f}>0$，$\dfrac{\partial q^{SA*}}{\partial \gamma_s}>0$；$\dfrac{\partial p^{FA*}}{\partial \gamma_f}<0$，

$\dfrac{\partial p^{SA*}}{\partial \gamma_s}<0$。（2）$\dfrac{\partial E(\pi_f^{FA*})}{\partial \gamma_f}<0$，$\dfrac{\partial E(\pi_s^{FA*})}{\partial \gamma_f}>0$；$\dfrac{\partial E(\pi_f^{SA*})}{\partial \gamma_s}>0$，当 $0 \leqslant \gamma_s <$

$\dfrac{1}{2}$ 时 $\dfrac{\partial E(\pi_s^{SA*})}{\partial \gamma_s}>0$，$\dfrac{1}{2}<\gamma_s \leqslant 1$ 时 $\dfrac{\partial E(\pi_s^{SA*})}{\partial \gamma_s}<0$。（3）$\dfrac{\partial E(\pi_{sc}^{FA*})}{\partial \gamma_f}>0$，

$\dfrac{\partial E(\pi_{sc}^{SA*})}{\partial \gamma_s}>0$。

证明过程见附录 B（4）。

由性质 5.2（1），当公益性系数增大时，农业合作社与公司承担的公益性职能增多，农业合作社会牺牲自己的利润去增加种植努力投入，公司会降低农产品的销售价格，此时市场需求增多，公司的订购数量增加。

由性质 5.2（2），当农业合作社承担公益性时，随着公益性系数的增大，农业合作社的利润下降，而公司的利润增加；当公司承担公益性时，随着公益性系数增大，农业合作社的利润增加，而公司利润呈现先增后减的趋势。

由性质 5.2（3），当农业合作社执行公益性时，随着农业合作社公益性系数增大，农业合作社利润减少，而公司利润增加，但公司增加的利润大于农业合作社减少的利润，所以农产品供应链利润增加。当公司执行公益性时，随着公司公益性系数增大，农业合作社利润增加，由性质 5.2

（2）可知，即使当公益性系数超过一定阈值$\left(\frac{1}{2}<\gamma_s\leqslant 1\right)$时，公司利润会减少，但是公司减少的利润小于农业合作社增加的利润，所以农产品供应链利润增加。

5.2.4 契约协调性分析

命题 5.1 $e^{C*}>e^{FA*}>e^{N*}$，$q^{C*}>q^{FA*}>q^{N*}$，$p^{C*}<p^{FA*}<p^{N*}$，$E(\pi_{sc}^{C*})>E(\pi_{sc}^{FA*})>E(\pi_{sc}^{N*})$；$e^{C*}\geqslant e^{SA*}>e^{N*}$，$q^{C*}\geqslant q^{SA*}>q^{N*}$，$p^{C*}\leqslant p^{SA*}<p^{N*}$，$E(\pi_{sc}^{C*})\geqslant E(\pi_{sc}^{SA*})>E(\pi_{sc}^{N*})$。

证明过程见附录 B（5）。

由命题 5.1，农产品供应链成员执行公益性以利于降低农产品销售价格，提高农业合作社种植努力投入、公司订购数量以及农产品供应链利润。农业合作社种植努力投入、公司订购数量、农产品销售价格和农产品供应链利润在集中决策下最优、农业合作社承担公益性次之、不考虑公益性最次。当农业合作社执行公益性时，批发价格契约存在"双重边际效应"，总是不能协调农产品供应链。当公司执行公益性且仅当 $\gamma_s^{SA*}=1$ 时，批发价格契约能实现集中决策下供应链最优决策。但在现实生活中，公司以谋求自身利益最大化为目标，不可能把看待改进自己利益与改进消费者利益视为同等重要。因此，公司执行公益性能在一定程度上改进农产品供应链，但不能实现农产品供应链协调。

由性质 5.1、性质 5.2 和命题 5.1 可得结论 5.1。

结论 5.1 批发价格契约不能协调农产品供应链，且极端天气会使得农产品供应链进一步偏离最优，但农产品供应链成员执行公益性可以优化农产品供应链。

5.3 基于收益共享契约的模型分析

虽然农业合作社和公司执行公益性均可以改进农产品供应链的整体利润，但无法使其达到集中决策下的最优水平。因此，同第 3 章和第 4 章，本节采用收益共享契约来协调、优化农产品供应链。

5.3.1 农业合作社执行公益性

考虑农业合作社执行公益性时，农业合作社和公司的博弈模型表示为

$$\max_{w,e} E(u_f^{RC-FA}) = E(\pi_f^{RC-FA}) + \gamma_f CS^{RC-FA}$$

$$\text{s. t. } \max_{p,q} E(\pi_s^{RC-FA}) = (1-\eta)pE[\min(q,\ d)] - wq$$

$$CS^{RC-FA} = \int_p^{+\infty}(x-p)\phi(x)\mathrm{d}x$$

$$SW^{RC-FA} = E(\pi_f^{RC-FA}) + E(\pi_s^{RC-FA}) + CS^{RC-FA}$$

其中，$E(\pi_f^{RC-FA}) = (w-c)q - \dfrac{1}{2}e^2 + \eta pE[\min(q,\ d)]$。

采用逆向归纳法求解上述博弈模型，农产品供应链最优均衡决策为

$$w^{RC-FA*} = \frac{bc(b-1)(1-\eta)}{(b-1)(b-1+\eta) + \gamma_f b}$$

$$e^{RC-FA*} = \frac{azck^{-\beta(v-\bar{v})}}{b-1}\Gamma^b$$

$$q^{RC-FA*} = \frac{a^2z^2ck^{-2\beta(v-\bar{v})}}{b-1}\Gamma^{2b}$$

$$p^{RC-FA*} = \Gamma^{-1}$$

均衡时，各方及供应链利润、消费者剩余、社会整体福利分别为

$$E(\pi_f^{RC-FA*}) = \frac{a^2z^2c^2k^{-2\beta(v-\bar{v})}((b-1)(b-1+\eta) - \gamma_f b(2b-1))}{2(b-1)^2((b-1)(b-1+\eta) + \gamma_f b)}\Gamma^{2b}$$

$$E(\pi_s^{RC-FA*}) = \frac{a^2z^2c^2k^{-2\beta(v-\bar{v})}(1-\eta)b}{(b-1)((b-1)(b-1+\eta) + \gamma_f b)}\Gamma^{2b}$$

$$E(\pi_{sc}^{RC-FA*}) = \frac{a^2z^2c^2k^{-2\beta(v-\bar{v})}((b-1)(b-1+\eta+2b(1-\eta)) - \gamma_f b(2b-1))}{2(b-1)^2((b-1)(b-1+\eta) + \gamma_f b)}\Gamma^{2b}$$

$$CS^{RC-FA*} = \frac{a^2z^2c^2k^{-2\beta(v-\bar{v})}b^2}{(b-1)^2((b-1)(b-1+\eta) + \gamma_f b)}\Gamma^{2b}$$

$$SW^{RC-FA*} = \frac{a^2z^2c^2k^{-2\beta(v-\bar{v})}((b-1)(b-1+\eta+2b(1-\eta)) + 2b^2 - \gamma_f b(2b-1))}{2(b-1)^2((b-1)(b-1+\eta) + \gamma_f b)}\Gamma^{2b}$$

其中，$\Gamma = \dfrac{((b-1)(b-1+\eta) + \gamma_f b)(1-F(z))}{bc(b-1)}$。

证明过程见附录 B（6）。

5.3.2　公司执行公益性

考虑公司执行公益性时，农业合作社和公司的博弈模型表示为

$$\max_{w,e} E(\pi_f^{RC-SA}) = (w-c)q - \frac{1}{2}e^2 + \eta pE[\min(q,\ d)]$$

$$\text{s. t. } \max_{p,q} E(u_s^{RC-SA}) = E(\pi_s^{RC-SA}) + \gamma_s CS^{RC-SA}$$

$$CS^{RC-SA} = \int_{p}^{+\infty} (x - p) \phi(x) \, dx$$

$$SW^{RC-SA} = E(\pi_f^{RC-SA}) + E(\pi_s^{RC-SA}) + CS^{RC-SA}$$

其中，$E(\pi_S^{RC-SA}) = (1 - \eta)pE[\min(q, d)] - wq$。

采用逆向归纳法求解上述博弈模型，农产品供应链最优均衡决策为

$$w^{RC-SA*} = \frac{((b-1)(1-\eta) + \gamma_s)bc}{(b-1)(b-1+\eta+\gamma_s)}$$

$$e^{RC-SA*} = \frac{azck^{-\beta(v-\bar{v})}}{b-1} \Xi^b$$

$$q^{RC-SA*} = \frac{a^2z^2ck^{-2\beta(v-\bar{v})}}{b-1} \Xi^{2b}$$

$$p^{RC-SA*} = \Xi^{-1}$$

均衡时，各方及供应链利润、消费者剩余、社会整体福利分别为

$$E(\pi_f^{RC-SA*}) = \frac{a^2z^2c^2k^{-2\beta(v-\bar{v})}}{2(b-1)^2} \Xi^{2b}$$

$$E(\pi_s^{RC-SA*}) = \frac{a^2z^2c^2k^{-2\beta(v-\bar{v})}b(1-\eta-\gamma_s)}{(b-1)^2(b-1+\eta+\gamma_s)} \Xi^{2b}$$

$$E(\pi_{sc}^{RC-SA*}) = \frac{a^2z^2c^2k^{-2\beta(v-\bar{v})}((b-1+\eta+\gamma_s+2b(1-\eta-\gamma_s)))}{2(b-1)^2(b-1+\eta+\gamma_s)} \Xi^{2b}$$

$$CS^{RC-SA*} = \frac{a^2z^2c^2k^{-2\beta(v-\bar{v})}b^2}{(b-1)^3(b-1+\eta+\gamma_s)} \Xi^{2b}$$

$$SW^{RC-SA*} = \frac{a^2z^2c^2k^{-2\beta(v-\bar{v})}((b-1)(b-1+\eta+\gamma_s) + 2b(b-1)(1-\eta-\gamma_s) + 2b^2)}{2(b-1)^3(b-1+\eta+\gamma_s)} \Xi^{2b}$$

其中，$\Xi = \dfrac{(b-1+\eta+\gamma_s)(1-F(z))}{bc}$。

证明过程见附录 B（7）。

推论 5.2 在收益共享契约下，农业合作社公益性系数 γ_f 需满足 $0 \leq \gamma_f^{RC-FA} \leq \dfrac{(b-1)(b-1+\eta)}{b(2b-1)}$，公司公益性系数 γ_s 需满足 $0 \leq \gamma_s^{RC-SA} \leq 1-\eta$。

推论 5.2 说明，收益共享契约在保证农产品供应链成员利润为非负的同时，还扩大了农业合作社执行公益性的范围，但缩小了公司执行公益性的范围。这是因为收益共享契约使得公司利润减少，农业合作社利润增加，农业合作社可以让渡更多的价值给消费者，从而农业合作社执行公益性的范围更大；与此相反；由于公司利润会减少，导致公司执行公益性的范围缩小。

5.3.3　契约协调性分析

命题 5.2　（1）当 $\gamma_f^{RC-FA*} = \dfrac{(1-\eta)(b-1)}{b}$ 且 $\eta \geqslant \dfrac{1}{2}$ 时，$e^{RC-FA*} = e^{C*}$，$q^{RC-FA*} = q^{C*}$，$p^{RC-FA*} = p^{C*}$，$E(\pi_{sc}^{RC-FA*}) = E(\pi_{sc}^{C*})$，$E(\pi_s^{RC-FA*}) < E(\pi_s^{FA*})$。

（2）当 $\gamma_s^{RC-SA*} = 1 - \eta$ 时，$e^{RC-SA*} = e^{C*}$，$q^{RC-SA*} = q^{C*}$，$p^{RC-SA*} = p^{C*}$，$E(\pi_{sc}^{RC-SA*}) = E(\pi_{sc}^{C*})$，$E(\pi_s^{RC-SA*}) < E(\pi_s^{SA*})$。

证明过程见附录 B（8）。

由命题 5.2，无论谁执行公益性，当 γ 和 η 满足一定条件时，收益共享契约能实现供应链协调，但收益共享契约会降低公司利润，公司参与收益共享契约的意愿不强，于是得到命题 5.3。

命题 5.3　当农产品供应链达到协调时，农业合作社执行公益性的范围为 $0 \leqslant \gamma_f^{RC-FA*} \leqslant \dfrac{(b-1)}{2b}$，公司执行公益性的范围为 $0 \leqslant \gamma_s^{RC-SA*} \leqslant 1$。

证明过程见附录 B（9）。

命题 5.3 说明，当实现农产品供应链协调时，公司执行公益性的范围总是大于农业合作社。这说明公司执行公益性比农业合作社执行公益性更易于达到农产品供应链协调。

推论 5.3　当农产品供应链协调时，$\gamma_s^{RC-SA*} > \gamma_f^{RC-FA*}$，$\dfrac{E(\pi_{sc}^{RC-FA*})}{\gamma_f^{RC-FA*}} > \dfrac{E(\pi_{sc}^{RC-SA*})}{\gamma_s^{RC-SA*}}$。

由 $\gamma_s^{RC-SA*} - \gamma_f^{RC-FA*} = 1 - \eta > 0$ 可得 $\gamma_s^{RC-SA*} > \gamma_f^{RC-FA*}$。

推论 5.3 说明，在收益共享契约实现农产品供应链协调的情况下，农业合作社执行公益性的协调效率高于公司。

5.4　基于"收益共享 + 加盟金"组合契约的模型分析

为了调动农产品供应链成员的积极性，在农业合作社执行公益性时，处于主导地位的农业合作社会要求公司转移出部分资金（加盟金）给自己，形成利益整体。而在公司执行公益性时，农业合作社会主动缴纳加盟金给公司，以弥补公司损失。

5.4.1 农业合作社执行公益性

当农业合作社执行公益性时，农业合作社和公司的博弈模型表示为

$$\max_{w,e} E(u_f^{RC-T-FA}) = E(\pi_f^{RC-T-FA}) + \gamma_f CS^{RC-T-FA}$$

$$\text{s. t. } \max_{p,q} E(\pi_s^{RC-T-FA}) = (1-\eta) pE[\min(q,d)] - wq - T^{RC-T-FA}$$

$$CS^{RC-T-FA} = \int_p^{+\infty} (x-p)\phi(x)\,\mathrm{d}x$$

$$SW^{RC-T-FA} = E(\pi_f^{RC-T-FA}) + E(\pi_s^{RC-T-FA}) + CS^{RC-T-FA}$$

其中，$E(\pi_f^{RC-T-FA}) = (w-c)q - \frac{1}{2}e^2 + \eta pE[\min(q,d)] + T^{RC-T-FA}$。

采用逆向归纳法求解上述博弈模型，农产品供应链最优均衡决策为

$$w^{RC-T-FA*} = \frac{bc(b-1)(1-\eta)}{(b-1)(b-1+\eta) + \gamma_f b}$$

$$e^{RC-T-FA*} = \frac{azck^{-\beta(v-\bar{v})}}{b-1}\Gamma^b$$

$$q^{RC-T-FA*} = \frac{a^2 z^2 ck^{-2\beta(v-\bar{v})}}{b-1}\Gamma^{2b}$$

$$p^{RC-T-FA*} = \Gamma^{-1}$$

均衡时，各方及供应链利润、消费者剩余、社会整体福利分别为

$$E(\pi_f^{RC-T-FA*}) = \frac{a^2 z^2 c^2 k^{-2\beta(v-\bar{v})}((b-1)(b-1+\eta) - \gamma_f b(2b-1))}{2(b-1)^2((b-1)(b-1+\eta) + \gamma_f b)}\Gamma^{2b} + T^{RC-T-FA}$$

$$E(\pi_s^{RC-T-FA*}) = \frac{a^2 z^2 c^2 k^{-2\beta(v-\bar{v})}(1-\eta)b}{(b-1)((b-1)(b-1+\eta) + \gamma_f b)}\Gamma^{2b} - T^{RC-T-FA}$$

$$E(\pi_{sc}^{RC-T-FA*}) = \frac{a^2 z^2 c^2 k^{-2\beta(v-\bar{v})}((b-1)(b-1+\eta+2b(1-\eta)) - \gamma_f b(2b-1))}{2(b-1)^2((b-1)(b-1+\eta) + \gamma_f b)}\Gamma^{2b}$$

$$CS^{RC-T-FA*} = \frac{a^2 z^2 c^2 k^{-2\beta(v-\bar{v})}b^2}{(b-1)^2((b-1)(b-1+\eta) + \gamma_f b)}\Gamma^{2b}$$

$$SW^{RC-T-FA*} = \frac{a^2 z^2 c^2 k^{-2\beta(v-\bar{v})}((b-1)(b-1+\eta+2b(1-\eta)) + 2b^2 - \gamma_f b(2b-1))}{2(b-1)^2((b-1)(b-1+\eta) + \gamma_f b)}\Gamma^{2b}$$

证明过程见附录 B（10）。

5.4.2 公司执行公益性

当公司执行公益性时，农业合作社和公司的博弈模型表示为

$$\max_{w,e} E(\pi_f^{RC-T-SA}) = (w-c)q - \frac{1}{2}e^2 + \eta pE[\min(q,d)] - T^{RC-T-SA}$$

$$\text{s. t. } \max_{p,q} E(u_s^{RC-T-SA}) = E(\pi_s^{RC-T-SA}) + \gamma_s CS^{RC-T-SA}$$

$$CS^{RC-T-SA} = \int_p^{+\infty} (x-p)\phi(x)\,\mathrm{d}x$$

$$SW^{RC-T-SA} = E(\pi_f^{RC-T-SA}) + E(\pi_s^{RC-T-SA}) + CS^{RC-T-SA}$$

其中，$E(\pi_s^{RC-T-SA}) = (1-\eta)pE[\min(q,\ d)] - wq + T^{RC-T-SA}$。

采用逆向归纳法求解上述博弈模型，农产品供应链最优均衡决策为

$$w^{RC-T-SA*} = \frac{((b-1)(1-\eta)+\gamma_s)bc}{(b-1)(b-1+\eta+\gamma_s)}$$

$$e^{RC-T-SA*} = \frac{azck^{-\beta(v-\bar{v})}}{b-1}\Xi^b$$

$$q^{RC-T-SA*} = \frac{a^2z^2ck^{-2\beta(v-\bar{v})}}{b-1}\Xi^{2b}$$

$$p^{RC-T-SA*} = \Xi^{-1}$$

均衡时，各方及供应链利润、消费者剩余、社会整体福利分别为

$$E(\pi_f^{RC-T-SA*}) = \frac{a^2z^2c^2k^{-2\beta(v-\bar{v})}}{2(b-1)^2}\Xi^{2b} - T^{RC-T-SA}$$

$$E(\pi_s^{RC-T-SA*}) = \frac{a^2z^2c^2k^{-2\beta(v-\bar{v})}b(1-\eta-\gamma_s)}{(b-1)^2(b-1+\eta+\gamma_s)}\Xi^{2b} + T^{RC-T-SA}$$

$$E(\pi_{sc}^{RC-T-SA*}) = \frac{a^2z^2c^2k^{-2\beta(v-\bar{v})}((b-1+\eta+\gamma_s+2b(1-\eta-\gamma_s)))}{2(b-1)^2(b-1+\eta+\gamma_s)}\Xi^{2b}$$

$$CS^{RC-T-SA*} = \frac{a^2z^2c^2k^{-2\beta(v-\bar{v})}b^2}{(b-1)^3(b-1+\eta+\gamma_s)}\Xi^{2b}$$

$$SW^{RC-T-SA*} = \frac{a^2z^2c^2k^{-2\beta(v-\bar{v})}((b-1)(b-1+\eta+\gamma_s)+2b(b-1)(1-\eta-\gamma_s)+2b^2)}{2(b-1)^3(b-1+\eta+\gamma_s)}\Xi^{2b}$$

证明过程见附录 B（11）。

命题 5.4　当 $\gamma_f^{RC-T-FA*} = \dfrac{(1-\eta)(b-1)}{b}$（$\eta \geqslant \dfrac{1}{2}$）且 $T_{\min} < T^{RC-T-FA} < T_{\max}$ 时，或者当 $\gamma_s^{RC-T-SA*} = 1-\eta$ 且 $E(\pi_s^{N*}) < T^{RC-T-SA} < E(\pi_f^{RC-SA*}) - E(\pi_f^{N*})$ 时，"收益共享＋加盟金"不仅总能实现农产品供应链协调，还能帕累托改进各方利润。

证明过程见附录 B（12）。

由命题 5.4，无论谁执行公益性，"收益共享＋加盟金"组合契约均可以实现农产品供应链协调。一方面，公司通过分享部分收益给农业合作

社，缓解极端天气对农业合作社的不利影响；另一方面，加盟金能够有效改进农业合作社与公司的利润，实现双赢。对于批发价格契约和收益共享契约而言，"收益共享＋加盟金"组合契约不仅协调了农产品供应链，还帕累托改进了农业合作社和公司的利润，提高了农产品供应链整体稳定性。

5.5　数值仿真

为了印证本章研究结论，进一步揭示极端天气与公益性对农产品供应链的影响，同第3和第4章，本章数值仿真具体赋值见表5.1。

表5.1　　　　　　　　　　　　　　参数

a	b	c	z	$F(z)$	$\bar{v}$	β	k	l	m
100	2	1	1/2	3/4	−4.2	3	2	0	2

5.5.1　极端天气对农产品供应链的影响

为了保证农业合作社和公司利润一直为非负，农产品供应链成员执行公益性需满足 $0 \leq \gamma_f^{FA} \leq \frac{1}{6}$，$0 \leq \gamma_s^{SA} \leq 1$，为了简化分析取 $\gamma_f^{FA} = 0.125$ 和 $\gamma_s^{SA} = 0.2$。根据图5.1~图5.3，农产品供应链成员执行公益性可以提高农业合作社的种植努力投入、增加公司订购数量和提高农产品供应链利润，减少极端天气对农产品供应链决策的负面影响，与命题5.1和性质5.1一致。

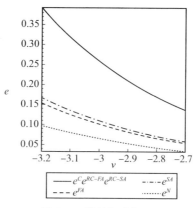

图5.1　种植努力投入

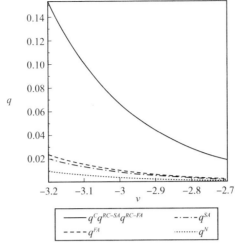

图 5.2　公司订购数量

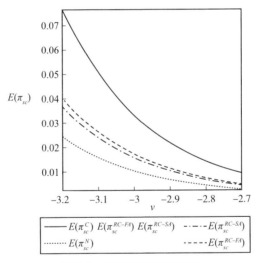

图 5.3　农产品供应链利润

5.5.2　双边公益性对农产品供应链的影响

根据图 5.4 ~ 图 5.9，在一定天气条件下（$v = -3.2$），农产品供应链成员执行公益性时，农业合作社的种植努力与公司订购数量随着公益性增大而增加。农业合作社与公司执行公益性，有助于增加种植努力投入、降低农产品销售价格，扩大市场需求，印证性质 5.2（1）和 5.2（3）。当公司执行公益性时，仅当 $\gamma_s^{SA*} = 1$ 时，批发价格契约能实现农产品供应链协调。

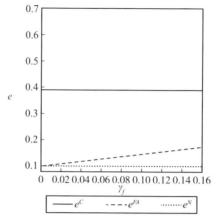

图 5.4　农业合作社公益性对努力水平的影响

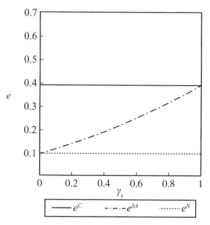

图 5.5　公司公益性对努力水平的影响

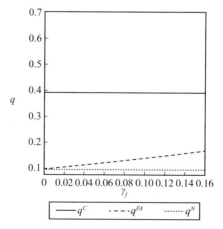

图 5.6　农业合作社公益性对订货量的影响

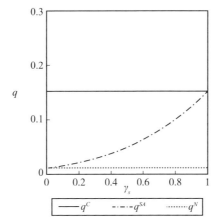

图 5.7　公司公益性对订货量的影响

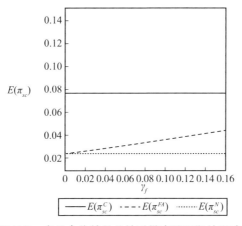

图 5.8　农业合作社公益性对供应链利润的影响

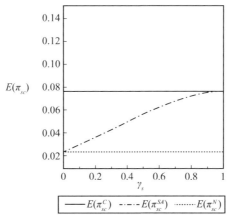

图 5.9　公司公益性对供应链利润的影响

　　根据图 5.10 和图 5.11，在一定天气条件下（$v = -3.2$），农业合作社执行公益性时，农业合作社利润会下降，公司利润会上升。公司执行公益性时，农业合作社利润上升，公司利润先增加后减少。农产品供应链成员执行公益性时，农产品供应链利润随着公益性的增强而增加，这印证了性质 5.2（2）。

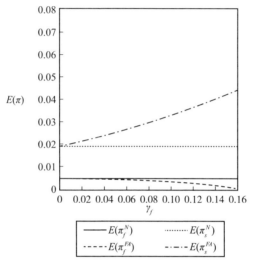

图 5.10　农业合作社公益性对各方利润的影响

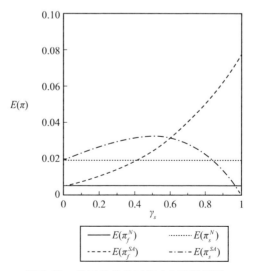

图 5.11　公司公益性对各方利润的影响

5.5.3　收益共享系数对农产品供应链协调的影响

根据图 5.12，在收益共享契约达到协调时，收益共享系数越大，供应链成员所需要执行的公益性越小。若收益共享系数大于 0.5，无论谁执行公益性，只要当 γ 和 η 满足一定条件，收益共享契约可使农产品供应链达到协调，且农业合作社执行的公益性低于公司；若收益共享系数小于 0.5，只有公司执行公益性才能实现农产品供应链协调。所以公司执行公益性的协调范围大于农业合作社，而农业合作社执行公益性的农产品供应链协调效率高于公司。

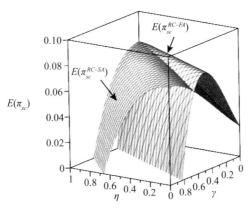

图 5.12　收益共享系数与公益性对农产品供应链利润的影响

5.6　本　章　小　结

在极端天气影响农产品质量的情况下，考虑农产品供应链成员执行公益性，建立农业合作社主导的二级农产品供应链 Stackelberg 博弈模型，分析农产品供应链成员执行公益性对农业合作社种植努力、公司订购数量、农产品销售价格以及农产品供应链协调性的影响，并设计收益共享契约、"收益共享＋加盟金"组合契约实现农产品供应链协调，最后通过数值分析验证了"收益共享＋加盟金"组合契约的有效性。研究表明：（1）极端天气发生时，无论谁执行公益性，批发价格契约不能协调农产品供应链，但有利于优化农产品供应链。（2）收益共享契约能实现集中决策下最优决策，如种植努力投入、公司订货量、农产品销售价格，从而实现最优农产品供应链利润。同时收益共享契约也会降低公司利润，不利于提高农产品供应链的稳定性。（3）"收益共享＋加盟金"组合契约可以实现农产品供应链协调，还能帕累托改进各方利润，提高农产品供应链的稳定性。（4）在农产品供应链达到协调时，公司执行公益性的协调范围大于农业合作社，公司执行公益性更容易实现供应链协调，但农业合作社执行公益性的协调效率更高。

第 3 章基本模型中不考虑公益性时的相关结论比较，当考虑供应链成员执行公益性时，收益共享系数满足 $\eta<1$，收益共享契约和"收益共享＋加盟金"组合契约都能实现农产品供应链协调。这表明，农产品供应链成员执行公益性可以使收益共享契约和"收益共享＋加盟金"组合契约协调范围更广，更容易实现农产品供应链协调，特别是"收益共享＋加盟金"组合契约更能实现农产品供应链稳定运作。

第6章 极端天气下农产品供应链政府补贴机制

首先，第3～第5章研究了极端天气下"农业合作社＋公司"型农产品供应链契约协调，且证明批发价格契约虽然参数简单但无法协调农产品供应链、极端天气和农业合作社公平关切会使农产品供应链进一步偏离最优，公益性虽然能够改进各方决策，但是改进程度有限。其次，收益共享契约虽然能够实现农产品供应链协调，但是需要牺牲公司部分或全部利润，公司没有参与收益共享契约的动力。最后，虽然"收益共享＋加盟金"组合契约能够协调农产品供应链，且农业合作社或公司执行公益性能使加盟金区间扩大，从而农产品供应链更容易实现协调。但是，"收益共享＋加盟金"组合契约需要确定的参数多，如批发价格、收益共享系数和加盟金，且加盟金为一个区间，具体数值依赖于农业合作社和公司的讨价还价能力，执行难度较大、监管成本高。于是，仅收益共享契约或者"收益共享＋加盟金"组合契约都不足以保障农产品供应链稳定运行，客观上还存在进一步创新的需求。

农产品具有易腐易逝、生命周期短等特点，农产品供应链易受极端天气的冲击，市场需求的随机性进一步加剧了农产品供应链运营的困难，需要政府给予补贴。农业的弱质性特点决定了政府必须对其进行补贴。财政补贴作为政府或相关公共机构维护粮食安全和农业发展的重大措施，已为农业和农民群众提供了多重财政援助，如2022年5月，中央财政下达资金100亿元，再次向实际种粮农民发放一次性农资补贴，支持夏收和秋播生产，缓解农资价格上涨带来的种粮增支影响，进一步调动农民种粮积极性。[1] 再如，2022年吉林省政府对玉米、大豆、稻谷生产者进行补贴，少则每亩补贴九十几元多则每亩补贴四五百元，但具体补贴多少，以当地政

---

[1] 中央财政下达100亿元，缓解种粮增支影响［EB/OL］. (2022－05－01)［2023－11－20］. http：//finance. sina. com. cn/jjxw/2022－05－24/doc－imizirau4455631. shtml.

府公布的为准。① 各地政府目前补贴方式不统一，尚未颁布具体的指导性文件，补贴策略缺乏精准性，不同的补贴方式对农业合作社、公司、消费者以及政府有显著差异的影响。因此，研究极端天气下的农产品供应链政府补贴机制，能够为政府合理选择补贴方式提供更科学的理论依据。

本章通过刻画极端天气影响农产品质量的随机利润函数，建立无政府补贴、按生产量补贴、按销售量补贴、按批发价格补贴和按销售价格补贴五种情形下的农业合作社和公司构成的二级农产品供应链 Stackelberg 博弈模型，研究极端天气和各种补贴方式对农产品供应链最优决策的影响，并从消费者剩余、社会整体福利和补贴资金使用效率三个方面分析最优补贴策略。本章的研究结论可以为后续分析公平关切和公益性对政府补贴机制的影响提供比较基准。

6.1　问题描述和模型假设

6.1.1　问题描述

与第 3～第 5 章类似，考虑不确定需求条件下，由一个农业合作社和一个公司组成的二级农产品供应链。农业合作社和公司构成 Stackelberg 博弈：农业合作社处于主导地位先决策批发价格 w 和种植努力 e，公司处于跟随地位后决策订购数量 q 和销售价格 p。农产品的单位生产成本为 c。由于农产品生长过程中受极端天气影响，农产品质量下降。为了调动农业合作社的生产积极性、促进公司销售农产品，政府对农产品供应链实施补贴，且政府不参与决策。其中，政府补贴资金的财政支出为 B。如图 6.1（a）所示，政府按生产量或销售量对农业合作社实施补贴：按生产量补贴时，政府对农业合作社生产的每单位农产品进行补贴；按销售量补贴时，政府依据公司售出的每单位农产品补贴农业合作社。如图 6.1（b）所示，政府按批发价格或销售价格补贴公司：按批发价格补贴时，政府对公司订购的每单位农产品进行补贴；按销售价格补贴时，政府对公司销售的每单位农产品进行补贴。政府对每单位农产品的补贴金额均为 t。

① 吉林省玉米和大豆生产者补贴实施方案（2022 年）［EB/OL］.（2022 – 05 – 22）［2023 – 11 – 20］. http：//agri. jl. gov. cn/zwgk/zcfg/zc/202305/t20230522_ 8712508. html.

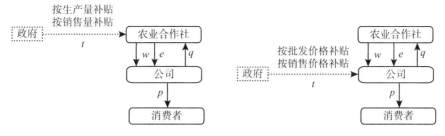

（a）政府补贴农业合作社的情形　　　　（b）政府补贴公司的情形

图 6.1　农产品供应链结构

6.1.2　模型假设

假设 6.1 至假设 6.4，同第 5 章假设 5.1 至假设 5.4。

新增以下假设。

假设 6.5　政府补贴资金使用效率为 $L=\dfrac{SW}{B}$，其中，SW 为社会整体福利。

其他符号说明，上标 N、P、Q、G、H 分别表示无政府补贴、按生产量补贴、按销售量补贴、按批发价格补贴和按销售价格补贴。

6.2　无政府补贴

由于农业合作社和公司以自身利润最大化为目标，博弈模型表示为

$$\max_{w,e}E(\pi_f^N)=(w-c)q-\frac{1}{2}e^2$$

$$\text{s. t. }\max_{p,q}E(\pi_s^N)=pE[\min(q,d)]-wq$$

$$CS^N=\int_p^{+\infty}(x-p)\phi(x)\,\mathrm{d}x$$

$$SW^N=E(\pi_f^N)+E(\pi_s^N)+CS^N$$

通过"库存因子" $z=\dfrac{ap^{-b}ek^{-\beta(v-\bar v)}}{q}$ 可得

$$E(\pi_s^N)=\left(\frac{zaek^{-\beta(v-\bar v)}}{q}\right)^{\frac{1}{b}}qE\min\left(1,\frac{\varepsilon}{z}\right)-wq$$

$$=(zaek^{-\beta(v-\bar v)})^{\frac{1}{b}}q^{\frac{b-1}{b}}\left(1-\int_0^z\left(1-\frac{x}{z}\right)f(x)\,\mathrm{d}x\right)-wq$$

通过对 $\dfrac{\partial E(\pi_s^N)}{\partial z}$ 的分析，结合 ε 的广义失败率性质，得到引理 6.1。

引理 6.1　最优库存因子由以下方程确定

$$\int_0^{\bar{z}}(b-1)xf(x)\mathrm{d}x = z(1-F(z))$$

证明过程见附录 C（1）。

采用逆向归纳法求解上述博弈模型，农产品供应链最优均衡决策为

$$w^{N*} = \frac{bc}{b-1}$$

$$e^{N*} = \frac{azck^{-\beta(v-\bar{v})}}{b-1}\left(\frac{(b-1)(1-F(z))}{bc}\right)^b$$

$$q^{N*} = \frac{a^2z^2ck^{-2\beta(v-\bar{v})}}{b-1}\left(\frac{(b-1)(1-F(z))}{bc}\right)^{2b}$$

$$p^{N*} = \left(\frac{(b-1)(1-F(z))}{bc}\right)^{-1}$$

均衡时，各方及农产品供应链利润、消费者剩余、社会整体福利分别为

$$E(\pi_f^{N*}) = \frac{z^2a^2c^2k^{-2\beta(v-\bar{v})}(b^2-2b+1)}{2(b-1)^4}\left(\frac{(b-1)(1-F(z))}{bc}\right)^{2b}$$

$$E(\pi_s^{N*}) = \frac{z^2a^2c^2k^{-2\beta(v-\bar{v})}b}{(b-1)^3}\left(\frac{(b-1)(1-F(z))}{bc}\right)^{2b}$$

$$E(\pi_{sc}^{N*}) = \frac{z^2a^2c^2k^{-2\beta(v-\bar{v})}(3b^2-4b+1)}{2(b-1)^4}\left(\frac{(b-1)(1-F(z))}{bc}\right)^{2b}$$

$$CS^{N*} = \frac{z^2a^2c^2k^{-2\beta(v-\bar{v})}b^2}{(b-1)^4}\left(\frac{(b-1)(1-F(z))}{bc}\right)^{2b}$$

$$SW^{N*} = \frac{z^2a^2c^2k^{-2\beta(v-\bar{v})}(5b^2-4b+1)}{2(b-1)^4}\left(\frac{(b-1)(1-F(z))}{bc}\right)^{2b}$$

证明过程见附录 C（2）。

性质 6.1　（1）当 $v\in[\bar{v},\bar{\bar{v}}]$ 时，$\dfrac{\partial e^{N*}}{\partial v}<0$；$\dfrac{\partial q^{N*}}{\partial v}<0$。

（2）$\dfrac{\partial E(\pi_f^{N*})}{\partial v}<0$；$\dfrac{\partial E(\pi_s^{N*})}{\partial v}<0$；$\dfrac{\partial E(\pi_{sc}^{N*})}{\partial v}<0$；$\dfrac{\partial CS^{N*}}{\partial v}<0$；$\dfrac{\partial SW^{N*}}{\partial v}<0$。

证明过程见附录 C（3）。

性质 6.1 说明，随着极端天气加剧，农产品供应链整体利润降低、消费者剩余与社会整体福利减少。这是因为极端天气使得农业合作社种植努力降低、农产品质量下降，公司订购数量减少，消费者可以购买的农产品

数量较少、质量较差，消费欲望降低，导致农产品供应链整体利润降低、消费者剩余与社会整体福利减少。

6.3　政府补贴农业合作社

6.3.1　按生产量补贴

当政府按生产量实施补贴时，农业合作社和公司博弈模型可以表示为

$$\max_{w,e} E(\pi_f^P) = (w - c + t)q - \frac{1}{2}e^2$$

$$\text{s. t. } \max_{p,q} E(\pi_s^P) = pE[\min(q, d)] - wq$$

$$CS^P = \int_p^{+\infty} (x - p)\phi(x)\,\mathrm{d}x$$

$$SW^P = E(\pi_f^P) + E(\pi_s^P) + CS^P$$

同第 3 ~ 第 5 章，采用逆向归纳法可求得农产品供应链最优均衡决策为

$$w^{P*} = \frac{(c - t)b}{b - 1}$$

$$e^{P*} = \frac{az(c - t)k^{-\beta(v - \bar{v})}}{b - 1}\left(\frac{(b - 1)(1 - F(z))}{(c - t)b}\right)^b$$

$$q^{P*} = \frac{a^2 z^2 (c - t)k^{-2\beta(v - \bar{v})}}{b - 1}\left(\frac{(b - 1)(1 - F(z))}{(c - t)b}\right)^{2b}$$

$$p^{P*} = \left(\frac{(b - 1)(1 - F(z))}{(c - t)b}\right)^{-1}$$

均衡时，各方及农产品供应链利润、消费者剩余、社会整体福利分别为

$$E(\pi_f^{P*}) = \frac{z^2 a^2 (c - t)^2 k^{-2\beta(v - \bar{v})}}{2(b - 1)^2}\left(\frac{(b - 1)(1 - F(z))}{(c - t)b}\right)^{2b}$$

$$E(\pi_s^{P*}) = \frac{z^2 a^2 (c - t)^2 k^{-2\beta(v - \bar{v})}b}{(b - 1)^3}\left(\frac{(b - 1)(1 - F(z))}{(c - t)b}\right)^{2b}$$

$$E(\pi_{sc}^{P*}) = \frac{z^2 a^2 (c - t)^2 k^{-2\beta(v - \bar{v})}(3b - 1)}{2(b - 1)^3}\left(\frac{(b - 1)(1 - F(z))}{(c - t)b}\right)^{2b}$$

$$CS^{P*} = \frac{z^2 a^2 (c - t)^2 k^{-2\beta(v - \bar{v})}b^2}{(b - 1)^4}\left(\frac{(b - 1)(1 - F(z))}{(c - t)b}\right)^{2b}$$

$$B^{P*} = \frac{ta^2 z^2 (c - t)k^{-2\beta(v - \bar{v})}}{b - 1}\left(\frac{(b - 1)(1 - F(z))}{(c - t)b}\right)^{2b}$$

$$SW^{P*} = \frac{z^2 a^2 (c-t)^2 k^{-2\beta(v-\bar{v})} (5b^2 - 4b + 1)}{2(b-1)^4} \left(\frac{(b-1)(1-F(z))}{(c-t)b} \right)^{2b}$$

证明过程见附录 C（4）。

6.3.2　按销售量补贴

当政府按销售量实施补贴时，农业合作社和公司博弈模型可以表示为

$$\max_{w,e} E(\pi_f^Q) = (w-c)q - \frac{1}{2}e^2 + tE[\min(q,d)]$$

$$\text{s. t. } \max_{p,q} E(\pi_s^Q) = pE[\min(q,d)] - wq$$

$$CS^Q = \int_p^{+\infty} (x-p)\phi(x)\mathrm{d}x$$

$$SW^Q = E(\pi_f^Q) + E(\pi_s^Q) + CS^Q$$

农产品供应链最优均衡决策为

$$w^{Q*} = \frac{((F(z)-1)bt + (b-1)c)b}{(b-1)^2}$$

$$e^{Q*} = \frac{azk^{-\beta(v-\bar{v})}((F(z)-1)bt + (b-1)c)}{(b-1)^2} \left(\frac{(b-1)^2(1-F(z))}{b((F(z)-1)bt + (b-1)c)} \right)^b$$

$$q^{Q*} = \frac{a^2 z^2 k^{-2\beta(v-\bar{v})}((F(z)-1)bt + (b-1)c)}{(b-1)^2} \left(\frac{(b-1)^2(1-F(z))}{b((F(z)-1)bt + (b-1)c)} \right)^{2b}$$

$$p^{Q*} = \left(\frac{(b-1)^2(1-F(z))}{b((F(z)-1)bt + (b-1)c)} \right)^{-1}$$

均衡时，各方及农产品供应链利润、消费者剩余、社会整体福利分别为

$$E(\pi_f^{Q*}) = \frac{a^2 z^2 k^{-2\beta(v-\bar{v})}((F(z)-1)bt + (b-1)c)^2}{2(b-1)^4}$$
$$\left(\frac{(b-1)^2(1-F(z))}{b((F(z)-1)bt + (b-1)c)} \right)^{2b}$$

$$E(\pi_s^{Q*}) = \frac{a^2 z^2 k^{-2\beta(v-\bar{v})}((F(z)-1)bt + (b-1)c)^2 b}{(b-1)^5}$$
$$\left(\frac{(b-1)^2(1-F(z))}{b((F(z)-1)bt + (b-1)c)} \right)^{2b}$$

$$E(\pi_{sc}^{Q*}) = \frac{a^2 z^2 k^{-2\beta(v-\bar{v})}((F(z)-1)bt + (b-1)c)^2 (3b-1)}{2(b-1)^5}$$
$$\left(\frac{(b-1)^2(1-F(z))}{b((F(z)-1)bt + (b-1)c)} \right)^{2b}$$

$$CS^{Q*} = \frac{a^2 z^2 k^{-2\beta(v-\bar{v})}((F(z)-1)bt + (b-1)c)^2 b^2}{(b-1)^6}$$

$$SW^{Q*} = \frac{a^2 z^2 k^{-2\beta(v-\bar{v})}((F(z)-1)bt+(b-1)c)^2(5b^2-4b+1)}{2(b-1)^6} \left(\frac{(b-1)^2(1-F(z))}{b((F(z)-1)bt+(b-1)c)}\right)^{2b}$$

$$B^{Q*} = \frac{ta^2 z^2 k^{-2\beta(v-\bar{v})}((F(z)-1)bt+(b-1)c)(1-F)b}{(b-1)^3} \left(\frac{(b-1)^2(1-F(z))}{b((F(z)-1)bt+(b-1)c)}\right)^{2b}$$

$$\left(\frac{(b-1)^2(1-F(z))}{b((F(z)-1)bt+(b-1)c)}\right)^{2b}$$

证明过程见附录 C（5）。

6.3.3　均衡策略分析

将按生产量补贴、按销售量补贴与无政府补贴的均衡策略进行对比分析得到命题 6.1，将按生产量补贴、按销售量补贴的均衡策略进行对比分析得到命题 6.2、命题 6.3 和命题 6.4。

命题 6.1　（1）$w^{N*} > w^{P*}$，$w^{N*} > w^{Q*}$；$e^{P*} > e^{N*}$，$e^{Q*} > e^{N*}$；$q^{P*} > q^{N*}$，$q^{Q*} > q^{N*}$；$p^{N*} > p^{P*}$，$p^{N*} > p^{Q*}$；

（2）$E(\pi_f^{P*}) > E(\pi_f^{N*})$，$E(\pi_s^{P*}) > E(\pi_s^{N*})$，$E(\pi_{sc}^{P*}) > E(\pi_{sc}^{N*})$，$CS^{P*} > CS^{N*}$，$SW^{P*} > SW^{N*}$；$E(\pi_f^{Q*}) > E(\pi_f^{N*})$，$E(\pi_s^{Q*}) > E(\pi_s^{N*})$，$E(\pi_{sc}^{Q*}) > E(\pi_{sc}^{N*})$，$CS^{Q*} > CS^{N*}$，$SW^{Q*} > SW^{N*}$，$B^{P*} > B^{Q*}$。

证明过程见附录 C（6）。

由命题 6.1（1）可知，政府按生产量补贴和按销售量补贴后，农产品批发价格和销售价格均低于无政府补贴情形，而农户种植努力、公司订购量均高于无政府补贴情形。这是因为政府按生产量实施补贴后，农业合作社生产积极性提高，农产品产量提升，农业合作社会降低批发价格，为了将购进的农产品及时销售出去，公司也相应进行降价促销。政府实施销量补贴后，为了获取更多的政府补贴，农业合作社通过增加种植努力、降低批发价格来激励公司增加销售量，由于批发价格降低，公司订购成本下降，公司订购数量增加的同时农产品销售价格下降。由命题 6.1（2），政府按生产量补贴和按销售量补贴，均可以提高农业合作社利润、公司利润、农产品供应链利润、改进消费者剩余和社会整体福利。

命题 6.2　$w^{Q*} > w^{P*}$，$p^{Q*} > p^{P*}$，$e^{P*} > e^{Q*}$，$q^{P*} > q^{Q*}$。

证明过程见附录 C（7）。

由命题 6.2 可知，政府按生产量补贴时，农业合作社每生产一单位农产品就可以获得补贴；而按销售量补贴时，公司只有将订购的农产品销售后，农业合作社才可以获得补贴。因此，按生产量补贴比按销售量补贴更能激励农业合作社增加种植努力投入、提高农产品质量、扩大生产，政府按生产量补贴的激励效果大于按销售量补贴。

命题 6.3 $CS^{P*} > CS^{Q*}$，$SW^{P*} > SW^{Q*}$。

证明过程见附录 C（8）。

由命题 6.3 可知，政府按生产量补贴后，消费者剩余和社会整体福利均高于销量补贴。由命题 6.2 可知，对比按销售量补贴，政府按生产量补贴后，农业合作社种植努力投入更高、农产品质量更高，而农产品销售价格更低。又因为市场需求受销售价格和农产品质量的影响，在产量补贴下，市场需求旺盛，消费者可以获得低价优质的农产品，消费者剩余与社会整体福利提升显著。这表明，从改进消费者剩余和社会整体福利角度，按生产量补贴激励效果更强，政府应优先考虑按生产量补贴。

命题 6.4 $L^{P*} < L^{Q*}$。

证明过程见附录 C（9）。

由命题 6.4 可知，政府按生产量补贴后，单位政府补贴对应的社会整体福利低于按销售量补贴。结合命题 6.1，政府按销售量补贴所需的财政资金高于按生产量补贴，所以与按生产量补贴相比，政府按销售量补贴时资金的使用效率较高。命题 6.1 和命题 6.4 表明，从政府补贴资金使用效率角度，政府应优先考虑按销售量补贴。

6.4 政府补贴公司

6.4.1 按批发价格补贴

当政府实施批发价格补贴时，农业合作社和公司博弈模型可以表示为

$$\max_{w,e} E(\pi_f^G) = (w-c)q - \frac{1}{2}e^2$$

$$\text{s. t. } \max_{p,q} E(u_s^G) = pE[\min(q, d)] - (w-t)q$$

$$CS^G = \int_p^{+\infty} (x-p)\phi(x)\,\mathrm{d}x$$

$$SW^G = E(\pi_f^G) + E(\pi_s^G) + CS^G$$

农产品供应链最优均衡决策为

$$w^{G*} = \frac{bc - t}{b - 1}$$

$$e^{G*} = \frac{az(c - t)k^{-\beta(v - \bar{v})}}{b - 1}\left(\frac{(b - 1)(1 - F(z))}{b(c - t)}\right)^{b}$$

$$q^{G*} = \frac{a^2 z^2 (c - t)k^{-2\beta(v - \bar{v})}}{b - 1}\left(\frac{(b - 1)(1 - F(z))}{b(c - t)}\right)^{2b}$$

$$p^{G*} = \left(\frac{(b - 1)(1 - F(z))}{b(c - t)}\right)^{-1}$$

均衡时，各方及农产品供应链利润、消费者剩余、社会整体福利分别为

$$E(\pi_f^{G*}) = \frac{a^2 z^2 (c - t)^2 k^{-2\beta(v - \bar{v})}}{2(b - 1)^2}\left(\frac{(b - 1)(1 - F(z))}{b(c - t)}\right)^{2b}$$

$$E(\pi_s^{G*}) = \frac{a^2 z^2 (c - t)^2 k^{-2\beta(v - \bar{v})} b}{(b - 1)^3}\left(\frac{(b - 1)(1 - F(z))}{b(c - t)}\right)^{2b}$$

$$E(\pi_{sc}^{G*}) = \frac{a^2 z^2 (c - t)^2 k^{-2\beta(v - \bar{v})}(3b - 1)}{2(b - 1)^3}\left(\frac{(b - 1)(1 - F(z))}{b(c - t)}\right)^{2b}$$

$$CS^{G*} = \frac{a^2 z^2 (c - t)^2 k^{-2\beta(v - \bar{v})} b^2}{(b - 1)^4}\left(\frac{(b - 1)(1 - F(z))}{b(c - t)}\right)^{2b}$$

$$SW^{G*} = \frac{a^2 z^2 (c - t)^2 k^{-2\beta(v - \bar{v})}(5b^2 - 4b + 1)}{2(b - 1)^4}\left(\frac{(b - 1)(1 - F(z))}{b(c - t)}\right)^{2b}$$

$$B^{G*} = \frac{ta^2 z^2 (c - t)k^{-2\beta(v - \bar{v})}}{b - 1}\left(\frac{(b - 1)(1 - F(z))}{b(c - t)}\right)^{2b}$$

证明过程见附录 C（10）。

6.4.2　按销售价格补贴

当政府实施销售价格补贴时，农业合作社和公司博弈模型可以表示为

$$\max_{w,e} E(\pi_f^H) = (w - c)q - \frac{1}{2}e^2$$

$$\text{s. t. } \max_{p,q} E(u_s^H) = (t + p)E[\min(q, d)] - wq$$

$$CS^H = \int_p^{+\infty} (x - p)\phi(x)\mathrm{d}x$$

$$SW^H = E(\pi_f^H) + E(\pi_s^H) + CS^H$$

农产品供应链最优均衡决策为

$$w^{H*} = \frac{bc(b - 1) - bt(1 - F(z))}{(b - 1)^2}$$

$$e^{H*} = \frac{azk^{-\beta(v-\bar{v})}((F(z)-1)bt+(b-1)c)}{(b-1)^2}\left(\frac{(b-1)^2(1-F(z))}{b((F(z)-1)bt+(b-1)c)}\right)^b$$

$$q^{H*} = \frac{a^2z^2k^{-2\beta(v-\bar{v})}((F(z)-1)bt+(b-1)c)}{(b-1)^2}\left(\frac{(b-1)^2(1-F(z))}{b((F(z)-1)bt+(b-1)c)}\right)^{2b}$$

$$p^{H*} = \left(\frac{(b-1)^2(1-F(z))}{b((F(z)-1)bt+(b-1)c)}\right)^{-1}$$

均衡时，各方及农产品供应链利润、消费者剩余、社会整体福利分别为

$$E(\pi_f^{H*}) = \frac{(1-F(z))^2a^2z^2k^{-2\beta(v-\bar{v})}}{2b^2}\left(\frac{(b-1)^2(1-F(z))}{b((F(z)t+c-t)b-c)}\right)^{2b-2}$$

$$E(\pi_s^{H*}) = \frac{(1-F(z))^2a^2z^2k^{-2\beta(v-\bar{v})}}{b(b-1)}\left(\frac{(b-1)^2(1-F(z))}{b((F(z)t+c-t)b-c)}\right)^{2b-2}$$

$$E(\pi_{sc}^{H*}) = \frac{(1-F(z))^2(3b-1)a^2z^2k^{-2\beta(v-\bar{v})}}{2b^2(b-1)}\left(\frac{(b-1)^2(1-F(z))}{b((F(z)t+c-t)b-c)}\right)^{2b-2}$$

$$CS^{H*} = \frac{(1-F(z))^2a^2z^2k^{-2\beta(v-\bar{v})}}{(b-1)^2}\left(\frac{(b-1)^2(1-F(z))}{b((F(z)t+c-t)b-c)}\right)^{2b-2}$$

$$B^{H*} = \frac{t(1-F(z))^2a^2z^2k^{-2\beta(v-\bar{v})}}{b-1}\left(\frac{(b-1)^2(1-F(z))}{b((F(z)t+c-t)b-c)}\right)^{2b-1}$$

$$SW^{H*} = \frac{(1-F(z))^2(5b^2-4b+1)a^2z^2k^{-2\beta(v-\bar{v})}}{2b^2(b-1)^2}\left(\frac{(b-1)^2(1-F(z))}{b((F(z)t+c-t)b-c)}\right)^{2b-2}$$

证明过程见附录 C（11）。

6.4.3　均衡策略分析

将按批发价格补贴、按销售价格补贴与无政府补贴的均衡策略进行对比分析得到命题 6.5，将按批发价格补贴、按销售价格补贴的均衡策略进行对比分析得到命题 6.6、命题 6.7 和命题 6.8。

命题 6.5　（1）$w^{N*} > w^{G*}$，$w^{N*} > w^{H*}$，$e^{G*} > e^{N*}$，$e^{H*} > e^{N*}$，$q^{G*} > q^{N*}$，$q^{H*} > q^{N*}$，$p^{N*} > p^{G*}$，$p^{N*} > p^{H*}$；

（2）$E(\pi_f^{G*}) > E(\pi_f^{N*})$，$E(\pi_s^{G*}) > E(\pi_s^{N*})$，$E(\pi_{sc}^{G*}) > E(\pi_{sc}^{N*})$，$CS^{G*} > CS^{N*}$，$SW^{G*} > SW^{N*}$；$E(\pi_f^{H*}) > E(\pi_f^{N*})$，$E(\pi_s^{H*}) > E(\pi_s^{N*})$，$E(\pi_{sc}^{H*}) > E(\pi_{sc}^{N*})$，$CS^{H*} > CS^{N*}$，$SW^{H*} > SW^{N*}$，$B^{G*} > B^{H*}$。

证明过程见附录 C（12）。

由命题 6.5 可知，在极端天气影响下，与无政府补贴相比，政府实施批发价格补贴、销售价格补贴后，均可以提高农业合作社利润、公司利润、农产品供应链利润，改进消费者剩余并改善社会整体福利。这是因

为，政府实施按批发价格补贴或按销售价格补贴后，公司增加农产品订购
数量、农业合作社提高种植努力投入、农产品质量提升。由于公司订购数
量增加，农业合作社降低批发价格的动力增强，公司单位订购成本下降。
公司通过降价促销及时销售农产品，减少农产品滞销损失，消费者能以低
价买到优质农产品，市场需求旺盛，进而增加了农业合作社和公司利润，
同时也改善了消费者剩余和社会整体福利。

命题 6.6　$w^{G*} > w^{H*}$，$p^{G*} > p^{H*}$，$e^{G*} > e^{H*}$，$q^{G*} > q^{H*}$。

　　证明过程见附录 C（13）。

　　由命题 6.6 可知，按批发价格补贴对批发价格和销售价格的平抑作用
都优于按销售价格补贴，对订购数量和种植努力的促进作用都大于按销售
价格补贴。对公司来说，按批发价格补贴属于事前补贴，可以使得所订购
的农产品提前获得补贴，能有效减少经营风险。而按销售价格补贴属于事
后补贴，即农产品必须卖出后才公司能获得补贴。所以，按批发价格补贴
更能鼓励公司积极备货，增加订购数量，降价促销的幅度大于按销售价格
补贴，同时农业合作社提高种植努力投入，积极应对极端天气影响，政府
实施按批发价格补贴的激励效果大于按销售价格补贴。

命题 6.7　$CS^{G*} > CS^{H*}$，$SW^{G*} > SW^{H*}$。

　　证明过程见附录 C（14）。

　　由命题 6.7 可知，政府实施按批发价格补贴后，消费者剩余和社会整
体福利均高于按销售价格补贴。由命题 6.6 可知，对比按销售价格补贴，
政府实施按批发价格补贴后，农业合作社种植努力投入更高、农产品质量
更高，而农产品销售价格更低，农产品质价更高，消费者剩余与社会整体
福利提升显著。这表明，从改进消费者剩余和社会整体福利角度，按批发
价格补贴激励效果更强，政府应优先考虑按批发价格补贴。

命题 6.8　$L^{G*} < L^{H*}$。

　　证明过程见附录 C（15）。

　　由命题 6.8 可知，政府实施按批发价格补贴后，单位政府补贴对应的
社会整体福利低于按销售价格补贴。因此，从政府补贴资金使用效率角
度，政府实施销售价格补贴对补贴资金的使用率较高，政府应优先考虑按
销售价格补贴。

6.5 政府补贴策略比较

为进一步明确政府补贴对象与补贴策略，得到命题 6.9 和命题 6.10。

命题 6.9 $CS^{G*} = CS^{P*} > CS^{Q*} = CS^{H*}$，$SW^{G*} = SW^{P*} > SW^{Q*} = SW^{H*}$。

证明过程见附录 C（16）。

由命题 6.9 可知，政府按生产量实施补贴后，消费者剩余和社会整体福利均与按批发价格补贴一致；政府按销售量实施补贴后，消费者剩余和社会整体福利均与按销售价格补贴一致。这表明，按生产量补贴与按批发价格补贴对农产品供应链的激励效果相同，按销售量补贴与按销售价格补贴对农产品供应链的激励效果相同，且按生产量补贴与按批发价格补贴的激励效果优于按销售量补贴与按销售价格补贴。从改进消费者剩余和社会整体福利角度，政府应当按生产量或按批发价格实施补贴。

命题 6.10 $L^{Q*} = L^{H*} > L^{P*} = L^{G*}$。

证明过程见附录 C（17）。

由命题 6.10 可知，按销售量补贴与按销售价格补贴的资金使用效率一致，按生产量补贴与按批发价格补贴的资金使用效率一致，且按销售量补贴与按销售价格补贴的资金使用效率高于按生产量补贴和按批发价格补贴。从提高资金使用效率的角度，政府应当按销售量或按销售价格补贴。

6.6 数 值 仿 真

同第 3~5 章的数值仿真参数设置，本章的数值仿真参数具体赋值见表 6.1。

表 6.1 参数

a	b	c	z	$F(z)$	$\bar{v}$	β	k	l	m	t
100	4	1	3/4	2/3	-4.2	2	2	0	2	0.5

6.6.1 政府补贴农业合作社

根据图 6.2~图 6.5，政府按生产量补贴和按销售量补贴均能平抑价格、提高公司订购数量、提升农产品质量,与命题6.1(1)一致;按生产量补贴对批发价格和销售的平抑效果都优于按销售量补贴,对订购数量和种植努力的促进作用都大于按销售量补贴,印证命题6.2。根据图6.6~图6.8,政府按生产量补贴和按销售量补贴均能提高农业合作社利润、公司利润、农产品供应链利润、改进消费者剩余和社会整体福利,与命题6.1(2)一致;政府按生产量补贴后,消费者剩余和社会整体福利均高于按销售量补贴,印证命题6.3。由图6.9可知,与按生产量补贴相比,政府按销售量补贴时补贴资金使用效率较高,印证命题6.4。

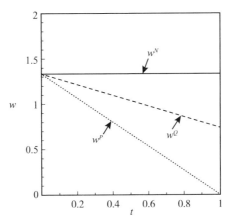

图6.2 政府补贴对批发价格的影响

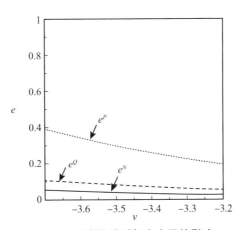

图6.3 政府补贴对努力水平的影响

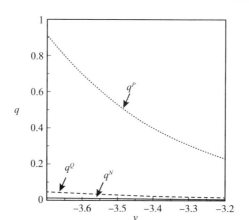

图 6.4　政府补贴对订货量的影响

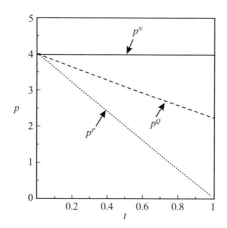

图 6.5　政府补贴对销售价格的影响

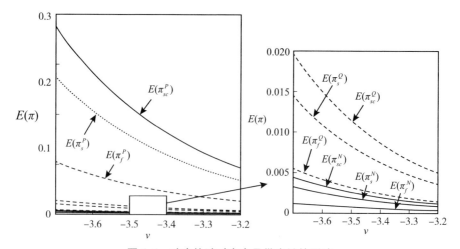

图 6.6　政府补贴对农产品供应链的影响

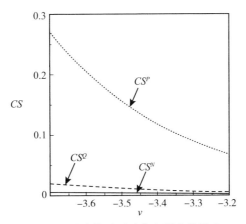

图 6.7　政府补贴对消费者剩余的影响

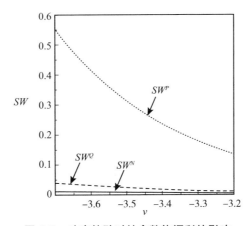

图 6.8　政府补贴对社会整体福利的影响

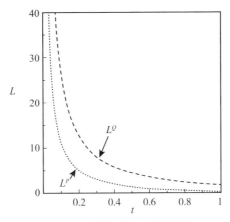

图 6.9　政府补贴资金的使用率

6.6.2　政府补贴公司

根据图6.10~图6.13，政府实施按批发价格补贴和按销售价格补贴均能平抑价格、提高公司订购量、提升农产品质量，与命题6.5（1）一致；按批发价格补贴对批发价格和销售的平抑作用都优于按销售价格补贴，对订购数量和种植努力的促进作用都大于按销售价格补贴，印证命题6.6。根据图6.14~图6.16，政府实施按批发价格补贴和按销售价格补贴均能提高农业合作社利润、公司利润、农产品供应链利润、改进消费者剩余和社会整体福利，与命题6.5（2）一致；政府实施按批发价格补贴后，消费者剩余和社会整体福利均高于销售价格补贴，印证命题6.7。由图6.17可知，政府实施按销售价格补贴后，单位政府补贴对应的社会整体福利低于按批发价格补贴，印证命题6.8。

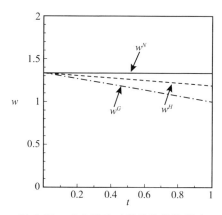

图6.10　政府补贴对批发价格的影响

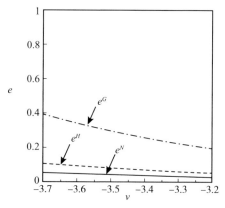

图6.11　政府补贴对努力水平的影响

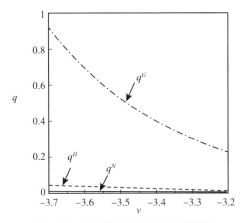

图 6.12　政府补贴对订货量的影响

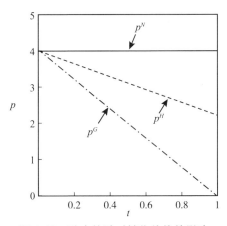

图 6.13　政府补贴对销售价格的影响

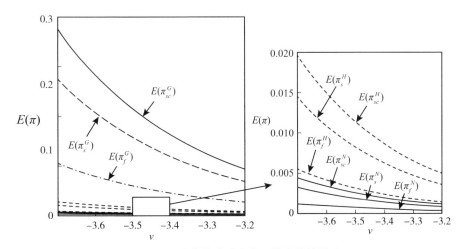

图 6.14　政府补贴对农产品供应链的影响

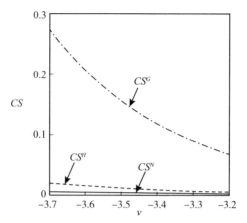

图 6.15　政府补贴对消费者剩余的影响

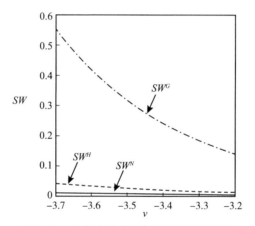

图 6.16　政府补贴对社会整体福利的影响

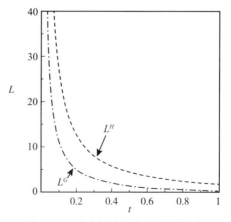

图 6.17　政府补贴资金的使用效率

6.6.3　政府补贴策略比较

根据图 6.18 ~ 图 6.19，政府按生产量补贴后，消费者剩余和社会整体福利均与按批发价格补贴一致；政府按销售量补贴后，消费者剩余和社会整体福利均与按销售价格补贴一致，且按生产量补贴与按批发价格补贴的激励效果优于按销售量补贴与按销售价格补贴，印证命题 6.9。根据图 6.20，政府按销售量实施补贴后，单位政府补贴对应的社会整体福利与按销售价格补贴一致；政府按生产量实施补贴后，单位政府补贴对应的社会整体福利与按批发价格补贴一致，且按销售量补贴与按销售价格补贴的资金使用效率高于按生产量补贴与按批发价格补贴，印证命题 6.10。

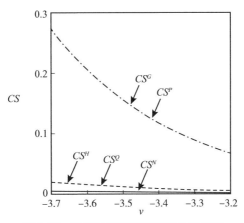

图 6.18　政府补贴对消费者剩余的影响

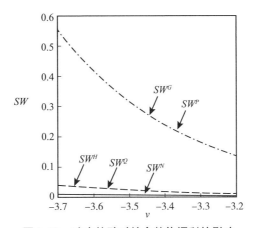

图 6.19　政府补贴对社会整体福利的影响

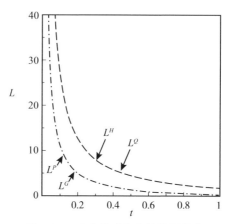

图 6.20　政府补贴资金的使用效率

6.7　本 章 小 结

在极端天气影响农产品质量的情况下，建立无政府补贴、按生产量补贴、按销售量补贴、按批发价格补贴和按销售价格补贴五种情形下农业合作社和公司的 Stackelberg 博弈模型，探究极端天气和各种补贴方式对农产品供应链最优决策的影响，并从消费者剩余、社会整体福利和补贴资金使用效率三个方面分析最优补贴策略。研究表明：（1）极端天气使得农产品质量降低、公司订购数量下降、市场需求减少、农产品供应链利润下降、消费者剩余与社会整体福利减少。（2）当政府补贴农业合作社时，政府按生产量实施补贴后，消费者剩余和社会整体福利最优值均优于按销售量补贴，但补贴资金的使用效率低于按销售量补贴。（3）当政府补贴公司时，政府按批发价格补贴后，消费者剩余和社会整体福利最优值均优于按销售价格补贴，但补贴资金使用效率低于按销售价格补贴。（4）从改进消费者剩余和社会整体福利角度，政府应当按生产量补贴或按批发价格补贴，且按生产量补贴与按批发价格补贴对农产品供应链的激励效果相同。（5）从提高资金使用效率的角度，政府应当按销售量补贴或按销售价格补贴，且按销售量补贴与按销售价格补贴的资金使用效率一致。

第7章　极端天气下考虑公平关切和公益性的农产品供应链政府补贴机制

在第6章仅考虑极端天气的基本模型中，分别研究了不同补贴方式对农产品供应链最优均衡决策、供应链成员利润、供应链整体利润、消费者剩余、社会整体福利及政府补贴资金使用效率的影响。由第3～5章的研究，在"农业合作社＋公司"型农产品供应链的实际运作过程中，由于农业合作社直接承担极端天气带来的利润风险，导致其产生不公平感，通过实施投机行为以避免利润受损，如降低种植努力水平、滥用违规农药、以次充好等，严重影响农产品质量安全。而公司为了缓解农业合作社的公平关切、维护农产品供应链稳定，会履行一定的公益性职能，但自身利润损失导致公司执行公益性的动力不强。

在第6章基础上，本章分别考虑农业合作社公平关切和公司公益性建立无政府补贴、按生产量补贴、按销售量补贴、按批发价格补贴和按销售价格补贴五种情形下的二级农产品供应链Stackelberg博弈模型，分析极端天气、公平关切、公益性和各种补贴方式对农产品供应链最优决策的影响，并从消费者剩余、社会整体福利和补贴资金使用率三个方面分析最优补贴策略。

为了增强政府补贴的精准性，并分析农业合作社公平关切和公司公益性对政府补贴机制的影响，本章的补贴方式同第6章，但是具体补贴条件如下。

（1）当公司不履行公益性职能时，政府直接按生产量或销售量对农业合作社实施补贴：按生产量补贴时，政府直接对农业合作社生产的每单位农产品给予补贴；按销售量补贴时，政府依据公司售出的每单位农产品给予农业合作社补贴。因此，政府补贴农业合作社主要是为了缓减、克服农业合作社的公平关切负效用。

（2）当公司履行公益性职能时，政府按批发价格或销售价格对公司实施补贴：按批发价格补贴时，政府针对公司订购的每单位农产品给予补贴；按销售价格补贴时，政府针对公司销售的每单位农产品给予补贴。因此，政府补贴公司主要是为了激励公司积极执行公益性职能。

7.1　问题描述和模型假设

本章问题描述及农产品供应链结构同第 6 章，本章模型包括以下假设。

假设 7.1 至假设 7.4 同第 6 章假设 6.1 至假设 6.4。

新增以下假设。

假设 7.5 同第 4 章，农业合作社的公平关切强度为 $\lambda(0 \leqslant \lambda \leqslant 1)$，且农业合作社效用函数为 $E(u_f) = E(\pi_f) - \lambda(E(\pi_s) - E(\pi_f))$。

假设 7.6 同第 5 章，公司执行公益性的强度为 $\gamma(0 \leqslant \gamma \leqslant 1)$，公司效用函数为 $u_s = \pi_s + \gamma CS$。

假设 7.7　政府补贴资金使用效率为 $L = \dfrac{SW}{B}$，其中，SW 为社会整体福利。

其他符号说明：上标 NF、NS 分别表示无政府补贴下农业合作社公平关切情形和农业合作社公平关切 + 公司公益性情形；上标 P、Q、G、H 分别表示按生产量补贴、按销售量补贴、按批发价格补贴、按销售价格补贴。

7.2　无政府补贴

7.2.1　农业合作社公平关切情形

此时，农业合作社以包括自身利润和公平负效用在内的总效用最大化进行决策，公司以自身利润最大化进行决策，农业合作社的公平关切并不改变博弈时序。同第 6 章，此时，农业合作社和公司的博弈模型表示为

$$\max_{w,e} E(u_f^{NF}) = E(\pi_f^{NF}) - \lambda(E(\pi_s^{NF}) - E(\pi_f^{NF}))$$
$$\text{s. t. } \max_{p,q} E(\pi_s^{NF}) = pE[\min(q, d)] - wq$$

$$CS^{NF} = \int_p^{+\infty} (x - p) \phi(x) \,\mathrm{d}x$$

$$SW^{NF} = E(\pi_f^{NF}) + E(\pi_s^{NF}) + CS^{NF}$$

其中，$E(\pi_f^{NF}) = (w - c)q - \dfrac{1}{2}e^2$。通过库存因子 $z = \dfrac{q}{ap^{-b}ek^{-\beta(v - \bar{v})}}$，将选择

最优的 p 转化为选择最优的 z。将 $p = \left(\dfrac{zaek^{-\beta(v - \bar{v})}}{q}\right)^{\frac{1}{b}}$ 代入 $E(\pi_s^{NF})$ 整理可

得到

$$E(\pi_s^{NF}) = \left(\frac{zaek^{-\beta(v - \bar{v})}}{q}\right)^{\frac{1}{b}} qE\left[\min\left(1, \frac{\varepsilon}{z}\right)\right] - wq$$

$$= \left(\frac{zaek^{-\beta(v - \bar{v})}}{q}\right)^{\frac{1}{b}} q\left(1 - \int_0^z \left(1 - \frac{x}{z}\right)f(x)\,\mathrm{d}x\right) - wq$$

通过对 $\dfrac{\partial E(\pi_s^{NF})}{\partial z}$ 的分析，结合 ε 的广义失败率性质，得到引理 7.1。

引理 7.1　最优库存因子由以下方程确定。

$$\int_0^z xf(x)\,\mathrm{d}x = \frac{z(1 - F(z))}{b - 1}$$

证明过程见附录 D（1）。

采用逆向归纳法求解上述博弈模型，农产品供应链最优均衡决策为

$$w^{NF*} = \frac{bc(1 + \lambda)}{(b - 2)\lambda + b - 1}$$

$$e^{NF*} = \frac{zack^{-\beta(v - \bar{v})}}{b - 1}\left(\frac{(b\lambda - 2\lambda + b - 1)(1 - F(z))}{bc(1 + \lambda)}\right)^b$$

$$q^{NF*} = \frac{z^2 a^2 ck^{-2\beta(v - \bar{v})}}{b - 1}\left(\frac{(b\lambda - 2\lambda + b - 1)(1 - F(z))}{bc(1 + \lambda)}\right)^{2b}$$

$$p^{NF*} = \frac{bc(1 + \lambda)}{(b\lambda - 2\lambda + b - 1)(1 - F(z))}$$

均衡时，各方及农产品供应链利润、消费者剩余、社会整体福利
分别为

$$E(\pi_f^{NF*}) = \frac{z^2 a^2 c^2 k^{-2\beta(v - \bar{v})}(3b\lambda - 2\lambda + b - 1)}{2(b - 1)^2(b\lambda - 2\lambda + b - 1)}\left(\frac{(b\lambda - 2\lambda + b - 1)(1 - F(z))}{bc(1 + \lambda)}\right)^{2b}$$

$$E(\pi_s^{NF*}) = \frac{z^2 a^2 bc^2 k^{-2\beta(v - \bar{v})}(1 + \lambda)}{(b - 1)^2(b\lambda - 2\lambda + b - 1)}\left(\frac{(b\lambda - 2\lambda + b - 1)(1 - F(z))}{bc(1 + \lambda)}\right)^{2b}$$

$$E(\pi_f^{NF*}) = \frac{z^2 a^2 c^2 k^{-2\beta(v - \bar{v})}(5b\lambda - 2\lambda + 3b - 1)}{2(b - 1)^2(b\lambda - 2\lambda + b - 1)}\left(\frac{(b\lambda - 2\lambda + b - 1)(1 - F(z))}{bc(1 + \lambda)}\right)^{2b}$$

$$CS^{NF*} = \frac{z^2 a^2 b^2 c^2 k^{-2\beta(v-\bar{v})}(1+\lambda)}{(b-1)^3(b\lambda-2\lambda+b-1)}\left(\frac{(b\lambda-2\lambda+b-1)(1-F(z))}{bc(1+\lambda)}\right)^{2b}$$

$$SW^{NF*} = \frac{z^2 a^2 c^2 k^{-2\beta(v-\bar{v})}((7b^2-7b+2)\lambda+5b^2-4b+1)}{2(b-1)^3(b\lambda-2\lambda+b-1)}$$

$$\left(\frac{(b\lambda-2\lambda+b-1)(1-F(z))}{bc(1+\lambda)}\right)^{2b}$$

证明过程见附录 D（2）。

性质 7.1 （1）当 $v\in[\bar{v},\bar{\bar{v}}]$ 时，$\frac{\partial e^{NF*}}{\partial v}<0$，$\frac{\partial q^{NF*}}{\partial v}<0$；

（2）$\frac{\partial E(\pi_f^{NF*})}{\partial v}<0$，$\frac{\partial E(\pi_s^{NF*})}{\partial v}<0$，$\frac{\partial E(\pi_{sc}^{NF*})}{\partial v}<0$。

证明过程见附录 D（3）。

由性质 7.1 可知，随极端天气加剧，农产品质量受极端天气和农业合作社种植努力投入的共同影响而降低，导致公司订购数量减少。于是，消费者需求减少，农业合作社、公司及农产品供应链利润降低。

性质 7.2 （1）$\frac{\partial e^{NF*}}{\partial \lambda}<0$，$\frac{\partial q^{NF*}}{\partial \lambda}<0$，$\frac{\partial w^{NF*}}{\partial \lambda}>0$，$\frac{\partial p^{NF*}}{\partial \lambda}>0$；

（2）$\frac{\partial E(\pi_f^{NF*})}{\partial \lambda}<0$，$\frac{\partial E(\pi_s^{NF*})}{\partial \lambda}<0$，$\frac{\partial E(\pi_{sc}^{NF*})}{\partial \lambda}<0$。

证明过程见附录 D（4）。

由性质 7.2（1）可知，农业合作社的公平关切增强时，一方面会减少种植努力投入以降低成本，另一方面会提高批发价格以提高单位农产品收益，从而缩小与公司之间的利润差，减缓公平负效用。种植努力投入的减少会导致农产品质量降低、消费者需求减少，公司的订购数量也随之减少，并在销售环节提高销售价格。

性质 7.2（2）表明，农业合作社和公司的利润都与农业合作社的公平关切强度负相关。这是因为农业合作社减少种植努力投入、提高批发价格也无法弥补公司减少订购数量造成的损失，因此农业合作社利润降低。同样地，公司提高销售价格也无法弥补消费者需求减少造成的损失，因此公司利润降低。

7.2.2 农业合作社公平关切 + 公司公益性情形

由性质 7.2 可知，农业合作社的公平关切会使公司利润降低。此时，公司会积极执行公益性职能，以巩固市场、保障供应链稳定。此时，农业合作社以包括自身利润和公平负效用在内的总效用最大化进行决策；公司以包括自身利润和消费者剩余在内的总效用最大化进行决策。农业合作社的公平关切和公司的公益性并不改变博弈时序。因此，农业合作社和公司的博弈模型表示为

$$\max_{w,e} E(u_f^{NS}) = E(\pi_f^{NS}) - \lambda(E(\pi_s^{NS}) - E(\pi_f^{NS}))$$

$$\text{s. t. } \max_{p,q} E(u_s^{NS}) = E(\pi_s^{NS}) + \gamma CS^{NS}$$

$$CS^{NS} = \int_p^{+\infty} (x - p)\phi(x)\,\mathrm{d}x$$

$$SW^{NS} = E(\pi_f^{NS}) + E(\pi_s^{NS}) + CS^{NS}$$

其中，$E(\pi_f^{NS}) = (w - c)q - \dfrac{1}{2}e^2$，$E(\pi_s^{NS}) = pE[\min(q, d)] - wq$。

采用逆向归纳法求解上述博弈模型，农产品供应链最优均衡决策为

$$w^{NS*} = \frac{bc(1+\lambda)(b-1+\gamma)}{(b-1)((b+2\gamma-2)\lambda+b+\gamma-1)}, \quad e^{NS*} = \frac{zack^{-\beta(v-\bar{v})}}{b-1}\Lambda^b$$

$$q^{NS*} = \frac{z^2a^2ck^{-2\beta(v-\bar{v})}}{b-1}\Lambda^{2b}, \quad p^{NS*} = \Lambda^{-1}$$

均衡时，各方及农产品供应链利润、消费者剩余、社会整体福利分别为

$$E(\pi_f^{NS*}) = \frac{z^2a^2c^2k^{-2\beta(v-\bar{v})}(((3-2\gamma)b+2\gamma-2)\lambda+b+\gamma-1)}{2(b-1)^2((b+2\gamma-2)\lambda+b+\gamma-1)}\Lambda^{2b}$$

$$E(\pi_s^{NS*}) = \frac{z^2a^2bc^2k^{-2\beta(v-\bar{v})}(1+\lambda)(1-\gamma)}{(b-1)^2((b+2\gamma-2)\lambda+b+\gamma-1)}\Lambda^{2b}$$

$$E(\pi_{sc}^{NS*}) = \frac{z^2a^2c^2k^{-2\beta(v-\bar{v})}(-4b\gamma\lambda+5b\lambda+2\gamma\lambda-2b\gamma-2\lambda+3b+\gamma-1)}{2(b-1)^2((b+2\gamma-2)\lambda+b+\gamma-1)}\Lambda^{2b}$$

$$CS^{NS*} = \frac{z^2a^2b^2c^2k^{-2\beta(v-\bar{v})}(1+\lambda)}{(b-1)^3((b+2\gamma-2)\lambda+b+\gamma-1)}\Lambda^{2b}$$

$$SW^{NS*} = \frac{z^2a^2c^2k^{-2\beta(v-\bar{v})}\left(\begin{array}{c}(-4b^2\gamma+7b^2+6b\gamma-7b-2\gamma+2)\lambda \\ +(-2b^2\gamma+5b^2+3b\gamma-4b-\gamma+1)\end{array}\right)}{2(b-1)^3((b+2\gamma-2)\lambda+b+\gamma-1)}\Lambda^{2b}$$

证明过程见附录 D（5）。

其中，$\Lambda = \dfrac{((b+2\gamma-2)\lambda+b+\gamma-1)(1-F(z))}{bc(1+\lambda)}$。

性质 7.3 （1）$\dfrac{\partial w^{NS*}}{\partial \gamma} < 0$，$\dfrac{\partial p^{NS*}}{\partial \gamma} < 0$，$\dfrac{\partial e^{NS*}}{\partial \gamma} > 0$，$\dfrac{\partial q^{NS*}}{\partial \gamma} > 0$；

（2）$\dfrac{\partial E(\pi_f^{NS*})}{\partial \gamma} > 0$，$\dfrac{\partial E(\pi_{sc}^{NS*})}{\partial \gamma} > 0$。当 $0 \leq \gamma < \dfrac{1+3\lambda}{2(1+2\lambda)}$ 时，

$$\frac{\partial E(\pi_s^{NS*})}{\partial \gamma} > 0；\quad 当 \frac{1+3\lambda}{2(1+2\lambda)} \leqslant \gamma \leqslant 1 时，\frac{\partial E(\pi_s^{NS*})}{\partial \gamma} < 0。$$

证明过程见附录 D（6）。

性质 7.3（1）表明：种植努力投入、订购数量与公司的公益性强度正相关，批发价格、销售价格与公司的公益性强度负相关。这是因为，公司加强公益性会促使农业合作社增加种植努力投入。种植努力投入的增加会使农产品的质量提高、消费者需求增加，公司的订购数量也随之增加，并在销售环节降低农产品销售价格，进一步增加市场需求。

性质 7.3（2）表明：农业合作社利润与公司的公益性强度正相关，说明加强公司公益性总是对农业合作社有利。对于公司而言，随公益性强度的增大公司利润呈现先增加后减少的趋势。公益性强度较小时，消费者需求增加带来的利润增加可以弥补边际收益减少造成的利润损失，从而公司利润增加；公益性强度较大时，消费者需求增加带来的利润增加无法弥补边际收益减少造成的利润损失，导致公司利润降低。

7.3　政府补贴农业合作社

由性质 7.1、性质 7.2 可知，受极端天气影响，农产品质量下降，且农业合作社由于独自承担极端天气的影响而产生公平关切。当公司不执行公益性职能时，为缓解农业合作社的公平负效用，调动农业合作社生产积极性，保障农产品质量，政府直接按量对农业合作社实施补贴，且政府不参与决策。

7.3.1　按生产量补贴

当政府按生产量给予农业合作社补贴时，农业合作社和公司的博弈模型表示为

$$\max_{w,e} E(u_f^P) = E(\pi_f^P) - \lambda\left(E(\pi_s^P) - E(\pi_f^P)\right)$$

$$s.t. \max_{p,q} E(\pi_s^P) = pE[\min(q,\ d)] - wq$$

$$CS^P = \int_p^{+\infty}(x-p)\phi(x)\mathrm{d}x$$

$$SW^P = E(\pi_f^P) + E(\pi_s^P) + CS^P$$

其中，$E(\pi_f^P) = (w - c + t)q - \dfrac{1}{2}e^2$。

采用逆向归纳法求解上述博弈模型，农产品供应链最优均衡决策为

$$w^{P*} = \frac{b(1+\lambda)(c-t)}{b\lambda - 2\lambda + b - 1}$$

$$e^{P*} = \frac{za(c-t)k^{-\beta(v-\bar{v})}}{b-1}\varPhi^{b}$$

$$q^{P*} = \frac{z^2 a^2(c-t)k^{-2\beta(v-\bar{v})}}{b-1}\varPhi^{2b}$$

$$p^{P*} = \varPhi^{-1}$$

均衡时，各方及农产品供应链利润、消费者剩余、社会整体福利和政府支出分别为

$$E(\pi_f^{P*}) = \frac{z^2 a^2(c-t)^2 k^{-2\beta(v-\bar{v})}(3b\lambda - 2\lambda + b - 1)}{2(b-1)^2(b\lambda - 2\lambda + b - 1)}\varPhi^{2b}$$

$$E(\pi_s^{P*}) = \frac{z^2 a^2 b(c-t)^2 k^{-2\beta(v-\bar{v})}(1+\lambda)}{(b-1)^2(b\lambda - 2\lambda + b - 1)}\varPhi^{2b}$$

$$E(\pi_{sc}^{P*}) = \frac{z^2 a^2(c-t)^2 k^{-2\beta(v-\bar{v})}(5b\lambda - 2\lambda + 3b - 1)}{2(b-1)^2(b\lambda - 2\lambda + b - 1)}\varPhi^{2b}$$

$$CS^{P*} = \frac{z^2 a^2 b^2(c-t)^2 k^{-2\beta(v-\bar{v})}(1+\lambda)}{(b-1)^3(b\lambda - 2\lambda + b - 1)}\varPhi^{2b}$$

$$SW^{P*} = \frac{z^2 a^2(c-t)^2 k^{-2\beta(v-\bar{v})}((7b^2 - 7b + 2)\lambda + 5b^2 - 4b + 1)}{2(b-1)^3(b\lambda - 2\lambda + b - 1)}\varPhi^{2b}$$

$$B^{P*} = \frac{z^2 a^2 t(c-t)k^{-2\beta(v-\bar{v})}}{b-1}\varPhi^{2b}$$

其中，$\varPhi = \frac{(b\lambda - 2\lambda + b - 1)(1-F(z))}{b(1+\lambda)(c-t)}$。

证明过程见附录 D（7）。

7.3.2　按销售量补贴

当政府按销售量给予农业合作社补贴时，农业合作社和公司的博弈模型表示为

$$\max_{w,e} E(u_f^Q) = E(\pi_f^Q) - \lambda(E(\pi_s^Q) - E(\pi_f^Q))$$

$$\text{s. t. } \max_{p,q} E(\pi_s^Q) = pE[\min(q,\ d)] - wq$$

$$CS^Q = \int_p^{+\infty}(x-p)\phi(x)\mathrm{d}x$$

$$SW^Q = E(\pi_f^Q) + E(\pi_S^Q) + CS^Q$$

其中，$E(\pi_f^Q) = (w-c)q - \frac{1}{2}e^2 + tE[\min(q,\ d)]$。

采用逆向归纳法求解上述博弈模型，农产品供应链最优均衡决策为

$$w^{Q*} = \frac{b(1+\lambda)((F(z)t+c-t)b-c)}{(b-1)(b\lambda-2\lambda+b-1)}$$

$$e^{Q*} = \frac{zak^{-\beta(v-\bar{v})}((F(z)t+c-t)b-c)}{(b-1)^2}\Pi^b$$

$$q^{Q*} = \frac{z^2a^2k^{-2\beta(v-\bar{v})}((F(z)t+c-t)b-c)}{(b-1)^2}\Pi^{2b}$$

$$p^{Q*} = \Pi^{-1}$$

均衡时，各方及农产品供应链利润、消费者剩余、社会整体福利和政府支出分别为

$$E(\pi_f^{Q*}) = \frac{z^2a^2k^{-2\beta(v-\bar{v})}((F(z)t+c-t)b-c)^2(3b\lambda-2\lambda+b-1)}{2(b-1)^4(b\lambda-2\lambda+b-1)}\Pi^{2b}$$

$$E(\pi_s^{Q*}) = \frac{z^2a^2bk^{-2\beta(v-\bar{v})}((F(z)t+c-t)b-c)^2(1+\lambda)}{(b-1)^4(b\lambda-2\lambda+b-1)}\Pi^{2b}$$

$$E(\pi_{sc}^{Q*}) = \frac{z^2a^2k^{-2\beta(v-\bar{v})}((F(z)t+c-t)b-c)^2(5b\lambda-2\lambda+3b-1)}{2(b-1)^4(b\lambda-2\lambda+b-1)}\Pi^{2b}$$

$$CS^{Q*} = \frac{z^2a^2b^2k^{-2\beta(v-\bar{v})}((F(z)t+c-t)b-c)^2(1+\lambda)}{(b-1)^5(b\lambda-2\lambda+b-1)}\Pi^{2b}$$

$$SW^{Q*} = \frac{z^2a^2k^{-2\beta(v-\bar{v})}((F(z)t+c-t)b-c)^2((7b^2-7b+2)\lambda+5b^2-4b+1)}{2(b-1)^5(b\lambda-2\lambda+b-1)}\Pi^{2b}$$

$$B^{Q*} = \frac{z^2a^2btk^{-2\beta(v-\bar{v})}(1-F(z))((F(z)t+c-t)b-c)}{(b-1)^3}\Pi^{2b}$$

其中，$\Pi = \frac{(b-1)(b\lambda-2\lambda+b-1)(1-F(z))}{b(1+\lambda)((F(z)t+c-t)b-c)}$。

证明过程见附录 D（8）。

将按生产量补贴和按销售量补贴与无政府补贴时的均衡策略进行对比分析，可以得到命题 7.1。

命题 7.1　（1）（i）$e^{P*} > e^{NF*}$，$e^{Q*} > e^{NF*}$，$q^{P*} > q^{NF*}$，$q^{Q*} > q^{NF*}$；（ii）$w^{P*} < w^{NF*}$，$w^{Q*} < w^{NF*}$，$p^{P*} < p^{NF*}$，$p^{Q*} < p^{NF*}$；

（2）（i）$E(\pi_f^{P*}) > E(\pi_f^{NF*})$，$E(\pi_s^{P*}) > E(\pi_s^{NF*})$，$E(\pi_{sc}^{P*}) > E(\pi_{sc}^{NF*})$，$CS^{P*} > CS^{NF*}$，$SW^{P*} > SW^{NF*}$；（ii）$E(\pi_f^{Q*}) > E(\pi_f^{NF*})$，$E(\pi_s^{Q*}) > E(\pi_s^{NF*})$，$E(\pi_{sc}^{Q*}) > E(\pi_{sc}^{NF*})$，$CS^{Q*} > CS^{NF*}$，$SW^{Q*} > SW^{NF*}$。

证明过程见附录 D（9）。

由命题 7.1（1）（i）可知，政府按生产量、销售量补贴农业合作社后，农业合作社种植努力投入及公司订购数量均高于无政府补贴情形。这

是因为，政府按生产量或销售量给予农业合作社补贴后，单位农产品生产成本降低，减缓了农业合作社公平负效用，调动了农业合作社生产积极性，使得农业合作社种植努力投入增加，积极应对极端天气造成的损失。同时，农业合作社种植努力投入的增加会使农产品质量提高、消费者需求增加，公司订购数量也随之增加。

由命题 7.1（1）（ii）可知，政府按生产量、销售量补贴农业合作社后，农产品批发价格及销售价格均低于无政府补贴情形。这是因为，消费者需求的增加促使农业合作社降低批发价格，而公司为了及时将农产品销售出去，也随之降低销售价格。结合命题 7.1（1）（i）表明，政府按生产量、销售量补贴农业合作社均可以有效平抑物价、拉动需求，让消费者买到低价优质的农产品。

由命题 7.1（2）可知，与无政府补贴相比，政府按生产量、销售量补贴农业合作社后，均可以提高农业合作社利润、公司利润、农产品供应链利润和消费者剩余，改善社会整体福利。因此，政府按生产量或销售量给予农业合作社补贴均有效可行。

7.3.3　均衡策略分析

命题 7.2　$e^{P*} > e^{Q*}$，$q^{P*} > q^{Q*}$，$w^{P*} < w^{Q*}$，$p^{P*} < p^{Q*}$。

证明过程见附录 D（10）。

由命题 7.2 可知，按生产量补贴时的种植努力投入、公司订购数量均高于按销售量补贴；农产品批发价格及销售价格均低于按销售量补贴。因为按生产量补贴时，农业合作社每生产一单位农产品就可以获得补贴；而按销售量补贴时，每售出一单位农产品，农业合作社才能获得相应的补贴。因此，按生产量补贴比按销售量补贴更能直接激励农业合作社增加种植努力投入、扩大生产，提高农产品质量，这有利于扩大市场需求、促进公司增加订购数量。

性质 7.4　$\dfrac{\mathrm{d}B^{P*}}{\mathrm{d}\lambda} < 0$，$\dfrac{\mathrm{d}B^{Q*}}{\mathrm{d}\lambda} > 0$。

证明过程见附录 D（11）。

由性质 7.4 可知，无论按生产量还是按销售量补贴农业合作社，政府补贴资金都随农业合作社公平关切增强而减少。

7.4　政府补贴公司

由性质 7.3 可知，公司执行公益性职能可以在一定程度上缓解农业合作社的公平关切，促使农业合作社增加种植努力投入，同时提高供应链整体利润。但当公司的公益性强度过大时，自身利润就会受到损失，导致公司执行公益性的动力不强。因此，为激励公司履行公益性职能，促进农产品的销售，政府按价格对公司实施补贴，且政府不参与决策。按批发价格补贴时，政府针对公司订购的每单位农产品给予补贴 t；按销售价格补贴时，政府针对公司销售的每单位农产品给予补贴 t。

7.4.1　按批发价格补贴

当政府按批发价格给予公司补贴时，农业合作社和公司的博弈模型表示为

$$\max_{w,e} E(u_f^G) = E(\pi_f^G) - \lambda(E(\pi_s^G) - E(\pi_f^G))$$

$$\text{s. t. } \max_{p,q} E(u_s^G) = E(\pi_s^G) + \gamma CS^G$$

$$CS^G = \int_p^{+\infty} (x - p)\phi(x)\,\mathrm{d}x$$

$$SW^G = E(\pi_f^G) + E(\pi_s^G) + CS^G$$

其中，$E(\pi_f^G) = (w-c)q - \dfrac{1}{2}e^2$，$E(\pi_s^G) = pE[\min(q,\ d)] - (w-t)q$。

采用逆向归纳法求解上述博弈模型，农产品供应链最优均衡决策为

$$w^{G*} = \frac{b(c-t)(1+\lambda)(b-1+\gamma)}{(b-1)((b+2\gamma-2)\lambda+b+\gamma-1)} + t$$

$$e^{G*} = \frac{za(c-t)k^{-\beta(v-\bar v)}}{b-1}\Psi^b$$

$$q^{G*} = \frac{z^2 a^2(c-t)k^{-2\beta(v-\bar v)}}{b-1}\Psi^{2b}$$

$$p^{G*} = \Psi^{-1}$$

均衡时，各方及农产品供应链利润、消费者剩余、社会整体福利、政府支出分别为

$$E(\pi_f^{G*}) = \frac{z^2 a^2(c-t)^2 k^{-2\beta(v-\bar v)}(((3-2\gamma)b+2\gamma-2)\lambda+b+\gamma-1)}{2(b-1)^2((b+2\gamma-2)\lambda+b+\gamma-1)}\Psi^{2b}$$

$$E(\pi_s^{G*}) = \frac{z^2 a^2 b(c-t)^2 k^{-2\beta(v-\bar{v})}(1+\lambda)(1-\gamma)}{(b-1)^2((b+2\gamma-2)\lambda+b+\gamma-1)}\Psi^{2b}$$

$$E(\pi_{sc}^{G*}) = \frac{z^2 a^2 (c-t)^2 k^{-2\beta(v-\bar{v})}(((5-4\gamma)b+2\gamma-2)\lambda-2b\gamma+3b+\gamma-1)}{2(b-1)^2((b+2\gamma-2)\lambda+b+\gamma-1)}\Psi^{2b}$$

$$CS^{G*} = \frac{z^2 a^2 b^2 (c-t)^2 k^{-2\beta(v-\bar{v})}(1+\lambda)}{(b-1)^3((b+2\gamma-2)\lambda+b+\gamma-1)}\Psi^{2b}$$

$$SW^{G*} = \frac{\begin{aligned}z^2 a^2 (c-t)^2 k^{-2\beta(v-\bar{v})}((-4b^2\gamma+7b^2+6b\gamma-7b-2\gamma+2)\lambda\\+(-2b^2\gamma+5b^2+3b\gamma-4b-\gamma+1))\end{aligned}}{2(b-1)^3((b+2\gamma-2)\lambda+b+\gamma-1)}\Psi^{2b}$$

$$B^{G*} = \frac{z^2 a^2 t(c-t)k^{-2\beta(v-\bar{v})}}{b-1}\Psi^{2b}$$

其中，$\Psi = \dfrac{((b+2\gamma-2)\lambda+b+\gamma-1)(1-F(z))}{b(1+\lambda)(c-t)}$。

证明过程见附录 D（12）。

7.4.2　按销售价格补贴

当政府按销售价格给予公司补贴时，农业合作社和公司的博弈模型表示为

$$\max_{w,e} E(u_f^H) = E(\pi_f^H) - \lambda(E(\pi_s^H) - E(\pi_f^H))$$

$$\text{s. t. } \max_{p,q} E(u_s^H) = E(\pi_s^H) + \gamma CS^H$$

$$CS^H = \int_p^{+\infty} (x-p)\phi(x)\,\mathrm{d}x$$

$$SW^H = E(\pi_f^H) + E(\pi_s^H) + CS^H$$

其中，$E(\pi_f^H) = (w-c)q - \dfrac{1}{2}e^2$，$E(\pi_s^H) = (p+t)E[\min(q,\ d)] - wq$。

采用逆向归纳法求解上述博弈模型，农产品供应链最优均衡决策为

$$w^{H*} = \frac{b(1+\lambda)(b-1+\gamma)((F(z)t+c-t)b-c)}{(b-1)^2((b+2\gamma-2)\lambda+b+\gamma-1)} + \frac{bt(1-F(z))}{b-1}$$

$$e^{H*} = \frac{zak^{-\beta(v-\bar{v})}((F(z)t+c-t)b-c)}{(b-1)^2}\Theta^b$$

$$q^{H*} = \frac{z^2 a^2 k^{-2\beta(v-\bar{v})}((F(z)t+c-t)b-c)}{(b-1)^2}\Theta^{2b}$$

$$p^{H*} = \Theta^{-1}$$

均衡时，各方及农产品供应链利润、消费者剩余、社会整体福利、政府支出分别为

$$E(\pi_f^{H*}) = \frac{z^2 a^2 k^{-2\beta(v-\bar{v})}((F(z)t+c-t)b-c)^2(((3-2\gamma)b+2\gamma-2)\lambda+b+\gamma-1)}{2(b-1)^4((b+2\gamma-2)\lambda+b+\gamma-1)}\Theta^{2b}$$

$$E(\pi_s^{H*}) = \frac{z^2 a^2 b k^{-2\beta(v-\bar{v})}((F(z)t+c-t)b-c)^2(1+\lambda)(1-\gamma)}{(b-1)^4((b+2\gamma-2)\lambda+b+\gamma-1)}\Theta^{2b}$$

$$E(\pi_{sc}^{H*}) = \frac{\begin{aligned}z^2 a^2 k^{-2\beta(v-\bar{v})}((F(z)t+c-t)b-c)^2(((5-4\gamma)b+2\gamma-2)\lambda\\-2b\gamma+3b+\gamma-1)\end{aligned}}{2(b-1)^4((b+2\gamma-2)\lambda+b+\gamma-1)}\Theta^{2b}$$

$$CS^{H*} = \frac{z^2 a^2 b^2 k^{-2\beta(v-\bar{v})}((F(z)t+c-t)b-c)^2(1+\lambda)}{(b-1)^5((b+2\gamma-2)\lambda+b+\gamma-1)}\Theta^{2b}$$

$$SW^{H*} = \frac{\begin{aligned}z^2 a^2 k^{-2\beta(v-\bar{v})}((F(z)t+c-t)b-c)^2((-4b^2\gamma+7b^2+6b\gamma-7b\\-2\gamma+2)\lambda+(-2b^2\gamma+5b^2+3b\gamma-4b-\gamma+1))\end{aligned}}{2(b-1)^5((b+2\gamma-2)\lambda+b+\gamma-1)}\Theta^{2b}$$

$$B^{H*} = \frac{z^2 a^2 b k^{-2\beta(v-\bar{v})}t(1-F(z))((F(z)t+c-t)b-c)}{(b-1)^3}\Theta^{2b}$$

其中，$\Theta = \dfrac{(b-1)((b+2\gamma-2)\lambda+b+\gamma-1)(1-F(z))}{b(1+\lambda)((F(z)t+c-t)b-c)}$。

证明过程见附录 D（13）。

命题 7.3　（1）（i）$e^{G*}>e^{NS*}$，$e^{H*}>e^{NS*}$，$q^{G*}>q^{NS*}$，$q^{H*}>q^{NS*}$；（ii）$w^{G*}<w^{NS*}$，$w^{H*}<w^{NS*}$，$p^{G*}<p^{NS*}$，$p^{H*}<p^{NS*}$；

（2）（i）$E(\pi_f^{G*})>E(\pi_f^{NS*})$，$E(\pi_s^{G*})>E(\pi_s^{NS*})$，$E(\pi_{sc}^{G*})>E(\pi_{sc}^{NS*})$，$CS^{G*}>CS^{NS*}$，$SW^{G*}>SW^{NS*}$；（ii）$E(\pi_f^{H*})>E(\pi_f^{NS*})$，$E(\pi_s^{H*})>E(\pi_s^{NS*})$，$E(\pi_{sc}^{H*})>E(\pi_{sc}^{NS*})$，$CS^{H*}>CS^{NS*}$，$SW^{H*}>SW^{NS*}$。

证明过程见附录 D（14）。

由命题 7.3（1）可知，政府按批发价格、销售价格给予公司补贴后，分别通过降低订购成本及增加销售收入提高了公司利润，激励公司增加订购数量、降低销售价格，而公司订购数量的增加进一步促使农业合作社增加种植努力投入并降低批发价格。

由命题 7.3（2）可知，公司订购数量增加带来的利润增加可以弥补种植成本增加造成的利润损失，从而农业合作社利润增加；政府补贴及订购数量增加带来的利润增加可以弥补销售价格降低造成的利润损失，从而公司利润增加；同时改善了消费者剩余和社会整体福利。这表明，政府按批发价格、销售价格补贴公司均有效可行。

7.4.3　均衡策略分析

命题 7.4　$e^{G*}>e^{H*}$，$q^{G*}>q^{H*}$，$w^{G*}<w^{H*}$，$p^{G*}<p^{H*}$。

证明过程见附录 D（15）。

由命题 7.4 可知，按批发价格补贴时，公司每订购一单位农产品就可以获得补贴；而按销售价格补贴时，公司需要将农产品售出才能获得相应的补贴。因此，按批发价格补贴更能激励公司增加订购数量、促进农产品销售，同时激励农业合作社增加种植努力投入。

性质 7.5　$\dfrac{\mathrm{d}B^{G^*}}{\mathrm{d}\lambda}<0$，$\dfrac{\mathrm{d}B^{H^*}}{\mathrm{d}\lambda}<0$；$\dfrac{\mathrm{d}B^{G^*}}{\mathrm{d}\gamma}>0$，$\dfrac{\mathrm{d}B^{H^*}}{\mathrm{d}\gamma}>0$。

证明过程见附录 D（16）。

由性质 7.5 可知，无论按批发价格还是按销售价格补贴公司，政府补贴资金都随农业合作社公平关切的增强而减少、随公司公益性的增强而增加。农业合作社的公平关切强度越大，种植努力投入就越少，农产品质量降低导致订购数量减少，政府补贴资金也随之减少；而公司公益性的增强能有效缓解农业合作社的公平负效用，激励农业合作社增加种植努力投入、降低批发价格，农产品质量的提高使得订购数量及销售数量增加，政府补贴资金也随之增加。

7.5　政府补贴策略比较

命题 7.5　$CS^{P^*}>CS^{Q^*}$，$SW^{P^*}>SW^{Q^*}$，$B^{P^*}>B^{Q^*}$。

证明过程见附录 D（17）。

由命题 7.5 可知，政府按生产量补贴农业合作社时，极大调动了农业合作社的生产积极性，农产品质量及产量大幅提升，同时农产品销售价格降低，消费者剩余及社会整体福利得到改善；而按销售量补贴农业合作社时，农业合作社获得的政府补贴资金较少，并且不能直接激励农业合作社增加种植努力投入、扩大农产品生产，因此消费者剩余及社会整体福利改善有限。这表明，当政府直接对农业合作社进行补贴时，从改进消费者剩余和社会整体福利的角度，按生产量补贴激励效果更强，政府应优先考虑按生产量补贴。

命题 7.6　$L^{P^*}<L^{Q^*}$。

证明过程见附录 D（18）。

由命题 7.6 可知，社会整体福利随政府补贴资金增加而增加且呈边际递减趋势，即政府补贴资金的使用效率随政府补贴资金的增加而递减。由命题 7.5，政府按生产量补贴所需的财政资金高于按销售量补贴，所以按销售量补贴时补贴资金的使用效率较高。这表明，当政府直接对农业合作社进行补贴时，从政府补贴资金使用效率角度，政府应优先考虑按销售量补贴。

命题 7.7 $CS^{G*} > CS^{H*}$，$SW^{G*} > SW^{H*}$，$B^{G*} > B^{H*}$。

证明过程见附录 D（19）。

由命题 7.7 可知，政府按批发价格给予公司补贴时，公司订购数量增加、农产品质量提升、农产品销售价格降低，消费者剩余及社会整体福利得到改善；而按销售价格给予公司补贴时，虽然能促进公司对农产品的销售，但农业合作社的生产积极性无法被很好地调动，因此消费者剩余及社会整体福利改善有限。这表明，当政府对公司进行补贴时，从改进消费者剩余和社会整体福利的角度，按批发价格补贴激励效果更强，政府应优先考虑按批发价格补贴。

命题 7.8 $L^{G*} < L^{H*}$。

证明过程见附录 D（20）。

由命题 7.8 可知，虽然按批发价格补贴公司时社会整体福利改善较多，但此时政府补贴所需的财政资金也更多，因此政府按销售价格补贴公司时补贴资金的使用效率相对较高。这表明，当政府对公司进行补贴时，从政府补贴资金使用效率角度，政府应优先考虑按销售价格补贴。

7.6　数值仿真

同第 3~6 章的数值仿真参数，本章的数值仿真参数具体赋值见表 7.1。

表 7.1　参数

a	b	c	z	$F(z)$	$\bar{v}$	β	k	l	m	t	λ	γ
100	2	1	4/3	2/3	−4.2	2	4	0	2	0.5	0.2	0.5

7.6.1　政府补贴农业合作社情形

根据图 7.1~图 7.5，与无政府补贴相比，按生产量补贴和按销售量补贴都能够调动农业合作社的生产积极性，提高农业合作社种植努力投入及公司订购数量，平抑农产品销售价格，提高农业合作社、公司及供应链整体利润，改进消费者剩余及社会整体福利。这与命题 7.1 一致。根据图 7.1~图 7.4，与按销售量补贴相比，按生产量补贴时的种植努力投入及公司订购数量较多、农产品批发价格与销售价格较低。这与命题 7.2 相一致。

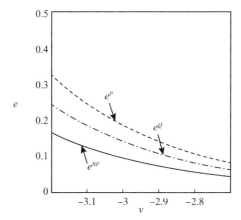

图 7.1　政府补贴对种植努力投入的影响

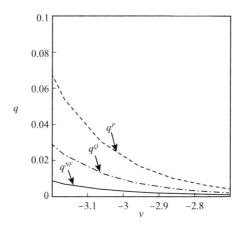

图 7.2　政府补贴对订购数量的影响

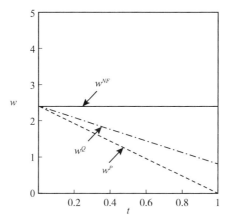

图 7.3　政府补贴对农产品批发价格的影响

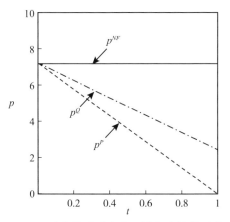

图7.4　政府补贴对农产品销售价格的影响

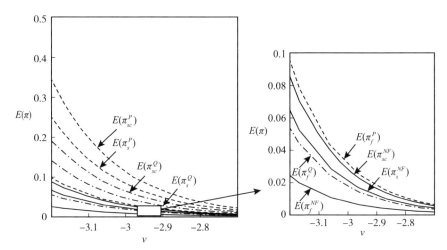

图7.5　政府补贴对农产品供应链的影响

　　根据图7.6和图7.7，政府按生产量补贴农业合作社时消费者剩余和社会整体福利最优值均高于按销售量补贴。这表明，政府按生产量补贴农业合作社激励效果更好，印证命题7.5。根据图7.8，政府按销售量补贴农业合作社时，单位补贴资金对应的社会整体福利高于按生产量补贴，即与按生产量补贴相比，按销售量补贴对政府补贴资金的使用效率更高，印证命题7.6。

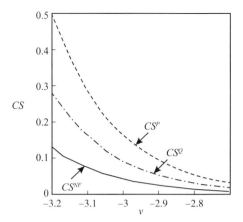

图 7.6　政府补贴对消费者剩余的影响

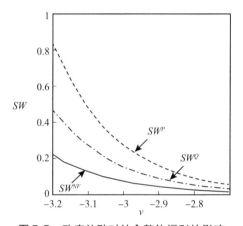

图 7.7　政府补贴对社会整体福利的影响

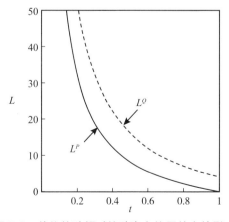

图 7.8　单位补贴额对补贴资金使用效率的影响

7.6.2 政府补贴公司情形

根据图 7.9 ~ 图 7.13，按批发价格和按销售价格补贴公司都能够提高农业合作社种植努力投入及公司订购数量，降低农产品批发价格及销售价格，提高农业合作社、公司及供应链整体利润。这与命题 7.3 一致。根据图 7.9 ~ 图 7.12，与按销售价格补贴公司相比，按批发价格补贴时的种植努力投入及公司订购数量较多、农产品批发价格与销售价格较低。这与命题 7.4 相一致。

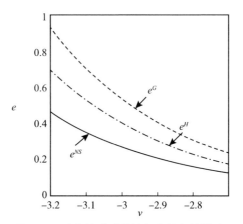

图 7.9　政府补贴对种植努力投入的影响

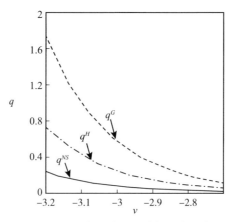

图 7.10　政府补贴对订购数量的影响

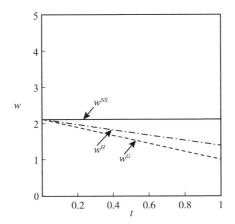

图 7.11　政府补贴对农产品批发价格的影响

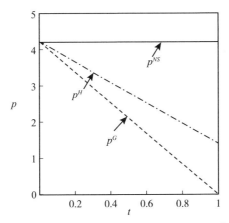

图 7.12　政府补贴对农产品销售价格的影响

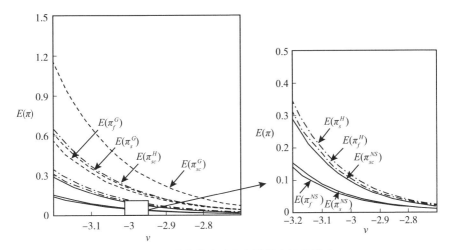

图 7.13　政府补贴对农产品供应链的影响

7.6.3　政府补贴策略比较

根据图7.14和图7.15,政府按批发价格补贴公司时消费者剩余和社会整体福利最优值均高于按销售价格补贴,即政府按批发价格补贴公司激励效果更好,印证命题7.7。根据图7.16,政府按销售价格补贴公司时,单位补贴资金对应的社会整体福利高于按批发价格补贴,印证命题7.7。

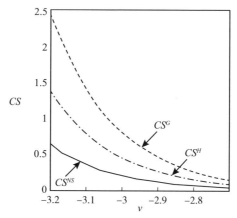

图 7.14　政府补贴对消费者剩余的影响

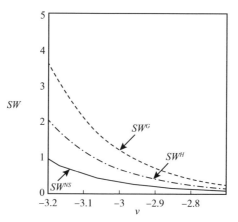

图 7.15　政府补贴对社会整体福利的影响

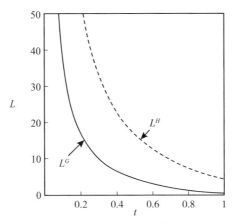

图 7.16　单位补贴额对补贴资金使用效率的影响

7.7　本 章 小 结

在极端天气影响农产品质量的情况下，考虑农产品供应链成员的公平关切及公益性，建立农业合作社主导的二级农产品供应链 Stackelberg 博弈模型。比较不同政府补贴方式对农产品供应链最优决策的影响，分析不同情形下政府应如何选择最优补贴方式，并通过数值仿真验证。研究表明：（1）极端天气和农业合作社公平关切都会使农产品质量降低、公司订购数量减少、农产品批发价格及销售价格提高，同时降低农业合作社、公司及供应链整体利润。（2）公司履行公益性职能可以缓解农业合作社的公平关切负效用，调动农业合作社的生产积极性，但公益性强度过大时，公司利润会受到损失，导致公司执行公益性的动力不强。（3）只要政府对农产品供应链实施补贴，每种补贴方式均能提高农业合作社及公司利润，改进消费者剩余及社会整体福利。（4）当政府直接补贴农业合作社时，按生产量补贴的消费者剩余和社会整体福利最优值均高于按销售量补贴，但补贴资金的使用效率低于按销售量补贴。（5）当政府补贴公司时，按批发价格补贴的消费者剩余和社会整体福利最优值均高于按销售价格补贴，但补贴资金的使用效率低于按销售价格补贴。

进一步，将本章结论与第 6 章政府补贴基本模型中的相关结论进行对比可以发现：（1）在不考虑公平关切及公益性的情形下，无论从改进消费者剩余和社会整体福利角度，还是从政府补贴资金使用效率角度，按生产量补贴农业合作社与按批发价格补贴公司效果相同、按销售量补贴农业合作社与按销售价格补贴公司效果相同。而本章在考虑农业合作社公平关切及公司公益性后，按批发价格补贴公司的效果优于按生产量补贴农业合作社；按销售价格补贴公司的效果优于按销售量补贴农业合作社。（2）仅考虑农业合作社公平关切后，基本模型中按生产量补贴农业合作社与按销售量补贴农业合作社的效果均优于公平关切情形下的补贴效果。（3）同时考虑农业合作社公平关切及公司公益性后，存在一个临界值 $\gamma = \dfrac{\lambda}{1 + 2\lambda}$，当 $\gamma < \dfrac{\lambda}{1 + 2\lambda}$ 时，基本模型中按批发价格补贴公司与按销售价格补贴公司的效果均优于农业合作社公平关切＋公司公益性情形下的补贴效果；当 $\gamma \geqslant \dfrac{\lambda}{1 + 2\lambda}$ 时，农业合作社公平关切＋公司公益性情形下按批发价格补贴公司与按销售价格补贴公司的效果均优于基本模型的补贴效果。

第8章 极端天气下考虑双边公益性的农产品供应链政府补贴机制

第3～第5章研究表明仅收益共享契约或者"收益共享＋加盟金"组合契约都不足以保障农产品供应链稳定运行，需要政府进行补贴和支持，同时农业的弱质性特点决定了政府必须对其进行补贴。第6章证明政府对农产品供应链实施补贴，总能提高农户收入，改善社会整体福利，缓减极端天气对农产品产出和农产品供应链的负面影响，有利于促进农业稳定生产。与第4章相对应，第7章分析农业合作社公平关切和公益性对各种政府补贴方式的影响。

一方面，在农产品供应链实际运行过程中，仅靠政府补贴从微观层面直接、持续促进农业增产、农户增收，政府财政压力大，同时由于疫情对经济运行造成较大冲击，财政收入大幅下降，导致政府补贴资金预算难以满足农产品供应链所需的实际补贴。出于响应国家政策和维持供应链良好运营以获取可持续利润的目的，农产品供应链成员会履行公益性职能来增加消费者福利，维持农产品供应链稳定运作。另一方面，与第5章对应，本章将分析农业合作社公益性和公司公益性对各种政府补贴方式的影响，从而在第5章基础上得到进一步稳定农产品供应链运作的创新性策略。因此，在极端天气影响下，考虑农产品供应链双边公益性，分析不同补贴方式对农产品供应链的影响，对于降低政府财政压力、稳定促进农业丰收和农户增收、维持农产品供应链良好运作具有重要的现实意义。

本章通过分别考虑农业合作社和公司的双边公益性建立无政府补贴、按生产量补贴、按销售量补贴、按批发价格补贴和按销售价格补贴五种情形下的二级农产品供应链 Stackelberg 博弈模型，分析极端天气、公益性和各种补贴方式对农产品供应链最优决策的影响，并从消费者剩余、社会整体福利和补贴资金使用效率三个方面分析最优补贴策略。

为了鼓励供应链成员执行公益性，增强政府补贴的精准性，政府仅对执行公益性的农产品供应链成员进行补贴，具体补贴条件如下：当农业合作社执行公益性时，政府对农业合作社进行补贴，且实施按生产量补贴或按销售量补贴；当公司执行公益性时，政府对公司进行补贴，且按批发价格或销售价格补贴。

8.1　问题描述和模型假设

本章问题描述同第6章，本章模型包括以下假设。

假设8.1至假设8.5同第6章假设6.1至假设6.5。

新增以下假设。

假设8.6　在农产品供应链中，仅由农业合作社或公司执行公益性，且公益性大小为 γ。公司执行公益性时效用函数 $u_s = \pi_s + \gamma CS$，农业合作社执行公益性时效用函数为 $u_f = \pi_f + \gamma CS$。其中，γ 为公益性强度（$0 \leqslant \gamma \leqslant 1$）。

假设8.7　政府补贴资金使用效率为 $L = \dfrac{SW}{B}$，其中，SW 为社会整体福利。

其他符号说明：上标 NF、NS 分别表示无政府补贴下农业合作社公益性情形和公司公益性情形；上标 N、P、Q、G、H 分别表示无政府补贴、按生产量补贴、按销售量补贴、按批发价格补贴和按销售价格补贴。

8.2　无政府补贴

8.2.1　农业合作社公益性情形

农业合作社以包括自身利润和消费者剩余在内的总效用最大化进行决策，公司以自身利润最大化进行决策。于是，农业合作社和公司的博弈模型表示为

$$\max_{w,e} E(u_f^{NF}) = E(\pi_f^{NF}) + \gamma CS^{NF}$$

$$\text{s. t. } \max_{p,q} E(\pi_s^{NF}) = pE[\min(q,\ d)] - wq$$

$$CS^{NF} = \int_p^{+\infty} (x-p)\phi(x)\,\mathrm{d}x$$

$$SW^{NF} = E(\pi_f^{NF}) + E(\pi_s^{NF}) + CS^{NF}$$

其中，$E(\pi_f^{NF}) = (w - c)q - \dfrac{1}{2}e^2$。

通过库存因子转换可得农业合作社利润为

$$E(\pi_s^{NF}) = \left(\frac{zaek^{-\beta(v-\bar{v})}}{q}\right)^{\frac{1}{b}} q E\min\left(1, \frac{\varepsilon}{z}\right) - wq$$

$$= (zaek^{-\beta(v-\bar{v})})^{\frac{1}{b}} q^{\frac{b-1}{b}}\left(1 - \int_0^z \left(1 - \frac{x}{z}\right)f(x)\,\mathrm{d}x\right) - wq$$

通过对 $\dfrac{\partial E(\pi_s^{NF})}{\partial z}$ 的分析，结合 ε 的广义失败率性质，得到引理 8.1。

引理 8.1　最优库存因子由以下方程确定。

$$\int_0^z xf(x)\,\mathrm{d}x = \frac{z(1 - F(z))}{(b - 1)}$$

同 6 章，证明过程见附录 C（1）。

采用逆向归纳法求解上述博弈模型，农产品供应链最优均衡决策为

$$w^{NF*} = \frac{(b-1)bc}{(b-1)^2 + \gamma b}$$

$$e^{NF*} = \frac{azck^{-\beta(v-\bar{v})}}{b-1}\left(\frac{((b-1)^2 + \gamma b)(1 - F(z))}{(b-1)bc}\right)^b$$

$$q^{NF*} = \frac{a^2 z^2 ck^{-2\beta(v-\bar{v})}}{b-1}\left(\frac{((b-1)^2 + \gamma b)(1 - F(z))}{(b-1)bc}\right)^{2b}$$

$$p^{NF*} = \left(\frac{((b-1)^2 + \gamma b)(1 - F(z))}{(b-1)bc}\right)^{-1}$$

均衡时，各成员及农产品供应链均衡利润、消费者剩余、社会整体福利分别为

$$E(\pi_f^{NF*}) = \frac{z^2 a^2 c^2 k^{-2\beta(v-\bar{v})}((1-2\gamma)b^2 + (\gamma-2)b + 1)}{2(b-1)^2((b-1)^2 + \gamma b)}$$
$$\left(\frac{((b-1)^2 + \gamma b)(1 - F(z))}{(b-1)bc}\right)^{2b}$$

$$E(\pi_s^{NF*}) = \frac{z^2 a^2 c^2 k^{-2\beta(v-\bar{v})} b}{(b-1)((b-1)^2 + \gamma b)}\left(\frac{((b-1)^2 + \gamma b)(1 - F(z))}{(b-1)bc}\right)^{2b}$$

$$E(\pi_{sc}^{NF*}) = \frac{z^2 a^2 c^2 k^{-2\beta(v-\bar{v})}((3-2\gamma)b^2 + (\gamma-4)b + 1)}{2(b-1)^2((b-1)^2 + \gamma b)}$$
$$\left(\frac{((b-1)^2 + \gamma b)(1 - F(z))}{(b-1)bc}\right)^{2b}$$

$$CS^{NF*} = \frac{z^2 a^2 c^2 k^{-2\beta(v-\bar{v})} b^2}{(b-1)^2((b-1)^2 + \gamma b)}\left(\frac{((b-1)^2 + \gamma b)(1 - F(z))}{(b-1)bc}\right)^{2b}$$

$$SW^{NF*} = \frac{z^2 a^2 c^2 k^{-2\beta(v-\bar{v})} ((5-2\gamma)b^2 + (\gamma-4)b + 1)}{2(b-1)^2((b-1)^2 + \gamma b)} \left(\frac{((b-1)^2 + \gamma b)(1 - F(z))}{(b-1)bc} \right)^{2b}$$

证明过程见附录 E（1）。

8.2.2 公司公益性情形

农业合作社以自身利润最大化为目标，公司以包括自身利润和消费者剩余在内的总效用最大化进行决策。于是，农业合作社和公司的博弈模型表示为

$$\max_{w,e} E(\pi_f^{NS}) = (w - c)q - \frac{1}{2}e^2$$

$$\text{s. t.} \max_{p,q} E(u_s^{NS}) = E(\pi_s^{NS}) + \gamma CS^{NS}$$

$$CS^{NS} = \int_p^{+\infty} (x - p)\phi(x)\,\mathrm{d}x$$

$$SW^{NS} = E(\pi_f^{NS}) + E(\pi_s^{NS}) + CS^{NS}$$

其中，$E(\pi_s^{NS}) = pE[\min(q, d)] - wq$。

采用逆向归纳法求解上述博弈模型，农产品供应链最优均衡决策为

$$w^{NS*} = \frac{bc}{b-1}$$

$$e^{NS*} = \frac{azck^{-\beta(v-\bar{v})}}{b-1} \left(\frac{(b-1+\gamma)(1-F(z))}{bc} \right)^b$$

$$q^{NS*} = \frac{a^2 z^2 ck^{-2\beta(v-\bar{v})}}{b-1} \left(\frac{(b-1+\gamma)(1-F(z))}{bc} \right)^{2b}$$

$$p^{NS*} = \left(\frac{(b-1+\gamma)(1-F(z))}{bc} \right)^{-1}$$

均衡时，各成员及农产品供应链均衡利润、消费者剩余、社会整体福利分别为

$$E(\pi_f^{NS*}) = \frac{a^2 z^2 c^2 k^{-2\beta(v-\bar{v})}}{2(b-1)^2} \left(\frac{(b-1+\gamma)(1-F(z))}{bc} \right)^{2b}$$

$$E(\pi_s^{NS*}) = \frac{a^2 z^2 c^2 k^{-2\beta(v-\bar{v})} b(1-\gamma)}{(b-1)^2(b-1+\gamma)} \left(\frac{(b-1+\gamma)(1-F(z))}{bc} \right)^{2b}$$

$$E(\pi_{sc}^{NS*}) = \frac{a^2 z^2 c^2 k^{-2\beta(v-\bar{v})}(2b(1-\gamma)+b-1+\gamma)}{2(b-1)^2(b-1+\gamma)} \left(\frac{(b-1+\gamma)(1-F(z))}{bc} \right)^{2b}$$

$$CS^{NS*} = \frac{a^2 z^2 c^2 k^{-2\beta(v-\bar{v})} b^2}{(b-1)^3(b-1+\gamma)} \left(\frac{(b-1+\gamma)(1-F(z))}{bc} \right)^{2b}$$

$$SW^{NS*} = \frac{a^2 z^2 c^2 k^{-2\beta(v-\bar{v})}((5-2\gamma))b^2 + (3\gamma-4)b+1-\gamma)}{2(b-1)^3(b-1+\gamma)} \left(\frac{(b-1+\gamma)(1-F(z))}{bc} \right)^{2b}$$

证明过程见附录 E（2）。

性质 8.1　（1）当 $v \in [\bar{v}, \bar{\bar{v}}]$ 时，$\dfrac{\partial e^{NF*}}{\partial v} < 0$，$\dfrac{\partial e^{NS*}}{\partial v} < 0$；$\dfrac{\partial q^{NF*}}{\partial v} < 0$，$\dfrac{\partial q^{NS*}}{\partial v} < 0$。

（2）$\dfrac{\partial E(\pi_{sc}^{NF*})}{\partial v} < 0$，$\dfrac{\partial E(\pi_{sc}^{NS*})}{\partial v} < 0$；$\dfrac{\partial CS^{NF*}}{\partial v} < 0$，$\dfrac{\partial CS^{NS*}}{\partial v} < 0$；$\dfrac{\partial SW^{NF*}}{\partial v} < 0$，$\dfrac{\partial SW^{NS*}}{\partial v} < 0$。

证明过程见附录 E（3）。

由性质 8.1 可知，极端天气使得农业合作社种植努力投入降低、农产品质量下降，公司订购数量减少，消费者可以购买的农产品数量较少、质量较差，消费欲望降低，导致农产品供应链整体利润降低、消费者剩余与社会整体福利减少。

性质 8.2　（1）$\dfrac{\partial e^{NF*}}{\partial \gamma} > 0$，$\dfrac{\partial e^{NS*}}{\partial \gamma} > 0$；$\dfrac{\partial q^{NF*}}{\partial \gamma} > 0$，$\dfrac{\partial q^{NS*}}{\partial \gamma} > 0$；$\dfrac{\partial p^{NF*}}{\partial \gamma} < 0$，$\dfrac{\partial p^{NS*}}{\partial \gamma} < 0$。

（2）$\dfrac{\partial E(\pi_f^{NF*})}{\partial \gamma} < 0$，$\dfrac{\partial E(\pi_s^{NF*})}{\partial \gamma} > 0$，当 $0 \leqslant \gamma < \dfrac{b-1}{b}$ 时，$\dfrac{\partial E(\pi_{sc}^{NF*})}{\partial \gamma} > 0$；当 $\dfrac{b-1}{b} \leqslant \gamma \leqslant 1$ 时，$\dfrac{\partial E(\pi_{sc}^{NF*})}{\partial \gamma} < 0$；$\dfrac{\partial E(\pi_f^{NS*})}{\partial \gamma} > 0$，当 $0 \leqslant \gamma < \dfrac{1}{2}$ 时，$\dfrac{\partial E(\pi_s^{NS*})}{\partial \gamma} > 0$；当 $\dfrac{1}{2} \leqslant \gamma \leqslant 1$ 时，$\dfrac{\partial E(\pi_s^{NS*})}{\partial \gamma} < 0$，$\dfrac{\partial E(\pi_{sc}^{NS*})}{\partial \gamma} > 0$。

（3）$\dfrac{\partial CS^{NF*}}{\partial \gamma} > 0$，$\dfrac{\partial CS^{NS*}}{\partial \gamma} > 0$；$\dfrac{\partial SW^{NF*}}{\partial \gamma} > 0$，$\dfrac{\partial SW^{NS*}}{\partial \gamma} > 0$。

证明过程见附录 E（4）。

由性质 8.2（1）可知，当公益性增大时，农业合作社和公司会提高对改进消费者剩余的重视，表现为农业合作社会提高种植努力投入、公司会降低农产品销售价格，市场需求扩大，于是公司订购数量增加。由性质 8.2（2），当农业合作社执行公益性时，农业合作社利润下降，而公司利润提高，农产品供应链利润呈现先增后减的趋势。由性质 8.2（3），随着农业合作社和公司公益性增强，消费者剩余和社会整体福利增加。这是因为公益性使得农业合作社种植努力投入提高、农产品质量上升、公司订购数量增加、农产品销售价格降低，消费者以较低的价格购买质量更高的农产品，消费欲望增强，消费者剩余与社会整体福利增加。

由性质 8.1 和性质 8.2 可得结论 8.1。

结论8.1　农业合作社和公司的公益性都可以缓解极端天气对农产品供应链的不利影响，但农业合作社执行公益性会降低自身利润，导致其无执行公益性动力；而较强的公司公益性也有损公司利润，导致公司执行公益性动力受限。

8.3　政府补贴农业合作社

8.3.1　按生产量补贴

当政府按生产量实施补贴时，农业合作社和公司博弈模型可以表示为

$$\max_{w,e} E(u_f^P) = E(\pi_f^P) + \gamma CS^P$$

$$\text{s. t. } \max_{p,q} E(\pi_s^P) = pE[\min(q, d)] - wq$$

$$CS^P = \int_p^{+\infty} (x - p)\phi(x)\mathrm{d}x$$

$$SW^P = E(\pi_f^P) + E(\pi_s^P) + CS^P$$

其中，$E(\pi_f^P) = (w - c + t)q - \dfrac{1}{2}e^2$。

采用逆向归纳法求解上述博弈模型，农产品供应链最优均衡决策为

$$w^{P*} = \frac{(b-1)(c-t)b}{(b-1)^2 + \gamma b}$$

$$e^{P*} = \frac{az(c-t)k^{-\beta(v-\bar{v})}}{b-1}\left(\frac{((b-1)^2 + \gamma b)(1 - F(z))}{(b-1)(c-t)b}\right)^b$$

$$q^{P*} = \frac{a^2 z^2(c-t)k^{-2\beta(v-\bar{v})}}{b-1}\left(\frac{((b-1)^2 + \gamma b)(1 - F(z))}{(b-1)(c-t)b}\right)^{2b}$$

$$p^{P*} = \left(\frac{((b-1)^2 + \gamma b)(1 - F(z))}{(b-1)(c-t)b}\right)^{-1}$$

均衡时，各成员及农产品供应链均衡利润、消费者剩余、社会整体福利和政府支出分别为

$$E(\pi_f^{P*}) = \frac{z^2 a^2(c-t)^2 k^{-2\beta(v-\bar{v})}((1-2\gamma)b^2 + (\gamma - 2)b + 1)}{2(b-1)^2((b-1)^2 + \gamma b)}$$

$$\left(\frac{((b-1)^2 + \gamma b)(1 - F(z))}{(b-1)(c-t)b}\right)^{2b}$$

$$E(\pi_s^{P*}) = \frac{z^2 a^2(c-t)^2 k^{-2\beta(v-\bar{v})}b}{(b-1)((b-1)^2 + \gamma b)}\left(\frac{((b-1)^2 + \gamma b)(1 - F(z))}{(b-1)(c-t)b}\right)^{2b}$$

$$E(\pi_{sc}^{P*}) = \frac{z^2 a^2 (c-t)^2 k^{-2\beta(v-\bar{v})} ((3-2\gamma) b^2 + (\gamma-4) b + 1)}{2(b-1)^2 ((b-1)^2 + \gamma b)}$$

$$\left(\frac{((b-1)^2 + \gamma b)(1-F(z))}{(b-1)(c-t) b} \right)^{2b}$$

$$CS^{P*} = \frac{z^2 a^2 (c-t)^2 k^{-2\beta(v-\bar{v})} b^2}{(b-1)^2 ((b-1)^2 + \gamma b)} \left(\frac{((b-1)^2 + \gamma b)(1-F(z))}{(b-1)(c-t) b} \right)^{2b}$$

$$SW^{P*} = \frac{z^2 a^2 (c-t)^2 k^{-2\beta(v-\bar{v})} ((5-2\gamma) b^2 + (\gamma-4) b + 1)}{2(b-1)^2 ((b-1)^2 + \gamma b)}$$

$$\left(\frac{((b-1)^2 + \gamma b)(1-F(z))}{(b-1)(c-t) b} \right)^{2b}$$

$$B^{P*} = \frac{t a^2 z^2 (c-t) k^{-2\beta(v-\bar{v})}}{b-1} \left(\frac{((b-1)^2 + \gamma b)(1-F(z))}{(b-1)(c-t) b} \right)^{2b}$$

证明过程见附录 E（5）。

8.3.2　按销售量补贴

当政府按销售量实施补贴时，农业合作社和公司博弈模型可以表示为

$$\max_{w,e} E(u_f^Q) = E(\pi_f^Q) + \gamma CS^Q$$

$$\text{s. t. } \max_{p,q} E(\pi_s^Q) = pE[\min(q, d)] - wq$$

$$CS^Q = \int_p^{+\infty} (x-p) \phi(x) \mathrm{d}x$$

$$SW^Q = E(\pi_f^Q) + E(\pi_s^Q) + CS^Q$$

其中，$E(\pi_f^Q) = (w-c) q - \dfrac{1}{2} e^2 + tE[\min(q, d)]$。

采用逆向归纳法求解上述博弈模型，农产品供应链最优均衡决策为

$$w^{Q*} = \frac{((F(z)-1) bt + (b-1) c) b}{(b-1)^2 + \gamma b}$$

$$e^{Q*} = \frac{a z k^{-\beta(v-\bar{v})} \Gamma^b ((F(z)-1) bt + (b-1) c)}{(b-1)^2}$$

$$q^{Q*} = \frac{a^2 z^2 k^{-2\beta(v-\bar{v})} \Gamma^{2b} ((F(z)-1) bt + (b-1) c)}{(b-1)^2}$$

$$p^{Q*} = \left(\frac{((b-1)^2 + \gamma b)(1-F(z))}{b((F(z)-1) bt + (b-1) c)} \right)^{-1}$$

均衡时，各成员及农产品供应链均衡利润、消费者剩余、社会整体福利和政府支出分别为

$$E(\pi_f^{Q*}) = \frac{a^2 z^2 k^{-2\beta(v-\bar{v})} \Gamma^{2b} ((F(z)-1) bt + (b-1) c)^2 ((1-2\gamma) b^2 + (\gamma-2) b + 1)}{2((b-1)^2 + \gamma b)(b-1)^4}$$

$$E(\pi_s^{Q^*}) = \frac{a^2 z^2 k^{-2\beta(v-\bar{v})} b \Gamma^{2b}((F(z)-1)bt+(b-1)c)^2}{((b-1)^2+\gamma b)(b-1)^3}$$

$$E(\pi_{sc}^{Q^*}) = \frac{a^2 z^2 k^{-2\beta(v-\bar{v})} \Gamma^{2b}((F(z)-1)bt+(b-1)c)^2((3-2\gamma)b^2+(\gamma-4)b+1)}{2((b-1)^2+\gamma b)(b-1)^4}$$

$$CS^{Q^*} = \frac{a^2 z^2 k^{-2\beta(v-\bar{v})} b^2 \Gamma^{2b}((F(z)-1)bt+(b-1)c)^2}{((b-1)^2+\gamma b)(b-1)^4}$$

$$SW^{Q^*} = \frac{a^2 z^2 k^{-2\beta(v-\bar{v})} \Gamma^{2b}((F(z)-1)bt+(b-1)c)^2((5-2\gamma)b^2+(\gamma-4)b+1)}{2((b-1)^2+\gamma b)(b-1)^4}$$

$$B^{Q^*} = \frac{t a^2 z^2 k^{-2\beta(v-\bar{v})} \Gamma^{2b}((F(z)-1)bt+(b-1)c)(1-F)b}{(b-1)^3}$$

其中，$\Gamma = \dfrac{((b-1)^2+\gamma b)(1-F(z))}{b((F(z)-1)bt+(b-1)c)}$。

证明过程见附录 E（6）。

8.3.3 均衡策略分析

将按生产量补贴、按销售量补贴与无政府补贴的均衡策略进行对比分析得到命题8.1，将按生产量补贴和按销售量补贴的均衡策略进行对比分析得到命题8.2、命题8.3和命题8.4。

命题 8.1 （1）$w^{NF^*} > w^{P^*}$，$w^{NF^*} > w^{Q^*}$；$e^{P^*} > e^{NF^*}$，$e^{Q^*} > e^{NF^*}$；$q^{P^*} > q^{NF^*}$，$q^{Q^*} > q^{NF^*}$；$p^{NF^*} > p^{P^*}$，$p^{NF^*} > p^{Q^*}$；（2）$E(\pi_f^{P^*}) > E(\pi_f^{NF^*})$，$E(\pi_s^{P^*}) > E(\pi_s^{NF^*})$，$E(\pi_{sc}^{P^*}) > E(\pi_{sc}^{NF^*})$，$CS^{P^*} > CS^{NF^*}$，$SW^{P^*} > SW^{NF^*}$；$E(\pi_f^{Q^*}) > E(\pi_f^{NF^*})$，$E(\pi_s^{Q^*}) > E(\pi_s^{NF^*})$，$E(\pi_{sc}^{Q^*}) > E(\pi_{sc}^{NF^*})$，$CS^{Q^*} > CS^{NF^*}$，$SW^{Q^*} > SW^{NF^*}$，$B^{P^*} > B^{Q^*}$。

证明过程见附录 E（7）。

由命题8.1可知，政府按生产量补贴后，调动了农业合作社生产积极性，使农产品产量提升，农业合作社会降低批发价格，为了将购进的农产品及时销售出去，公司也相应进行降价促销。政府按销售量补贴后，为了获取更多的政府补贴，农业合作社通过增加种植努力、降低批发价格来激励公司增加销售量，由于批发价格降低，公司订购成本下降，公司订购数量增加的同时农产品销售价格下降。这说明，政府按生产量补贴或按销售量补贴后，农业合作社努力水平提高、农产品质量提升、公司订货量增加，进而增加了农业合作社和公司的利润，同时也改善了消费者剩余和社会整体福利。

命题 8.2 $w^{Q^*} > w^{P^*}$，$p^{Q^*} > p^{P^*}$，$e^{P^*} > e^{Q^*}$，$q^{P^*} > q^{Q^*}$。

证明过程见附录 E（8）。

由命题 8.2 可知，按生产量补贴比按销售量补贴更能激励农业合作社增加种植努力投入、提高农产品质量、扩大生产，按生产量补贴的激励效果大于按销售量补贴。

命题 8.3　$CS^{P^*} > CS^{Q^*}$，$SW^{P^*} > SW^{Q^*}$。

证明过程见附录 E（9）。

由命题 8.3 可知，从改进消费者剩余和社会整体福利角度，按生产量补贴激励效果更强，政府应优先考虑按生产量补贴。

命题 8.4　$L^{P^*} < L^{Q^*}$。

证明过程见附录 E（10）。

由命题 8.4 可知，政府按生产量补贴后，单位政府补贴对应的社会整体福利低于按销售量补贴。这是因为社会整体福利随政府补贴资金增加而增加且呈边际递减趋势，即补贴资金的使用效率随政府补贴资金的增加而递减。由命题 8.1 中 $B^{P^*} > B^{Q^*}$，政府按生产量补贴所需的财政资金高于按销售量补贴，所以与按生产量补贴相比，政府按销售量补贴时补贴资金的使用效率更高。这表明，从政府补贴资金使用效率角度，政府应优先考虑按销售量补贴。

8.4　政府补贴公司

8.4.1　按批发价格补贴

当政府按批发价格实施补贴时，农业合作社和公司博弈模型可以表示为

$$\max_{w,e} E(\pi_f^G) = (w - c)q - \frac{1}{2}e^2$$

$$\text{s. t. } \max_{p,q} E(u_s^G) = E(\pi_s^G) + \gamma CS^G$$

$$CS^G = \int_p^{+\infty} (x - p)\phi(x)\,dx$$

$$SW^G = E(\pi_f^G) + E(\pi_s^G) + CS^G$$

其中，$E(\pi_s^G) = pE[\min(q, d)] - (w - t)q$。

采用逆向归纳法求解上述博弈模型，农产品供应链最优均衡决策为

$$w^{G^*} = \frac{bc - t}{b - 1}, \quad e^{G^*} = \frac{az(c-t)k^{-\beta(v-\bar{v})}}{b-1}\left(\frac{(b-1+\gamma)(1-F(z))}{b(c-t)}\right)^b$$

$$q^{G*} = \frac{a^2 z^2 (c-t) k^{-2\beta(v-\bar{v})}}{b-1} \left(\frac{(b-1+\gamma)(1-F(z))}{b(c-t)} \right)^{2b}$$

$$p^{G*} = \left(\frac{(b-1+\gamma)(1-F(z))}{b(c-t)} \right)^{-1}$$

均衡时，各成员及农产品供应链均衡利润、消费者剩余、社会整体福利和政府支出分别为

$$E(\pi_f^{G*}) = \frac{a^2 z^2 (c-t)^2 k^{-2\beta(v-\bar{v})}}{2(b-1)^2} \left(\frac{(b-1+\gamma)(1-F(z))}{b(c-t)} \right)^{2b}$$

$$E(\pi_s^{G*}) = \frac{a^2 z^2 (c-t)^2 k^{-2\beta(v-\bar{v})} b(1-\gamma)}{(b-1)^2 (b-1+\gamma)} \left(\frac{(b-1+\gamma)(1-F(z))}{b(c-t)} \right)^{2b}$$

$$E(\pi_{sc}^{G*}) = \frac{a^2 z^2 (c-t)^2 k^{-2\beta(v-\bar{v})} (2b(1-\gamma)+b-1+\gamma)}{2(b-1)^2 (b-1+\gamma)} \left(\frac{(b-1+\gamma)(1-F(z))}{b(c-t)} \right)^{2b}$$

$$CS^{G*} = \frac{a^2 z^2 (c-t)^2 k^{-2\beta(v-\bar{v})} b^2}{(b-1)^3 (b-1+\gamma)} \left(\frac{(b-1+\gamma)(1-F(z))}{b(c-t)} \right)^{2b}$$

$$SW^{G*} = \frac{a^2 z^2 (c-t)^2 k^{-2\beta(v-\bar{v})} ((5-2\gamma)) b^2 + (3\gamma-4)b+1-\gamma)}{2(b-1)^3 (b-1+\gamma)}$$
$$\left(\frac{(b-1+\gamma)(1-F(z))}{b(c-t)} \right)^{2b}$$

$$B^{G*} = \frac{t^p a^2 z^2 (c-t) k^{-2\beta(v-\bar{v})}}{b-1} \left(\frac{(b-1+\gamma)(1-F(z))}{b(c-t)} \right)^{2b}$$

证明过程见附录 E（11）。

8.4.2　按销售价格补贴

当政府按销售价格实施补贴时，农业合作社和公司博弈模型可以表示为

$$\max_{w,e} E(\pi_f^H) = (w-c)q - \frac{1}{2}e^2$$

$$\text{s. t. } \max_{p,q} E(u_s^H) = E(\pi_s^H) + \gamma CS^H$$

$$CS^H = \int_p^{+\infty} (x-p)\phi(x)\,\mathrm{d}x$$

$$SW^H = E(\pi_f^H) + E(\pi_s^H) + CS^H$$

其中，$E(\pi_s^H) = (t+p)E[\min(q,d)] - wq$。

采用逆向归纳法求解上述博弈模型，农产品供应链最优均衡决策为

$$w^{H*} = \frac{bc(b-1) - bt(1-F(z))}{(b-1)^2}, \quad e^{H*} = \frac{(b-1+\gamma)(1-F(z))azk^{-\beta(v-\bar{v})}\Pi^{b-1}}{b(b-1)}$$

$$q^{H*} = \frac{(b-1+\gamma)(1-F(z))a^2 z^2 k^{-2\beta(v-\bar{v})}\Pi^{2b-1}}{b(b-1)},$$

$$p^{H*} = \left(\frac{(b-1+\gamma)(1-F(z))(b-1)}{((F(z)t+c-t)b-c)b} \right)^{-1}$$

均衡时，各成员及农产品供应链均衡利润、消费者剩余、社会整体福利和政府支出分别为

$$E(\pi_f^{H*}) = \frac{(1-F(z))^2(b-1+\gamma)^2 a^2 z^2 k^{-2\beta(v-\bar{v})} \Pi^{2(b-1)}}{2b^2(b-1)^2}$$

$$E(\pi_s^{H*}) = \frac{(1-F(z))^2(b-1+\gamma)(1-\gamma)a^2 z^2 k^{-2\beta(v-\bar{v})} \Pi^{2(b-1)}}{b(b-1)^2}$$

$$E(\pi_{sc}^{H*}) = \frac{(1-F(z))^2(b-1+\gamma)((2b-1)(1-\gamma)+b)a^2 z^2 k^{-2\beta(v-\bar{v})} \Pi^{2(b-1)}}{2b^2(b-1)^2}$$

$$CS^{H*} = \frac{(1-F(z))^2(b-1+\gamma)a^2 z^2 k^{-2\beta(v-\bar{v})} \Pi^{2(b-1)}}{(b-1)^3}$$

$$SW^{H*} = \frac{(1-F(z))^2(b-1+\gamma)((5-2\gamma)b^2+(3\gamma-4)b+1-\gamma)a^2 z^2 k^{-2\beta(v-\bar{v})} \Pi^{2(b-1)}}{2b^2(b-1)^3}$$

$$B^{H*} = \frac{t^s(1-F(z))^2(b-1+\gamma)a^2 z^2 k^{-2\beta(v-\bar{v})} \Pi^{2(b-1)}}{(b-1)^2}$$

其中，$\Pi = \dfrac{(b-1+\gamma)(1-F(z))(b-1)}{((F(z)t+c-t)b-c)b}$。

证明过程见附录 E（12）。

8.4.3 均衡策略分析

将按批发价格补贴、按销售价格补贴与无政府补贴的均衡策略进行对比分析得到命题8.5，将按批发价格补贴和按销售价格补贴的均衡策略进行对比分析得到命题8.6、命题8.7和命题8.8。

命题8.5 （1）$w^{NS*} > w^{G*}$，$w^{NS*} > w^{H*}$，$e^{G*} > e^{NS*}$，$e^{H*} > e^{NS*}$，$q^{G*} > q^{NS*}$，$q^{H*} > q^{NS*}$，$p^{NS*} > p^{G*}$，$p^{NS*} > p^{H*}$。

（2）$E(\pi_f^{G*}) > E(\pi_f^{NS*})$，$E(\pi_s^{G*}) > E(\pi_s^{NS*})$，$E(\pi_{sc}^{G*}) > E(\pi_{sc}^{NS*})$，$CS^{G*} > CS^{NS*}$，$SW^{G*} > SW^{NS*}$；$E(\pi_f^{H*}) > E(\pi_f^{NS*})$，$E(\pi_s^{H*}) > E(\pi_s^{NS*})$，$E(\pi_{sc}^{H*}) > E(\pi_{sc}^{NS*})$，$CS^{H*} > CS^{NS*}$，$SW^{H*} > SW^{NS*}$，$B^{G*} > B^{H*}$。

证明过程见附录 E（13）。

由命题8.5（1）可知，在极端天气影响下，政府按批发价格补贴直接降低了公司的订购成本，农业合作社为了激励公司增加订购数量，在降低批发价格同时提升种植努力投入。公司通过降价促销及时销售农产品，减少农产品滞销损失；政府按销售价格补贴提高了公司的销售收益，公司销售动力增加，进而使得其增加订购数量。同时，按销售价格补贴降低了

公司提价的压力，降价带来销量增加产生的利润高于单位价格降低带来的销售损失。

由命题 8.5（2）可知，政府按批发价格补贴或按销售价格实施补贴后，公司增加农产品订购数量、农业合作社提高种植努力投入、农产品质量提升。公司通过降价促销农产品，减少农产品滞销损失，消费者能以低价买到高质的农产品，市场需求旺盛，进而增加了农业合作社和公司的利润，同时也改善了消费者剩余和社会整体福利。

命题 8.6 $w^{H*} > w^{G*}$，$p^{H*} > p^{G*}$，$e^{G*} > e^{H*}$，$q^{G*} > q^{H*}$。

证明过程见附录 E（14）。

由命题 8.6 可知，按批发价格补贴对批发价格和销售价格的平抑作用都优于按销售价格补贴，对订购数量和种植努力的促进作用都大于按销售价格补贴。

命题 8.7 $CS^{G*} > CS^{H*}$，$SW^{G*} > SW^{H*}$。

由命题 8.7 可知，政府按批发价格实施补贴后，消费者剩余和社会整体福利均高于按销售价格补贴。这表明，从改进消费者剩余和社会整体福利角度，按批发价格补贴激励效果更强，政府应优先考虑按批发价格补贴。

命题 8.8 $L^{G*} < L^{H*}$。

由命题 8.8 可知，政府按批发价格实施补贴后，单位政府补贴对应的社会整体福利低于按销售价格补贴。这是因为，在批发价格补贴下，由于市场需求的不确定性，随着单位补贴的增加，订购数量比销售数量增加较多，使得社会整体福利的增量高于按销售价格补贴，但是此时财政补贴资金的边际效率在递减，单位财政补贴对应的社会整体福利低于销售价格补贴的情形。这表明，从政府补贴资金使用效率角度，政府按销售价格补贴对补贴资金的使用率较高，政府应优先考虑按销售价格补贴。

8.5 政府补贴策略比较

从改进消费者剩余和社会整体福利的角度，由命题 8.3 和命题 8.7 可知，政府对农业合作社应按生产量实施补贴，而对公司应按批发价格实施补贴。从补贴资金使用效率角度，由命题 8.4 和命题 8.8 可知，政府对农业合作社应按销售量实施补贴，而对公司应按销售价格实施补贴。为进一步明确政府补贴对象与补贴策略，得到命题 8.9 和命题 8.10。

命题 8.9　$CS^{P*} > CS^{G*}$，$SW^{P*} > SW^{G*}$。

由命题 8.9 可知，政府按生产量补贴农业合作社能直接有效地提高农业合作社种植努力投入、提高农产品质量与产量。同时农业合作社处于农产品供应链的主导地位，考虑其执行公益性，因此按生产量补贴所带来的降价幅度大于按批发价格补贴。所以，按生产量补贴下的农产品销售价格更低、质量更好，消费者剩余和社会整体福利提升更明显。这表明，从改进消费者剩余和社会整体福利的角度，按生产量补贴激励效果更优，政府应优先考虑补贴农业合作社，且采取按生产量补贴。

命题 8.10　$L^{Q*} < L^{H*}$。

由命题 8.10 可知，虽然按销售量补贴时社会整体福利改善较多，但此时政府补贴所需的财政资金也更多，因此按销售价格补贴时补贴资金的使用效率相对较高。这表明，从政府补贴资金使用效率角度，政府按销售价格实施补贴对补贴资金的使用率较高，政府应优先考虑按销售价格补贴。

8.6　数　值　仿　真

同第 3~6 章的数值仿真参数设置，本章的数值仿真参数具体赋值见表 8.1。

表 8.1　　　　　　　　　　　　　　　参数

a	b	c	z	$F(z)$	$\bar{v}$	β	k	l	m	γ	t
100	4	1	3/4	2/3	-4.2	2	2	0	2	0.3	0.5

8.6.1　政府补贴农业合作社情形

根据图 8.1~图 8.4，政府按生产量补贴和按销售量补贴均能平抑价格、提高公司订购数量、提升农产品质量，与命题 8.1（1）一致；按生产量补贴对批发价格和销售的平抑作用都优于按销售量补贴，且对订购数量和种植努力的促进作用都大于按销售量补贴，印证命题 8.2。

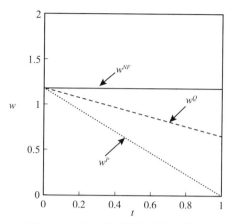

图 8.1 政府补贴对批发价格的影响

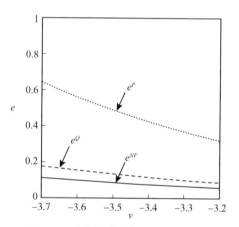

图 8.2 政府补贴对努力水平的影响

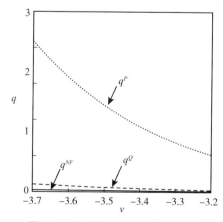

图 8.3 政府补贴对订货量的影响

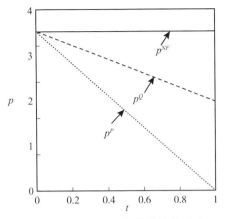

图 8.4　政府补贴对销售价格的影响

根据图 8.5 ~ 图 8.8，政府按生产量补贴和按销售量补贴均能提高农业合作社利润、公司利润、农产品供应链利润、改进消费者剩余和社会整体福利，与命题 8.1（2）一致；政府按生产量补贴后，消费者剩余和社会整体福利均高于按销售量补贴，印证命题 8.3。由图 8.8 可知，与按生产量补贴相比，政府按销售量补贴时补贴资金的使用率更高，印证命题 8.4。

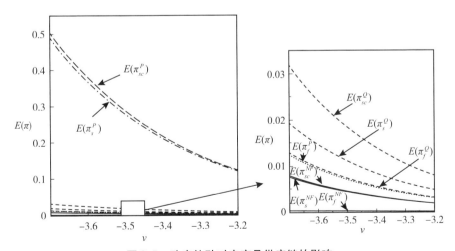

图 8.5　政府补贴对农产品供应链的影响

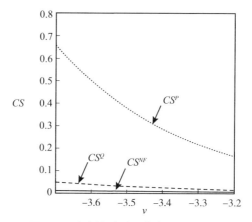

图 8.6 政府补贴对消费者剩余的影响

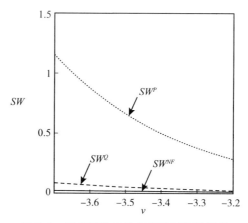

图 8.7 政府补贴对社会整体福利的影响

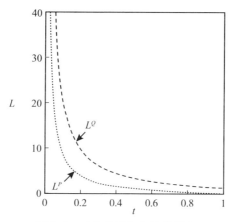

图 8.8 政府补贴资金的使用率

8.6.2　政府补贴公司情形

根据图 8.9 ~ 图 8.12，政府按批发价格补贴和按销售价格补贴均能平抑价格、提高公司订购数量、提升农产品质量，与命题 8.5（1）一致；按批发价格补贴对批发价格和销售的平抑作用都优于按销售价格补贴，对订购数量和种植努力的促进作用都大于按销售价格补贴，印证命题 8.6。根据图 8.13 ~ 图 8.15，政府按批发价格补贴和按销售价格补贴均能提高农业合作社利润、公司利润、农产品供应链利润、改进消费者剩余和社会整体福利，与命题 8.5（2）一致；与按批发价格补贴相比，按销售价格补贴激励效果更强，印证命题 8.7。由图 8.16 可知，政府按批发价格补贴时补贴资金的使用率较高，印证命题 8.8。

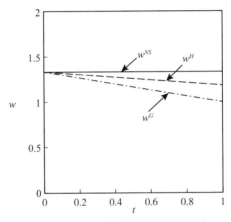

图 8.9　政府补贴对批发价格的影响

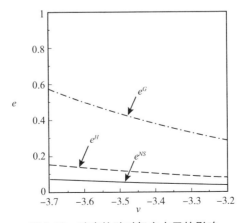

图 8.10　政府补贴对努力水平的影响

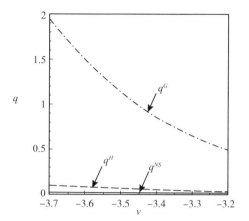

图 8.11   政府补贴对订货量的影响

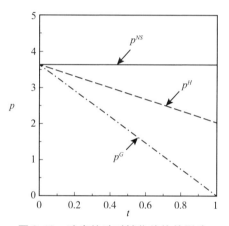

图 8.12   政府补贴对销售价格的影响

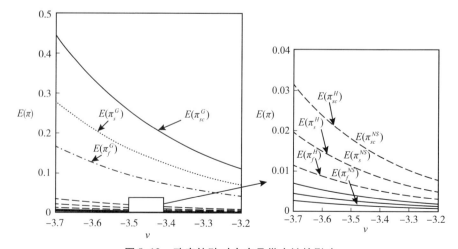

图 8.13   政府补贴对农产品供应链的影响

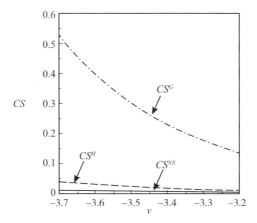

图 8.14 政府补贴对消费者剩余的影响

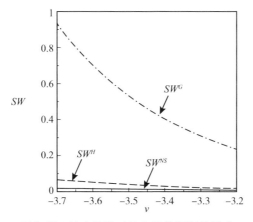

图 8.15 政府补贴对社会整体福利的影响

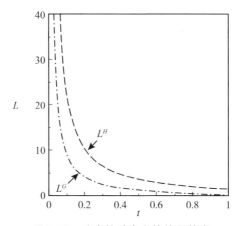

图 8.16 政府补贴资金的使用效率

8.6.3　政府补贴策略比较

根据图 8.17 和图 8.18，政府按生产量补贴后，消费者剩余和社会整体福利均高于按批发价格补贴，印证命题 8.9。根据图 8.19 可知，按销售价格补贴的资金使用率更高，政府应优先考虑补贴公司且按销售价格进行补贴，印证命题 8.10。

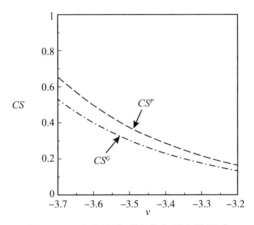

图 8.17　政府补贴对消费者剩余的影响

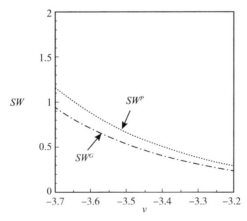

图 8.18　政府补贴对社会整体福利的影响

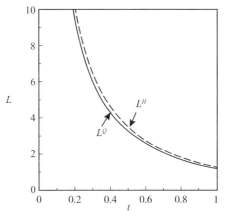

图 8.19　政府补贴资金的使用效率

8.7　本　章　小　结

在极端天气影响农产品质量的情况下，考虑农产品供应链成员执行公益性，建立无政府补贴、按生产量补贴、按销售量补贴、按批发价格补贴和按销售价格补贴五种情形下农业合作社和公司的 Stackelberg 博弈模型，探究极端天气、公益性和各种补贴方式对农产品供应链最优决策的影响，并从消费者剩余、社会整体福利和补贴资金使用效率三个方面分析最优补贴策略。研究表明：（1）农业合作社和公司公益性都可以缓解极端天气对农产品供应链的负面影响，但因执行公益性会降低自身利润，导致农业合作社无执行公益性动力、公司执行公益性动力有限；（2）当政府补贴农业合作社时，按生产量补贴的消费者剩余和社会整体福利最优值均高于按销售量补贴，但补贴资金的使用效率低于按销售量补贴；（3）当政府补贴公司时，政府按批发价格补贴的消费者剩余和社会整体福利最优值均优于按销售价格补贴，但补贴资金使用效率低于按销售价格补贴。

结合第 6 章，农产品供应链成员未执行公益性时，在改进消费者剩余和社会整体福利方面，按生产量补贴与按批发价格补贴对供应链的激励效果一致；按销售量补贴与按销售价格补贴的资金使用效率相同；而本章当考虑农产品供应链成员执行公益性时，按生产量补贴的激励效果优于按批发价格补贴；按销售价格补贴时的资金使用效率高于按销售量补贴。这表明农产品供应链成员执行公益性，可以使得政府补贴主体与具体补贴策略更加明确、更具有针对性。

第9章 案例研究与管理策略

首先，本章通过对"农业合作社＋公司"型农产品供应链典型案例如新疆棉花供应链、赣南脐橙供应链展开分析，从更符合农业生产和供应链成员决策心理的实际情况出发，研究极端天气、公平关切、公益性以及政府补贴对农产品供应链的影响，进一步检验、印证理论研究结论。其次，有机结合第3章～第8章的理论研究结论，提出切合实际的管理策略。

9.1 案例研究

9.1.1 新疆棉花供应链

1. 新疆棉花背景介绍

中国是全球最大的产棉国之一，是名副其实的世界棉仓，而中国最重要的优质棉花产区就是新疆。新疆棉花种植历史悠久，是我国最早引进和种植棉花的区域之一，早在公元635年就有棉花种植记载。棉花属喜温、喜光作物，而新疆降水稀少、光热条件好、昼夜温差大、地形平坦广阔、土壤较肥沃，得天独厚的地理条件使得其棉花无论在颜色、强度还是整齐度方面都处于世界顶级水平。新疆棉花无论在总产、单产、种植面积，还是商品调拨量等方面已经连续28年位列全国第一。①

近年来，新疆棉花种植面积占全国比重逐年增长。2014年，新疆棉花种植面积在全国所占比重超过50%，2021年开始超过80%，2022年已达83.22%；其产量在全国所占比重也随种植面积的增加以及单产水

---

① 打造全国优质棉生产基地——新疆特色优势产业系列观察之五［EB/OL］.（2022 - 09 - 05）［2023 - 11 - 20］http：//www. xinjiang. gov. cn/xinjiang/xjyw/202209/e74f00f29f2846f6a58f16e 081893287. shtml.

平的提升呈现逐年增长态势，且常年保持在 50% 以上，2017 年开始，新疆棉花产量在全国所占比重超过 80%，2022 年已达 90.2%。"世界棉花看中国，中国棉花看新疆"的局面已全面形成，新疆棉花生产对于促进我国棉花产业蓬勃发展有着极其重要的作用。新疆棉花年产量具体变化情况如图 9.1 所示。

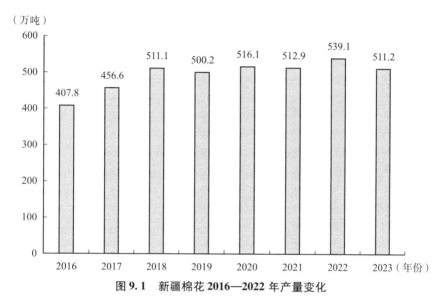

图 9.1　新疆棉花 2016—2022 年产量变化

资料来源：国家统计局（http://www.stats.gov.cn）。

2. 极端天气影响下新疆棉花供应链的状况分析

（1）新疆棉花供应链发展现状。近年来，随着高标准良田的持续推进，越来越多的地块实现了从"巴掌田"到"大条田"，从"低产田"到"高效田"的转变，这为棉花合作社的建立提供了良好的条件（胡宜挺等，2023）。新疆棉花种植也不断创新机制体制，找准棉花规模化种植发展定位，在创新经营模式、应用先进技术、培养乡土人才、促进共同增收等方面进行积极探索和大胆实践，通过发展"农户＋合作社＋公司""产＋供＋销"等规模化经营模式，积极培育新型农业经营主体，为棉农提供田间管理、生产服务、技术推广等生产托管服务，实行规模化经营、集约化管理、标准化生产，并建立起了完善的收入分配机制，确保棉花优质稳产，促农增收。因此，"棉花专业合作社＋公司"型供应链成为新疆棉花生产和流通的主要渠道之一。

（2）极端天气的影响。尽管得天独厚的气候条件及地理状况给新疆棉花的种植及生长带来了极大的先天性优势，但一直以来农作物的"靠天收"局面仍然没有得到很大的改观，极端天气频发的时代，棉花生产也将更多地遭遇来自气候不稳定的影响。以下分析容易对新疆棉花产生影响的极端天气。

①高温干旱。尽管棉花生长需要较长的光照时间，但过高的温度也会对棉花造成损害。当温度高于 30℃后，高温胁迫会降低棉花花粉粒的活性、影响受精和开花结实，造成蕾铃严重脱落，棉花黄萎病、红蜘蛛等病虫害扩散蔓延加重。当气温高于 35℃甚至 38℃后，高温热害会使得棉花叶片出现坏死斑、叶色变黄、变褐，叶尖枯死，幼嫩蕾铃变黄、干枯，导致棉株干枯死亡。与此同时，高温所伴随的干旱气象也会使得棉叶加速衰老，缩短叶片功能期，减少光合产物的形成和供应，最终导致棉花减产。

②寒潮霜冻。寒潮降温对棉花造成的危害主要包括使棉田地温降低、土壤湿度过大，从而造成棉花根部积水腐烂，出现大面积死苗、僵苗、弱苗、棉苗生育期滞后等现象。低温霜冻同样会使得棉田地出现土壤板结现象，需要农户及时中耕松土来破除土壤板结，让棉花正常生长。

③大风沙尘暴。强对流天气引起的大风和扬沙（甚至沙尘暴）对棉花造成的危害主要是因为其导致的气温下降，沙尘遮蔽阳光紫外线而造成的立枯病（棉花立枯病又称烂根、黑根病，是由立枯丝核菌侵染所引起的、发生在棉花上的病害。自棉籽萌动发芽，棉花立枯病病菌即可侵染危害），只有后期温度和光照能够及时回升棉花产量才不会有太大的影响。

根据国家减灾网统计数据，2018 年新疆地区遭受自然灾害较多，其中部分数据见表 9.1。

表 9.1　　　　　　　　2018 年新疆部分地区农业自然灾害情况

受灾时间	受灾情况
2018 年 6 月	阿克苏地区温宿县出现大风、冰雹等强对流天气，引发风雹灾害，导致棉花、小麦等农作物受灾面积多达 2 千公顷，直接经济损失高达 3700 余万元
2018 年 5 月	新疆部分地区遭受大风、冰雹、短时强降雨等强对流天气袭击，引发风雹、洪涝、泥石流等灾害，棉花因内涝受灾，受灾面积 12.5 千公顷，经济损失 2400 余万元
2018 年 5 月	受北方冷空气入侵影响，新疆部分地区出现大风扬尘天气，引发风雹灾害，造成小麦、玉米、棉花等作物受灾，地膜、滴灌带、蔬菜大棚等设施受损，农业受灾面积多达 56.7 千公顷，直接经济损失高达 1.4 亿元

续表

受灾时间	受灾情况
2018 年 5 月	受强冷空气影响，新疆部分地区出现大风和强降温、雨雪天气，造成棉花、西甜瓜等农作物受灾，653 座蔬菜大棚受损。农业受灾面积 11.8 千公顷，其中绝收占 1.3 千公顷，直接经济损失约 1800 万元

资料来源：国家减灾网（http：//www.ndrcc.org.cn）。

（3）极端天气对新疆棉花供应链的影响。极端天气对新疆棉花的影响会直接体现在新疆棉花供应链各个参与主体上，具体如下。

①对于棉花专业合作社。在整个新疆棉花供应链中，受极端天气影响较大的是棉花专业合作社。首先，极端天气会导致棉花产量减少且质量降低，若极端天气严重，棉花专业合作社甚至会面临当年零产出的风险。同时，因为部分极端天气对自然环境的危害程度极大（如寒潮霜冻等），棉花的种植及生长环境遭到严重破坏，来年甚至未来几年内棉花的种植都会受到一定程度的影响。其次，由于棉花专业合作社是连接棉农与公司的一个桥梁，所以它在生产种植环节前会与棉农及公司达成一定的协议，如果由于极端天气影响无法履行承诺，那会面临直接的经济损失，并且其口碑和声誉也会受到影响。

②对于涉棉公司。公司作为棉花供应链的重要参与主体，极端天气对公司造成的影响包括：一方面，公司从棉花专业合作社那里收购到的棉花数量变少且质量变差，则在后续的销售过程中无法满足消费者的消费需求，加大了产品的售卖难度，导致其收入大幅降低，市场口碑也受到一定的影响。另一方面，在对收购来的棉花进行运输的过程中，受极端天气影响，道路交通的运输难度增加，棉花的物流运输成本随之增加。

③对于供应链整体。极端天气对新疆棉花供应链整体最大的影响就是增加了供应链各环节上的成本和风险。棉花专业合作社的生产成本、收购商的运输成本、加工生产商的生产和信誉成本以及销售商的客户成本均在极端天气影响下被迫增加，同时供应链中各成员之间的信任度会因此下降，不利于维护供应链整体的稳定性。

3. 相关数据分析

以新疆地方手摘棉为例，搜集 2020—2022 年的相关数据，分析棉花专业合作社及收购公司的成本及利润变化。棉花专业合作社对棉农的土地进行租赁，然后开展规模性生产经营活动，在生产过程中需要花费各种各样的成本，根据国家棉花市场监测系统的最新数据，可以汇总得到2020—2022年新疆地方手摘棉种植成本，见表9.2。

表9.2	2020—2022年新疆地方手摘棉种植成本		单位：元/亩
成本	2020年	2021年	2022年
租地植棉总成本	2372	2943	3496
自有土地植棉总成本	1894	2135	2336
土地成本（租地费用）	478	808	1160
生产总成本	664	820	926
其中：棉种	53	56	64
地膜	62	64	65
农药	86	110	126
化肥	275	375	448
水电费	188	215	223
人工总成本	1015	1087	1149
其中：田间管理费	151	155	169
灌溉/滴灌人工费	64	72	98
拾花用工费	800	860	882
机械作业总成本	169	173	181
其中：机械拾花费	—	—	—
其他成本	46	55	80

由表9.2可知，近年来，新疆棉花的单位种植总成本呈逐年递增的趋势，伴随着我国劳动力、土地等要素价格的持续上涨，棉花低成本的生产优势正逐渐减弱，三年内租地植棉总成本增幅已经达到了47.4%，2022年租地植棉总成本已超3000元/亩，且未来几年仍有继续增加的趋势，可见棉花专业合作社在棉花生产种植环节面临着巨大的成本压力。

在不考虑政府补贴的情况下，通过分析2020—2022年新疆地方手摘棉的单产及平均收购价格，结合表9.2中的单位种植成本（租地植棉总成本），可以进一步得到其单位收入，见表9.3。

表 9.3　　　　　　　　　　　棉花专业合作社的单位收入

年份	单产 （公斤/亩）	平均收购价格 （元/公斤）	单位收入 （元/亩）	单位利润 （元/亩）
2020	143.93	6.50	935.55	− 1436.46
2021	136.40	11.00	1500.40	− 1442.60
2022	137.50	7.00	962.50	− 2533.50

分析表 9.3 可知，近年来新疆手摘棉单产增幅较小，基本保持在稳定水平，受极端天气影响，甚至可能会出现连年减产的情况，这给棉花专业合作社的生产带来了很大的不确定性。同时，极端天气会导致采摘难度加大、棉花质量降低，收购企业会因此压低收购价格，棉花专业合作社的利润空间进一步缩小。

目前，新疆棉花有多种销售渠道，销售过程中根据渠道的级别不同所经过的中间结点企业各有不同，如零级渠道中只包含棉花生产者和消费者两个主体，而五级渠道中在生产者和消费者之间还要经历收购商、加工商、销售商、代理商等中间企业。渠道等级越低，所需要的物流成本和销售成本也越低，但是低等级渠道只适用于小规模的棉农，对于大型的棉花合作社而言，较高等级的渠道才能更好地促进其销售，同时整个棉花供应链的运转效率也更高。本书在不考虑政府对棉花专业合作社目标价格补贴策略的情况下，从中间企业中选取轧花厂、纺织厂为研究对象，分析供应链利润在各成员之间的分配情况。

对于一家轧花厂而言，生产 1 吨皮棉所需的籽棉量为 2.50 吨。根据籽棉的收购均价为 6.50 元/公斤，可以计算出加工 1 吨皮棉的成本：6.50 × 2.50 × 1000.00 = 16250.00（元）。算上包装费和人工费后，折合大约为 17387.00 元/吨。而轧花厂不仅销售棉纱，而且还销售棉籽和棉短绒等产品。在皮棉加工过程中，每处理 1 吨皮棉可以获得 1.25 吨籽棉和 0.25 吨棉短绒。基于籽棉和棉短绒的成本价格计算，皮棉年均售价约为 16248.00 元/吨。于是，轧花厂每加工 1 吨皮棉可获得收入约等于：1.25 × 2.50 × 1000.00 + 0.25 × 3500.00 +（16248.00 − 17387.00）= 2861.00（元）。

对于纺织厂而言，将皮棉加工进行转换，生产成棉纱的过程是棉花产业链中附加值最高的环节。即使算上制造过程中包含的所有原料成本之后，没有配额的国储棉总成本费用高达约 22476.00 元/吨，而拥有配额的棉纺织企业成本也会达到 18254.00 元/吨。扣掉这些相关成本后，没有配额的棉纺织企业的净利润约为 2953.00 元/吨。于是，从以上信息可以得到新疆棉花供应链中各成员的利润水平，具体见表9.4。

表9.4　　　　　　　新疆棉花供应链成员的利润水平　　　　　单位：元/公斤

棉花专业合作社	纺织厂	轧花厂
-9.98	2.95	2.86

观察表9.4可以发现：在政府的新疆棉花补贴发放之前，棉花专业合作社普遍处于亏损状态，即棉花专业合作社的收入完全依赖于政府补贴资金的发放；而轧花厂和纺织厂作为棉花专业合作社的下游企业，均处于盈利状态，且二者的盈利水平差距较小。

4. 基于公平关切/公益性视角分析新疆棉花供应链

（1）基于公平关切视角分析新疆棉花供应链。通过对以上数据的分析发现，棉花专业合作社产生公平关切的原因主要来源于以下几个方面。

①极端天气导致的公平关切。从极端天气对新疆棉花供应链的影响来看，整个供应链中处于生产环节的棉花专业合作社所面临的风险最大，遭受的利润损失也最多，导致其种植积极性大幅下降。因为极端天气直接影响到棉花的产量及质量，进而使棉花销量减少、销售价格降低，而这部分利润损失完全由棉花专业合作社承担，因此会导致棉花专业合作社产生公平关切，这种公平关切将影响棉花专业合作社的质量努力决策，从而作出一些投机取巧的行为来降低生产成本，以弥补极端天气带来的利润损失。首先，在购买棉种时会选择某些企业技术到位率不高的非优质种子，导致生产出的棉种品种特性发生显著变化，退化也明显，其抗病性、纯度、品质都会明显下降，加重了棉花品种混乱的问题。其次，选择套牌或者假冒品种进行种植和生产，由于品种选育单位提供的基础种子和棉种经营企业所销售的种子不一致，导致收获的棉花质量参差不齐，难以评估质量。最后，为追求经济效益最大化，在生产种植过程中，重产量轻品质，侧重选择产量和衣分双高的品种，导致棉花的品质下降、市场竞争力不强。这些行为都会严重影响棉花的质量，增加了下游企业对棉花进行筛选及检验的难度和成本，进一步影响到后续棉花的市场销售情况。

②生产成本高导致的公平关切。根据表9.2的统计结果，棉花专业合作社在种植过程中需要承担的生产成本较高，且呈逐年增加的趋势。为了节省生产及管理费用，棉花专业合作社会采取过度利用土地资源、不合理

生产等行为来降低成本。例如，多年来棉花大面积连作使土壤肥力下降；棉花生产过程中不合理灌溉以及灌溉过程中水资源的蒸发、渗漏都加重水资源短缺；过量施肥、残膜污染等问题，导致土壤表层盐渍化和土壤板结严重，棉花生产环境逐渐恶化，同时导致棉花的抗病虫害能力减弱；全球变暖、极端恶劣天气、自然灾害及病虫害等不可控风险加剧，滥施农药的行为时有发生，加速了棉花生产环境的进一步恶化，也给自然环境的保护带来了更大的压力。新疆维吾尔自治区农业农村厅数据显示，2021 年全区用于棉花生产的地膜覆盖面积为 1600 千公顷，即使对大部分地膜进行回收利用，但仍存在很大的残膜污染，严重影响棉花正常发育，不利于可持续发展。

③利润分配不均衡导致的公平关切。根据表 9.4，棉花专业合作社利润远远低于其下游的收购及加工企业，且其利润处于连年亏损的状态，利润分配的严重失衡会导致棉花专业合作社产生强烈的公平关切，从而产生公平心理负效用。这种公平关切会影响棉花专业合作社的决策，甚至为了追求公平，棉花专业合作社会出现丧失理性、采取牺牲自我利益的一些措施来达到惩罚下游企业的目的。如拒绝履行与下游加工及销售企业签订的合同，导致下游企业因货源不足而影响销售，利润也随之大打折扣；或是选择其他的经销渠道、自己建立零售渠道直接面向消费者，在给下游企业带来利润损失的同时，也增加了自身的销售难度，甚至出现棉花库存积压的情况。长此以往，下游企业会终止与相关棉花专业合作社的合作、进一步加剧供应链的双重边际效用、降低供应链运作效率，甚至使得新疆棉花供应链合作中断。

为缓解以上几个问题所造成的棉花专业合作社公平关切，我们提出相应的解决方案及措施。

首先，针对各种可能出现的极端天气给棉花生产种植过程带来的损失，要做好相应的防护措施及应急预案。例如，遇到持续高温天气时要加大滴水的频率，每次水方量适度，加快轮转速度适时灌溉，不仅达到以水调温的目的，也保证了棉花的水分供给，减轻高温危害；提高播种质量、确保铺膜平展、压膜紧密、膜孔封堵严实，同时打好防风带以应对大风灾害；培育和采用抗霜冻能力强的优良品种，根据天气条件合理选择播种期，并要深耕细作、增施基肥，坚持保证霜前播种、霜后出苗的科学原则，避开霜冻的各种危害；受灾后要立即普查棉田，查清棉苗受损或死亡情况，进行中耕松土、提高地温，再行整地播种；及时开展保险理赔，目前政策性农业保险已基本实现全覆盖，灾后要及时联系保险公司进行勘察定损，及时核实受灾情况，快速赔付，解决补种、重播所需的资金问题。

其次，针对植棉成本较高的问题，可以采取以下措施来减轻成本压力。棉花是一种集技术密集、劳动密集和物质投入密集的大田经济农作物。为了对抗干旱、冰雹等异常气候以及病虫灾害，导致棉花所需的劳动力、种子、农药等生产投入要素不断增加。因此，在租赁植棉土地之前，应进行彻底的土地状况调查，并进行规模化的承包租赁，以尽量减少土地租赁费用。在种植棉花的过程中，应合理配置相关投入要素，并完善管理制度。特别是在化肥和农药等中间费用的投入上，应加强监督，采取测土配方施肥等措施。同时，还要加强优良棉花品种的科学研发，建立棉花增产的长效机制，改善资源利用方式，加快发展现代农业、精准农业与数字农业，真正发展可持续性强、绿色、高质量的生态棉花产业，提高棉花相关资源有效利用率并降低相关资源成本。此外，还应该创新农业科技机制，建设完善的农业科技服务体系，加强对棉农的相关劳动技能培训和科学农技知识推广，建立专业化的棉花生产技术指导队伍，培育科技示范农户，以提升现有的棉花种植技术水平。

最后，加强建设棉花现代基础设施，提升现有棉花生产能力和生产效率，大力推广农业机械化和信息技术，增强棉花种植过程中抵御自然灾害的能力，从而有效控制棉花生产成本，保证优质棉花的稳定供应。

④对于供应链利润分配不均衡的问题，可以从政府和供应链下游相关企业两方面来提出解决措施。国家及政府相关政策的支持对新疆棉花合作社的生产经营起着至关重要的作用，也能极大调动棉花专业合作社的生产积极性。为了应对目前新疆棉花生产技术的发展现状，可以采取以下政策措施来支持该产业的发展。

首先，在购置和研发农资设备、棉花机械设备和优良品种等方面提供政策扶持，通过相关政策宣传和引导，帮助农民有效降低采购成本，并鼓励他们使用先进的机械设备和优质的品种，以提高产量和质量。

其次，加大对棉花新技术研发创新的政策支持力度，鼓励科研机构和企业加强技术创新，推动棉花生产技术的升级和进步；同时，要优化劳动力、资本、土地和技术管理等要素的配置，提高棉花的生产效率和各种资源利用效率。针对新疆棉花种植过程中不断上升的成本问题，可以考虑对购置采棉机、打杆机等生产所需机械给予相应的补贴，降低技术采用的成本，从而减轻棉花劳动力成本的压力。

最后，还应提高棉花生产的相关政策性补贴，通过经济手段提高棉农的生产技术效率，这样可以促进新疆棉花产业的结构性改革，实现产业的可持续发展。

对于棉花专业合作社下游的轧花厂、纺织厂等中间企业而言，需要增强服务意识，提高品牌效应，当遇到棉花滞销时，轧花厂需要进行公平收购，以最低保护价收购棉农棉花，避免损害棉花专业合作社的利益，由此进一步拉近轧花厂和棉花专业合作社之间的合作关系，促使棉农、乡镇干部推进产业结构调整，推动实现棉花丰收、棉农增收、棉花产业兴旺的目标。另外，国家也可以放开棉花市场价格，促使棉花专业合作社根据价格优势自由收购或者出售棉花，以此为棉花企业提供优质的原料，帮助企业扩大资本，实现棉花产业链建设。

（2）基于公益性视角分析新疆棉花供应链。由以上分析可知，处于生产环节的棉花专业合作社由于受到极端天气、种植成本及利润分配不公平等诸多因素影响而产生公平关切，在降低下游相关企业利润的同时也影响到了自身棉花的销售，而为了获得稳定的棉花供给，维护供应链的稳定性，棉花供应链中的其他企业会考虑履行一定的公益性职能。

例如，棉花工厂化育苗和机械化移栽技术，具有"三高、五省"的技术效果：省种、省工、省时、省地、省劲和成活率高、成苗率高、高产，因而是一项公益性技术，通过培育基地，发展规模"代育"模式，实现了公益性农业技术向生产力的转化。江苏省盐城德忠种业，从 2007 年开始建立育苗基地，开始育苗大棚 5 个，2009 年以来，租大棚 13 个，春育棉苗 500 万株，2010 年春育棉苗 3000 万株。秋阳棉业技术开发有限公司是一家专门从事棉花种苗和化肥销售的专业棉花技术服务公司，自 2006 年引进，首先选择在 3 个技术基础好的示范乡镇设立乡村技术员，棉农成功运用新技术，2007 年进一步通过分散各家各户育苗与集中育苗相结合，"集中育苗，多村使用"，到 2009 年，通过投资在周边县新建育苗大棚，公司出地出大棚出技术，棉农出工的自主管理，获得了农民响应和认可，大大节约了当地用工费用，推进了新技术的转化和应用。

同样，下游的加工及销售企业也会履行公益性职能，在提升自身品牌口碑的同时增强了整个棉花供应链的稳定性。"纺织之光"捐赠企业——桐昆集团股份有限公司深耕化纤主业，成立 40 年来，在"科技兴企"战略的指导下，桐昆集团依靠 20 多年来对化纤生产技术的潜心钻研和经验积累，在涤纶长丝的生产与研发一直走在国内前列，多项科研成果和高新技术产品填补国内空白，保持自身快速增长势头的同时也不忘践行企业社会责任，于 2013 年向纺织之光基金会捐赠 100 万元，用于促进棉花生产种植、纺织行业科技事业发展。厦门帮众科技有限公司，是为化纤企业生产绿色产品提供配套服务民营国家高新技术企业，2020 年新冠疫情期间同样向纺织之光科技教育基金会进行资金捐赠，以期缓解疫情给棉花生产及加工等相关企业带来的冲击，体现了企业的社会责任感，为行业企业渡过难关增添了信心。

5. 政府补贴机制

中国是棉花生产消费大国，全国有 23 个省（区、市）生产棉花，涉及数亿农民，棉花在农业经济中占据非常重要的地位。作为重要农产品，政府一直非常重视棉花产业发展，并出台了大量政策和制度支持棉花行业的发展。通过棉花的目标价格政策，在资金上对棉花生产进行扶持，不断推进农业机械化和农机装备产业转型升级，促进棉花产业的机械化程度，提高棉花产量，鼓励农民及棉花专业合作社种植棉花。新疆一直以来都是我国最大的商品棉种植基地，也是国内唯一的长绒棉生产基地和世界重要棉产地。虽然新疆有着独特的自然生态和资源禀赋条件，但部分地区出现棉农植棉意向下降的趋势，主要是由于当地水资源减少、水价上调导致用水成本增加，同时部分非宜棉地区缩减了棉花种植，宏观压力、需求低迷的双重不利影响使棉花价格高位下挫。调查数据显示，2022 年中国平均植棉收益为 −538. 91 元/亩，同比跌幅 140. 07%，可见政府对棉农及棉花专业合作社进行财政补贴的必要性。

自 2014 年国家在新疆启动棉花目标价格改革试点以来，新疆棉农及棉花专业合作社收益得到保障，棉花生产高效集约，棉花质量逐步提升，棉花产业链全面激活，成效显著（高明玉，2022）。但因为受到生产状况、地区差异、经济发展水平等多种因素的影响，各个时期所采取补贴政策有所变化，表 9.5 是国家层面的新疆棉花产业相关政策。

表 9.5 新疆棉花产业相关政策

时间	发布机构	政策名称	主要内容
2013 年 11 月	农业部	《西北内陆棉区棉花机械化生产技术指导意见（试行）》	重点针对棉花机械化生产过程中薄弱环节，做好相关技术指导和培训，推进棉花品种良种化、种植规模化和标准化、日常管理精简化、生产全程机械化，逐步完善棉花机械化生产标准技术体系

时间	发布机构	政策名称	主要内容
2017 年 11 月	国家发展改革委	《关于全面深化价格机制改革的意见》	完善新疆棉花目标价格政策，合理确定目标价格水平和定价周期，优化补贴办法，探索开展"保险＋期货"试点，促进新疆棉花优质稳定发展
2020 年 2 月	农业农村部	《关于落实党中央、国务院 2020 年农业农村重点工作部署的实施意见》	完善新疆棉花目标价格政策
2021 年 1 月	农业农村部	《关于落实好党中央、国务院 2021 年农业农村重点工作部署的实施意见》	建设优质棉生产基地，稳定新疆棉花种植面积，优化黄河和长江流域棉花种植布局
2022 年 1 月	农业农村部	《关于落实党中央国务院 2022 年全面推进乡村振兴重点工作部署的实施意见》	完善棉花目标价格补贴政策，稳定新疆棉花生产
2023 年 4 月	国家发展改革委	《关于完善棉花目标价格政策实施措施的通知》	继续按照生产成本加合理收益的作价原则确定目标价格水平，合理收益综合考虑棉花产业发展需要、市场形势变化和财政承受能力等因素确定。2023—2025 年，新疆棉花目标价格水平为每吨 18600 元

实施目标价格补贴政策的首要目标就是要稳定棉花种植面积，确保新疆棉花产业稳定发展，从而保证国家棉花产业链安全，加快新疆纺织业发展速度，同时也增加更多就业岗位、提供更多就业机会。实施目标价格补贴政策需要遵循以下三大原则。

（1）国家不能直接干涉棉花的市场收购价，而是要通过市场供给量、需求量的变化来调整棉花价格。

（2）确保政策平缓过渡，完善新疆棉花产业链各环节政策落实的相应措施，合理调节棉花产业链上相关人员的利益，协调好政府跟市场、现状跟未来、中央跟地方的关系。

（3）通过财政补贴保障棉农及棉花专业合作社的基本收入。2014 年起，棉花目标价格补贴政策开始在新疆施行，当年的目标价格为 19800.00 元/吨，补贴主体是新疆植棉户，补贴标准通过植棉面积、籽棉交售量两种方式进行衡量，植棉面积补贴金额约占总补贴金额的 60%，籽棉交售量补贴金额占总补贴金额的 40%。2015—2016 年，依旧用籽棉交售数量、植棉面积衡量补贴力度，但籽棉交售量补贴金额调整到 90%，植棉面积补贴金额占 10%。2015 年，目标价格约为 19100.00 元/吨。2016 年，新疆棉花目标价格为每 18600.00 元/吨。2017 年起，棉花目标价格由一年一定变更为三年一定。2017—2019 年，新疆棉花目标价格为 18600.00 元/吨，对棉花目标价格补贴实施上限管理，2020 年起再一轮棉花目标价格依然为 18600.00 元/吨。表 9.6 统计了 2014—2025 年新疆棉花目标价格。

表 9.6   2014—2025 年新疆棉花目标价格

时间	目标价格（元/吨）
2014 年	19800.00
2015 年	19100.00
2016 年	18600.00
2017—2019 年	18600.00
2020—2022 年	18600.00
2023—2025 年	18600.00

目标价格补贴是政府对新疆棉花补贴的一种主要方式，该政策的实施缩小了国内外产品的价差，进一步完善了棉花市场的价格形成机制，同时保护了棉农及棉花专业合作社的利益，并提高了棉农生产的积极性；大力促进了棉花下游产业的快速发展，是棉花供给侧结构性改革的重要体现之一（何丽娟，2022）。近年来，棉花价格波动幅度不断加大，稳定棉花专业合作社的收入成为当地政府面临的一个重大难题，直接补贴成为棉花专业合作社的主要收入来源之一。从棉花直接补贴政策实际操作进行分析，新疆棉花参考价格取自全疆棉花的平均价格，而各个地区的实际收购价格有高有低，导致各个地区棉花专业合作社获得的实际补贴不尽相同。许多地区的棉花专业合作社实际收入还是不能达到政府规定的目标水平。与此同时，政府也在不断积极探索、创新棉花补贴方式，合理利用各类保险、期货等金融工具，如 2016 年中共中央、国务院《关于落实发展新理念加快农业现代化　实现全面小康目标的若干意见》指出，选择部分县（市）作为试点开展"收入保险+期货"金融工具。于是，"保险+期货"精准补贴模式便应运而生，且近年来在政府的支持下该补贴模式不断得到优化。

2017 年，政府与自身实力较强、实践经验较丰富的保险公司、期货公司携手合作,在新疆地方及兵团展开了棉花"价格期货+保险"试点,通过价格保险机制向棉农提供棉花保险和保障,同时通过利用期权工具在期货市场分散保险公司的经营风险,实现对棉农利益的保护与产业稳定发展的保障,同时与精准扶贫、精准脱贫高效融合,减轻了国家财政负担。项目实施进程中,棉花生产者不需要进行保险操作,政府工作人员会与保险公司根据划分区域签订合同,且保险费用由政府一次性缴纳,保险公司根据一定的原则进行操作,理赔的资金来源于中央改革补贴资金。表9.7为实施"价格期货+保险"补贴政策以来在新疆地区取得的一些成效。

表 9.7　　　　　　"价格期货+保险"补贴政策实施成效

年份	试点区域	实施成效
2017	第一师阿拉尔市、克拉玛依市小拐乡、六师芳草湖	棉农平均补贴1万元,理赔数额最多的植棉户获得补贴12.3万元。试点区域分布于重点植棉区,项目实施赔付快、分布点多、定位精准
2017	阿克苏地区柯坪县启浪乡	试点项目具体内容为:承保棉花5000吨,覆盖国家级贫困县阿克苏柯坪县启浪乡约4万亩棉花的种植面积,涉及农户1230户,保险金额高达7800万元
2018	阿克苏库车县	保费共计130.3792万元,其中浙商期货补贴100万元,43位农户自缴30.3792万元。项目运行期结束,农户总共获得赔偿149.4528万元,赔付率达114.63%
2019	昌吉市、博乐市、柯坪县、叶城县	新增保险费财政补贴上限,将应拨付试点补贴资金总额作为实拨保费补贴资金总额上限,试点区域棉花单产上限测定,确保试点理赔的精准性
2020	巴音郭楞自治州库尔勒市	强对流天气导致"十年不遇"的大面积强风伴冰雹灾害,经过农险工作人员逐户查勘、统计,此次灾害太平洋保险公司承保的受损农户多达1247户,涉及14万亩地。通过运用"e农险"新技术快速理赔,赔款共计2426.7万元

其中,2017年于阿克苏地区柯坪县启浪乡的试点项目属于目前国内规模最大的棉花"保险+期货"项目(中国期货业协会,2017)。根据有关资料,该项目在实施过程中涉及政府部门、农户、轧花厂、保险公司和期货公司等多方的联动和紧密合作。浙江省援疆指挥部与阿克苏地委负责联合协调统筹工作,柯坪县政府也积极支持和开展项目,启浪乡政府则负责动员农户积极参与保险、组织相关培训和测产等工作,农户配合办理相关投保手续和流程,轧花厂承诺最低收购参保农户的籽棉数量,保险公司提供具体保险产品、理赔服务与保险宣传等服务,而浙商期货在期货市场上

复制期权以对冲风险。图 9.2 为该项目实施的流程。

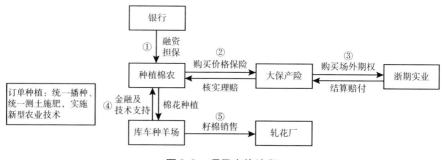

图 9.2　项目实施流程

该项目于 2017 年 11 月 30 日结束。根据相关保险协议，当时的棉花市场价格为 15212.08 元/吨，低于目标保险价格 15600.00 元/吨。依据保险合同内容细则，并经过多方共同商议，保险公司向参保农户支付了约 90.00 万元的保险赔偿，以弥补农户在棉花销售中的收益损失。根据收集的数据，2017 年国内棉花市场价格受到供需双边影响，涨势疲弱，阿克苏地区的籽棉收购价较往年出现大幅降低，在 6.9 ~ 7.2 元/千克波动。该项目有效帮助了启浪乡的 1230 户棉农，在一定程度上规避了棉价下跌的风险，实现了精准扶贫的目标。

以保障棉农的基本利益为出发点，通过应用"保险 + 期货"等金融工具为棉农提供直接的价格保险机制。通过价格保险机制，将当地农业棉花产业有效地引导到期货市场，激发生产者参与风险管理的积极性。这种结合了扶贫工作和期货市场的方法，具有可复制、可持续、针对性强的特点，彰显了期货行业的独特价值，实现了精准扶贫的效果。同时，"保险 + 期货"在托底价收购基础上创新设置了天气看涨期权，完善了棉花目标价格补贴制度，确保了棉花产量和农户收入。

9.1.2　赣南脐橙供应链

1. 背景介绍

脐橙原是一种热带水果，在 20 世纪进入我国后在江西南部有了大面积的种植，并逐渐形成了特色品牌。目前全世界种植这一水果的国家和地区已有一百多个，主要有美国、巴西等，而中国脐橙的主要产区有重庆、江西、湖北等 12 个省，其中最为出名的是江西的赣南脐橙。由于赣州独特的地理位置与气候条件比较适合脐橙的生长，赣南脐橙果大形正、橙红鲜艳、光洁美观，可食率达85%，肉质脆嫩、化渣，风味浓甜芳香，含果汁55%以上，已被列为全国十一大优势农产品之一，荣获"中华名果"等称号，连续四年位居中国地理标志产品价值榜榜首，并获得了中欧贸易商品认证，成为中国向其出口的重要农产品之一。

（1）种植面积与产量。作为江西省的支柱农业产业之一，赣南脐橙的种植是江西省农业发展的重中之重，整理赣南脐橙种植面积与产量见表9.8。

表9.8　　　　　　　　　　赣南脐橙种植面积与产量

产地	2005年		2010年		2015年		2020年	
	种植面积（万亩）	产量（万吨）	种植面积（万亩）	产量（万吨）	种植面积（万亩）	产量（万吨）	种植面积（万亩）	产量（万吨）
安远县	18.04	8.53	21.54	24.58	20.88	18.56	11.84	14.53
崇义县	2.52	0.50	6.13	5.19	6.15	5.13	5.01	4.42
大余县	4.13	0.62	4.35	1.77	2.52	2.10	2.75	2.37
定南县	2.20	0.28	2.35	0.70	2.16	1.50	3.48	1.47
赣县区	3.76	0.41	4.92	2.19	7.41	3.32	11.35	5.79
会昌县	9.44	0.75	14.07	7.60	14.04	12.07	16.38	15.96
开发区	0.48	0.22	0.98	0.93	0.51	0.57	1.05	2.08
龙南市	4.68	0.83	5.51	3.71	5.08	5.55	5.88	5.19
南康区	1.43	0.23	2.32	1.93	2.70	1.78	2.57	1.79
宁都县	8.71	1.37	12.04	7.26	12.67	9.47	16.28	13.26
全南县	1.98	0.61	2.32	0.90	1.90	2.10	2.09	1.73
瑞金市	7.38	2.68	12.66	6.36	10.57	7.42	15.76	10.98
上犹县	1.45	0.20	1.79	0.51	2.31	0.85	2.97	0.80
石城县	1.02	0.12	1.43	0.60	1.86	0.66	3.50	1.72
信丰县	19.77	6.46	28.36	15.79	24.68	15.61	19.07	10.96
兴国县	7.52	0.63	8.60	3.89	8.59	5.02	14.20	7.66
寻乌县	14.29	10.18	24.88	20.92	21.02	28.67	19.20	28.92
于都县	6.19	1.48	12.03	5.80	11.54	7.06	16.43	8.13
章贡区	0.37	0.04	0.19	0.05	0.19	0.06	0.28	0.09
全市	115.38	36.13	166.49	110.69	156.77	127.51	170.07	137.84

资料来源：《江西赣州统计年鉴（2021）》。

表 9.8 呈现了赣州市所有区县在代表性年份的脐橙种植规模与产量水平。数据显示，随着时间的推移大部分区县扩种趋势明显，这表明脐橙产业在全市的推广在加速。

（2）品牌价值。2011 年，赣州市果业局发布"赣南脐橙"的品牌价值是 26.08 亿元。而 10 年后的 2020 年，其品牌价值已达 681.85 亿元。"赣南脐橙"公共品牌的价值在 10 年增长了 26.1 倍，截至 2022 年，赣南脐橙的品牌价值高达 686.37 亿元，是全国区域品牌水果类第一名，实现品牌价值八连冠。

（3）对外出口。由表 9.9 可知，赣南脐橙对外出口量逐年递增、出口价格逐年上涨，海外消费市场活力旺盛，市场潜力巨大。脐橙产业给赣州带来巨大经济价值，不仅解决了 100 万农村劳动力就业问题，还促进了苗木、生产、养殖、农资、分级、包装、加工、储藏、运输、销售以及机械制造、休闲旅游等全产业链发展，脐橙产业成为赣州百姓脱贫致富的第一支柱产业。

表 9.9   2017—2021 赣南脐橙对外出口

年份	出口量（万吨）	出口价格（美元/公斤）
2017	26.9	2.87
2018	31.6	3.16
2019	37.3	3.47
2020	43.3	3.69
2021	45.8	3.89

资料来源：国家统计局（http://www.stats.gov.cn）。

2. 极端天气影响下赣南脐橙供应链的状况分析

（1）影响赣南脐橙生产的极端天气。

①低温冻害。持续的低温寒冷天气以及霜冻现象会对脐橙造成不同程度的危害，例如，树枝失水干枯、果实冻伤腐烂、树体树干受冻、未来果实产量降低和树体死亡。而当气温低于树体所能承受的最低阈值且超过其可耐受低温的最长时间时，冻害由此产生。

②高温干旱。高温干旱天气会影响脐橙果实的膨大和秋梢抽生，在降低精品果的比例，减少脐橙果实产量的同时，容易使脐橙出现裂果和"太阳果"等问题。此类极端天气的判定依据通常为连续日最高气温达到或超

过 35℃ ，且降水量稀少或者没有发生降水。

③过量降雨。过量降雨会对脐橙树体的根部和脐橙果实产生不良影响，同时过量降雨会导致种植脐橙的疏松土壤湿度增加，土壤透气性降低，同时土壤中的营养物质（如氮素、磷素、钾素等）被水溶解，脐橙树体的成长便受到了阻碍。长时间的积水，缺乏光合作用，脐橙树可能会产生根部腐烂，黄叶、落叶、落果和果实甜度低、酸物多等问题，影响脐橙的生产品质。

赣州脐橙遭遇的极端天气事件见表 9.10。

表 9.10　　　　　　　　　　　赣州脐橙遭遇的极端天气事件

类型	极端天气事件
低温冻害	2008 年初和 2009 年初，赣南相继出现历史罕见的低温雨雪冰冻灾害天气，造成全市 10 万公顷的脐橙果树全部受冻。海拔 400 米以上丘陵山区所种植的脐橙果树，在冻害中遭受了严重的打击
过量降雨	2021 年，据江西应急部门通报，5 月 19 日开始的洪涝灾害共有萍乡市、新余市、鹰潭市、宜春市、上饶市、吉安市、抚州市、赣州市 8 个设区市 52 个县（市、区）30.9 万人受灾，农作物受灾面积多达 40.7 千公顷，而绝收面积多达 1.7 千公顷，直接经济损失高达 3.8 亿元
高温干旱	2022 年，自 7 月 12 日江西局部开始出现重度气象干旱以来，干旱持续逾百天。8 月 11 日至 9 月 26 日，赣州市平均降水量为 26.5mm，比历年同期平均偏少 8.7 成。赣州市柑橘受灾面积 88.57 万亩、成灾面积 27.69 万亩、产量损失 18.83 万吨、直接经济损失 9.30 亿

资料来源：赣州市果业发展中心。

（2）极端天气对脐橙产量与质量的影响。

①极端天气对产量的影响。无论是哪种形式的极端天气均会对脐橙产量造成产量下降，其表现的主要形式为脐橙坏果、裂果数量增加，精品果数量降低。如 2010 年，赣州市部分山区出现低温天气，使脐橙等柑橘果树损失巨大，其中信丰县和会昌县的果树受冻严重，几乎所有的花蕾、花苞及新梢全部冻死。据农业部门的数据统计，江西全省果树受冻面积多达 420 万亩，预计减产约 40 万吨。

②极端天气对质量的影响。极端天气会导致使脐橙果实甜度降低、果实水分和香气减少、果实大小收缩或膨大、果皮厚度增加、果皮表面划损、果实酸苦等。如 2022 年春季花期时的连绵阴雨导致保花困难，而夏秋以来的连续高温干旱，则直接导致大量落果、裂果。除了大量裂果外，

干旱带来的另一重大影响是赣南脐橙的个头普遍比正常年份小，能达到精品果的比例会比正常年份大大降低。

（3）极端天气对脐橙供应链的影响。

①对农业合作社的影响。极端天气造成脐橙产出降低、质量下降，农业合作社收益减少。如2022年，天气持续高温干旱，严重影响赣南脐橙果实膨大和秋梢抽生，赣州市柑橘受灾面积88.57万亩、成灾面积27.69万亩、产量损失18.83万吨、直接经济损失9.30亿元。

②对公司的影响。由于极端天气对脐橙造成的一系列损害，赣南脐橙果实坏果概率大大增加，无法满足消费者低价优质的消费需求，公司服务无法达到正常水平，服务质量被迫下降，消费者的消费信赖度降低。

③对消费者的影响。受极端天气影响，赣南脐橙的产量减少、质量降低，消费者从公司那里能够买到的赣南脐橙品质相较以往会明显下降，由于产量相对减少，市场需求得不到满足，赣南脐橙的价格有一定程度的上升，最终导致消费者需要花更多的钱却只买到更低品质的商品，消费欲望降低，市场活力降低。

3. 相关数据分析

根据江西省人民政府提供的《2022年全国农产品成本收益资料汇编》可知2021年江西省的柑橘生产总成本，赣南脐橙占江西省总柑橘生产比率为84%，其总成本及部分细分成本如图9.3所示。

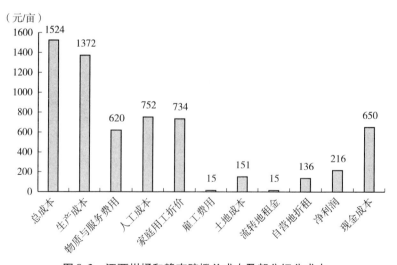

图9.3 江西柑橘和赣南脐橙总成本及部分细分成本

资料来源：江西省人民政府《2022年全国农产品成本收益资料汇编》。

赣南脐橙每 50 公斤赣南脐橙的平均售出价格、总成本、生产成本、净利润、现金成本和现金收益如图 9.4 所示。通过图 9.3 和图 9.4 的各项成本收益数据分析可知,在生产环节中农业合作社每 50 公斤的总成本为88.17 元,平均出售价格为 100.67 元,由此计算可知,赣南脐橙的平均总成本为 1.76 元/公斤、平均售出价格为 2.01 元/公斤,所以农业合作社的平均利润仅为 0.25 元/公斤。

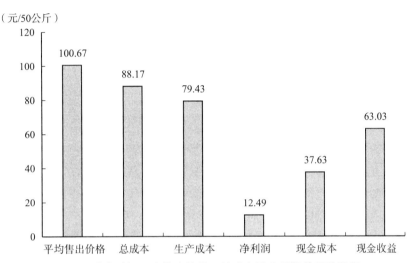

（元/50公斤）

图 9.4 赣南脐橙平均售出价格、总成本及净利润等相关数据

资料来源:《2022 年全国农产品成本收益资料汇编》。

在公司收购在赣南脐橙时,会涉及相应的采购成本,包括运输燃料费、运输工人工资、车辆维修保险费和其他费用,因不同区域赣南脐橙的运输费用各有不同,根据现有可查到资料,运输费用约为 2.00 元/公斤,工人工资、车辆维修和其他费用约为 0.90 元/公斤,所以赣南脐橙采购成本约为 2.90 元/公斤。因此,结合赣南脐橙的收购价格,公司的平均成本约为 5.00 元/公斤。结合现有赣南脐橙消费市场的出售价格,公司的销售约为 7.00 元/公斤。因此,公司获取的收益约为 2.00 元/公斤。综合以上信息,可以得到赣南脐橙供应链中农业合作社和公司的成本及收益见表 9.11。

表 9.11 农业合作社和公司的成本及利益 单位:元/公斤

供应链主体	单位成本	单位收益	单位利润
农业合作社	1.76	2.01	0.25
公司	5	7	2

4. 基于公平关切视角分析赣南脐橙供应链

由表9.11可知，农业合作社获得的利润为0.25元/公斤，而公司获得的利润为2.00元/公斤，即使农业合作社主导赣南脐橙农产品供应链，但公司所获得的利润远大于农业合作社，这将会使得农业合作社产生公平关切心理，农业合作社在感知不同水平的公平偏好时很大程度上会存在相应的行为结果，甚至可能不惜采取损害自己利益的措施来惩罚公司，具体情况如下。

（1）呼吁。供应链成员会呼吁合作伙伴改善合作行为，积极主动、建设性地改变合作条件，共同努力解决存在的矛盾和问题，以应对感知到的不公平现象。在赣南脐橙供应链中，尽管农业合作社的经济利益造成了损害，但农业合作社仍然在一定程度上依赖于公司的技术和经济实力，对双方持续合作仍抱有期望。因此，在考虑退出成本基础上，诸如投资沉没成本、寻找替代方案产生的成本、情感成本和学习成本等，农业合作社更倾向于采取主动行动，以和平方式解决涉及公平问题，具体有以下表现。

①签订契约。针对农业合作社利益受损的情况，农业合作社可以与公司协商签订契约，以确保供应链成员之间的价值共享和公平交换。契约可以规定农业合作社和公司在供应链中的贡献和回报，确保供应链的利益得到合理和公平分配，避免公司过度获利而农业合作社利益受损的情况。如第3章至第5章所论证的一样，供应链成员通过签订"收益共享+加盟金"组合契约，缓解了供应链中利润分配不公平的现象。

②信息共享。提高供应链信息的透明度，促进信息共享和沟通，有助于减少信息不对称，消除不公平的情况。农业合作社和公司之间可以共享关键数据和信息，以更好地理解彼此的贡献和价值，从而更公平地分配利益。

③政府监管。当农业合作无法独立地解决公平问题时，其往往寻求政府的帮助，来保障自身利润。政府可以通过税收政策对公司的利润进行合理的征税要求，税收公平的实现有助于避免富者恒富、贫者恒贫的现象，所得的税款可以对农业合作社进行二次分配，缓解赣南脐橙供应链利润分配不公平现象。

（2）惩罚。惩罚是指感知不公平的成员能不惜采取损害自己利益的措施来惩罚公司的行为。在赣南脐橙供应链中，农业合作社与公司收益差距过大，且双方并不能和平解决事关公平的问题，农业合作社有可能采取投机行为，在降低自身成本的同时，进一步惩罚公司，具体包括以下表现。

①降低果实质量甚至以次充好。由于供应链存在分配的不公平现象，农业合作社在面对极端天气带来的危害时，往往可能会不作为、持消极态度等。因为农业合作社即使努力应对极端天气对脐橙造成的影响，但在利润分配中并没有得到相应体现，而农业合作社因此还付出了额外的成本。由于利润分配不公平存在，农业合作社有投机心理将坏果、小果、瑕疵果与精品果混装，甚至将其他品种的普通脐橙与赣南脐橙混装，以次充好，降低公司售卖给消费者的赣南脐橙质量，以此惩罚公司。

②采取低廉低质的仓储和运输。为了减少成本以获得更多的收益，农业合作社在赣南脐橙的仓储上可能采取更加廉价的方式，例如，使用对脐橙果实保护性弱的纸质包装，运输上放弃整箱运输而选择散装运输等，增加了运输途中脐橙因路程颠簸或运输时间过长而导致的坏果概率，导致公司接收到脐橙的坏果、烂果增多，直接降低公司的利润。

③违规使用化学药剂。为了获得更多的收益，农业合作社可能采取违规使用添加剂（如甜蜜素、苏丹红、乙烯利等）对脐橙催熟和保鲜争取让脐橙更早上市，以抢占市场，获得更多的收益。对于公司而言，出售此类产品，增加了自身潜在的经营风险，不利于维护自身和消费者的关系。

（3）退出。退出行为具体表现为农业合作社计划结束和现有公司的继续合作关系，不愿意与现有的公司继续合作关系，并表现为退出和寻求新的替代公司进行合作等具体行为。这种退出倾向实则是一种较为消极的行为表现，同时，农业合作社退出预示着农企合作关系的结束，赣南脐橙供应链就此中断，这将会对农业合作社和公司产生较大影响，具体如下。

①对农业合作社。赣南脐橙供应链中断，农业合作社只能寻找新的销售渠道，这间接增加了农业合作社的经营成本；由于脐橙易腐易蚀、生命周期短等特殊性，新渠道开发的时间不宜过长，且在面对新渠道时，由于是新进者，农业合作社经营风险会显著增大。

②对公司。赣南脐橙供应链中断导致公司无法按时交付水果或服务，消费者可能会对公司产生不满和失望，这可能导致客户流失、市场份额下降、声誉受损、公司利润减少；公司需要寻找替代供应商的农产品供应渠道，这可能导致物流成本增加或采购成本上升。此外，中断期间的生产停滞或低效会增加公司的运营成本。

通过上述分析，农业合作社的公平偏好会对赣南脐橙供应链产生负面影响，例如，消极对待极端天气的影响、以次充好、违规使用化学药剂等，甚至可能造成脐橙供应链断裂的风险，加剧了赣南脐橙供应链的不稳定性。

5. 基于公益性视角分析赣南脐橙供应链

在"农业合作社＋公司"型的赣南脐橙供应链中，公司获得了绝大部分利润，为了维护脐橙供应链的稳定运作，防止赣南脐橙供应链断裂，公司有可能采取一系列的公益性行为来弥补农业合作社，保证赣南脐橙供应链长期稳定运行。

（1）三产融合。通过拓展延伸产业链，着力发展农业产业，带动相关行业，拓展新型产业链体系，扩大就业，构建地区性主要产业群体，实现脐橙产业的共同致富（詹永斌，2023）。农夫山泉集团投入了大约 2.2 亿元的资金，通过将农业和旅游相结合，推动了三产融合发展。在信丰县，建立了一个占地 5000 亩的"中国赣南脐橙产业园"，集脐橙文化旅游、科研科普和技术示范等多项功能于一体。在安远县，利用中国安远进出口水果产业园作为基础，当地正在筹划建设国家级脐橙文化公园，致力于深度融合产业与文化旅游，让广大市民和游客可以全身心地感受脐橙文化的魅力。赣南脐橙产业通过与其他相关产业的融合发展，拓宽了农业合作社的增收渠道，增加了农业合作社的收益，进一步保障了脐橙供应链的稳定发展。

（2）品牌建设。开展"赣南脐橙"标准化品牌建设，提升赣南地区整体品牌识别度，形成品牌合力，打响"赣南脐橙"地理标志证明商标的知名度，提升品牌影响力（侯兆育，2023）。例如，农夫山泉集团全力为赣南脐橙制定了四大标准体系、34 个作业流程、79 类管控细则和 148 项监控内容，并建立了世界领先的脐橙智能自动化筛选体系，推出了鲜果品牌"17.5°"。同时，京东物流和京东生鲜也为赣南脐橙打造了 IP 品牌"京小橙"和"橙之味"等。随着大型社会资本和知名企业的介入，资金、人才和全产业链资源逐渐聚集，推动了赣南脐橙产业的集约化、标准化和品牌化。2022 年，赣南脐橙品牌的价值达到了 686.37 亿元，位居全国区域品牌（地理标志产品）水果类的第一名。

（3）品牌推广。2001 年起，赣州市开始举办脐橙节，目前该活动已成为展示赣州形象和赣南脐橙的窗口。与此同时，赣州市还拍摄了以脐橙产业为题材的电影《赣南之恋》，编排了反映脐橙产业的现代采茶戏《快乐标兵》，发行了动漫《脐橙寻宝记》，出版了反映脐橙产业发展历程的《亲国亲橙》一书。并且从 2009 年开始，赣州市在 153 个主攻营销城市通过"政府搭台、企业主体、合作社参与"的形式开展赣南脐橙推介活动，进一步让消费者了解和认识赣南脐橙。目前赣南脐橙已经远销东南亚、俄罗斯、中东和印度等 31 个国家及地区。上述举措,不仅丰富了赣南脐橙品牌文化内涵,扩大了赣南脐橙的品牌影响力及知名度,还进一步带动了赣南脐橙的销售额增长,促进了农业合作社收益的增加与赣州市的经济发展。

(4)优化品种。通过优化农品种,农业生产可以更好地适应市场需求、提高效益和可持续性,并降低生产风险。这对农业合作社而言,可以增加收入和农产品的市场竞争力,有助于保障赣南脐橙供应链的稳定性(罗连发,2022)。早在 2006 年,受赣州政府的招商邀请,农夫山泉母公司的考察团就曾赴当地了解柑橘产业,并决定投资建厂。此后八年,农夫山泉的农业技术人员迁居到赣州,与当地脐橙农户深入田间地头,同吃同住,"只为研究怎么让脐橙更好吃"。随着研究越深入,农夫山泉发现需要攻克的农业课题越多,因而也不断引入高校的科研力量:联合厦门大学、浙江农林大学、南京林业大学等科研院校在柑橘黄龙病防治方面已经取得了一定进展;联合赣南师范大学开展了"柑橘主要病虫害综合防控技术研究和示范"项目,为当地柑橘病虫害综合防治提供更好的防治方法,进一步保障了农业合作社种植脐橙的安全。

(5)标准化管理。农夫山泉引入先进数据系统进行管理,例如通过叶片营养自动检测和土壤肥力自动检测及智能化对比诊断,为每一个果园制定针对性、可操作性的施肥标准,彻底解决了传统施肥大多依靠果农经验,缺乏标准化、规范化和针对性等问题。此外,农夫山泉还引进先进气象监测装置,坚持全年全天候进行基础气候数据的记录和积累,通过大气温湿度和土壤温湿度记录,智能采集各果园全年光照、大气温湿、土壤温度等数据,为果园的农业现代化管理打下坚实基础。在赣南脐橙农事管理上,农夫山泉将 GPS 定位引入每个果园进行精准化和网格化管理,实现精准定位和追溯管理,对每一个果园的数据进行标准化精确统计、分析和反馈。田地管理实现标准化对提高农业生产效率、保护土壤和环境、促进农业可持续发展以及提升农产品质量和安全具有重要作用。标准化的管理模式可以帮助农业合作社更好地利用资源,改善种植环境,提高农产品的产量和品质,推动赣南脐橙的可持续发展。

6. 政府扶持

政府扶持和补贴在赣南脐橙供应链的发展和运营中扮演着非常重要的角色。得益于中央对赣南地区的考察与分析,让赣南成功找到了适合自身的独特产业道路,并逐渐发展壮大。在整个发展过程中,政府高度重视赣南脐橙产业，将其确立为国家优势产业，通过完善公共设施和推进制度建设，推动了赣南脐橙产业要素的转型与产业升级，逐步实现了高质量特色农业的目标（熊德斌，2021）。本案例将政府对赣南脐橙产业的扶持分为三个阶段，分别对不同阶段的政府扶持进行梳理，以此来研究政府在赣南脐橙产业形成发展与转型升级中的作用。

（1）引导探索阶段。政府引导赣南脐橙产业发展。位于亚热带南部的赣南地区享有适宜的温度、充足的降雨、长久的无霜期，以及显著的日夜温差，其典型的红壤浅山丘陵地形也为种植果树提供了广阔的空间。赣南地区积极推行"兴果富农"和"山上再造"可持续战略，有效推动了从以宽皮橘为主转变为以脐橙为主的柑橘品种的第一轮发展高潮。在此转型探索阶段，政府在推动赣南脐橙产业发展上发挥了重要的引导角色。

①引进脐橙品种。赣南脐橙以我国于1978年引进的美国纽荷尔为主要品种，该品种品质上乘，丰产性强，适合商业化栽培。此后，还引进其他国家的脐橙品种，如澳大利亚的红柑、南非的纳夏等，以拓宽品种选择范围，提高脐橙的品质和产量，为赣南地区脐橙产业的发展注入了新的活力。

②宣传脐橙种植业。政府通过宣传和引导农民种植脐橙，激发农民的种植兴趣，从而促进当地经济发展。1997年赣南果业股份有限公司在深交所上市并快速开始践行资本化运作。截至1999年，赣南脐橙的种植面积达到了约4万公顷，产量达到了3.5万吨，脐橙种植已初具规模。

（2）产量发展阶段。政府支持赣南脐橙产业发展。2002年3月，在全国柑橘规划会议上，赣南脐橙产区和长江三峡柑橘产区被确认为国家优势产业的主导区域，这标志着赣南脐橙产业进入了第二轮的繁荣期并迈入了快速发展阶段。在此期间，政府扶持主要有以下表现。

①筹措资金建设公共基础设施，2002年，地方政府积极筹集了1.5亿元的投资用于公共基础设施的建设。对于那些资金短缺的村落，地方政府实施了"以工代赈"的政策，允许农户以自己的劳动力来抵偿修路费用。

②提升技术条件。由政府带头，赣南地区成立了果业技术服务合作社，吸纳了专业技术人员为果农提供指导。各乡镇还设有农机店出售各类电机设备，从而增加了机械设备的使用，进一步提升了种植业的机械化水平。

③加大宣传力度，树立"赣南脐橙"品牌。政府积极主导并组织了各类展销会和博览会，提高了"赣南脐橙"的品牌知名度，不断拓宽其市场

覆盖面与销售半径。

④帮助果农找寻买家，地方政府每年在脐橙成熟期之前，都会安排工作人员到全国指定的销售区寻找愿意购买脐橙的买家，以减少果农在销售环节的后顾之忧。

（3）产量与质量共同发展阶段。政府助力赣南脐橙发展。在 2011 年 9 月 26 日举行的赣州市第四届人民代表大会第一次会议上，市领导在《政府工作报告》中指出，要培育壮大以脐橙为主的农业主导产业、加快产业现代化进程、扩大产业规模、加快脐橙研究院建设、大力建设赣南脐橙产业科技示范园、深度开发国内外市场。随着赣南脐橙产业的全面发展，地方政府的工作从主要的援助政策逐渐转变为后方的支持工作。在这一阶段，政府的扶持主要表现在以下几个方面。

①实行集中育苗和 5 + 1 补贴政策。政府为确保脐橙幼苗质量和农户未来种植的收益，组织集中育苗，并在幼苗培育好后，以 5 + 1 的政策进行补贴，即幼苗价格 6 元，政府补贴 5 元，农户出 1 元，以此降低农业合作社的生产成本，提高其生产积极性。

②成立赣南供销社。2017 年 9 月，中国供销赣南脐橙交易中心项目落户赣州市安远县，该供销社负责供销江西安远赣南脐橙及其他农副产品，期望能够建造成为一个覆盖整个赣南及周边脐橙产区、效劳赣闽粤等区域、远销全国甚至国际的脐橙产地市场，并发展为集农业技术、信息和农资供应为一体的工业化商场和农业中心、交融汇集了多种业态和全工业链式的农商物流综合体。

③严禁任何单位和个人无证和越界采矿。由于赣州离子型重稀土占全国同类储量的 60% 以上，过度采矿导致严重的水土流失，破坏了脐橙的种植环境，许多果农因售卖稀土而放弃原本的脐橙种植。因此，政府严厉打击黑矿开采稀土，禁止任何单位和个人无证和越界采矿。

④对抗黄龙病病虫害。在 2014 年黄龙病影响到赣南脐橙时，政府立即采取措施进行抗击，组织专人进行集中砍伐，并对砍伐的树苗进行补贴。政府还提供过渡期政策，如组织烟草和猕猴桃种植，提供幼苗和技术支持，帮助果农找到新的种植方向，振兴果农对重建脐橙产业的信心，为灾后脐橙产业的重新发展注入新的活力。

⑤购买飞机用来喷洒农药以及鼓励标准化示范园建设。政府部门每年组织集中的飞机喷药，对大面积的脐橙园进行病虫害防治。同时，政府部门也强调标准化生态示范园的建设，加快脐橙产业转型升级，修复果园生

态环境，提升果园精简化栽培水平，集成并应用先进实用技术，以提升赣南脐橙产业的标准化、生态化和机械化水平。

⑥维护"赣南脐橙"品牌。政府采取严格的规定，如规定最早的采摘时间，禁止外地脐橙冒充"赣南脐橙"品牌，禁止使用高倍农药，建立农药检测中心对销售的脐橙进行抽样检测农药残留，保证脐橙的质量，并加大宣传力度，如举办年度的脐橙节和脐橙展销会。

⑦借助央视广告宣传提升"赣南脐橙"知名度。2008 年，赣南脐橙在央视进行广告宣传，成为全国第一个在央视宣传的农产品区域公用品牌。到 2018 年，赣南脐橙的品牌知名度达到 908，品牌价值高达 601.13 亿元，一跃成为全国区域品牌（地理标志产品）中第九位、水果类第一的商业品牌。2022 年，赣南脐橙的品牌价值已高达 686.37 亿元。

7. 小结

通过对赣南脐橙案例分析发现，在包含巨大经济价值的赣南脐橙供应链中，极端天气给赣南脐橙带来了"减产降质"的风险，而较大的利润分配差异则会导致农业合作社产生公平关切的心理，从而加剧赣南脐橙供应链的不稳定性。公司为了维护供应链的稳定，保障其能获得长期利润，往往会采取公益性的行为来变相弥补农业合作社的损失，包括但不仅限于优化脐橙品种、标准化管理田地以及产业融合等。与此同时，政府提供的公共产品和公共服务，在弥补市场机制的不足的同时，降低赣南脐橙产业发展的交易成本。政府通过实施贷款贴息、出口退税、5 + 1 补贴等优惠政策，不仅激发了农业合作社的生产积极性，还缓解公司的资金压力，进一步扩大赣南脐橙种植面积，加速了赣南脐橙产业的进一步发展。

9.2 管 理 策 略

9.2.1 对于农产品供应链

1. 完善"农业合作社 + 公司"型农产品供应链契约机制

（1）完善契约参数。要实现依赖市场的自我调节机制来限制和消除契约中的违约行为，一个重要前提是市场机制健全、市场功能齐备、市场体系成熟，但是我国目前现阶段的农业市场机制不够健全、市场功能尚不完善、市场体系相对不成熟。于是，必须完善农业合作社和公司的契约条款和参数，最大限度地减少或者避免纠纷。由于农业生产契约涉及诸多因素，特别是农产品受天气、季节性因素影响，且生产周期长，不可控因素多，契约设计必须考虑农业生产这些特殊因素、农业合作社和公司双方主体的特殊性等来制定契约。特别地，应该对农业合作社和公司在利益分配原则与实施办法方面予以明确，尤其是对农业合作社（及其代表的农户）的保底收益，从而形成对农业生产收入的合理预期，减少双方的机会主义行为。契约条款越量化、越细致、越全面，就越能增强农业合作社和公司对契约条款和内容的清晰认识，有效避免因契约的不完全性而引发的争论和机会主义行为。

（2）加大对违约行为的农业合作社或公司的惩罚力度。由于各种风险因素、机会主义行为和有限理性的存在，导致农业合作社和公司有可能违约，实施减少收益损失的投机行为，导致违约，加大违约惩罚力度能够有效降低违约概率、减少投机行为。这里所说的违约处罚，包括经济处罚和经济之外的处罚。由于违约的主体考虑违约所带来的可能收益与违约造成损失的大小关系，当违约收益高于违约损失时，契约主体会选择违约，然而当契约主体意识到违约损失过大，违约以后可获得的潜在收益不足以弥补损失，契约主体会认真履约。而对于经济之外的处罚，可以加入惩罚性赔偿条款，加大直接违约赔偿的金额，同时可以在契约中约定只要违约一次，那么以后惩罚性减少资金支持、技术指导和优先采购等权限。此外，由于我国"农业合作社＋公司"型农产品供应链发展和运作还不成熟，相关的法律法规还不健全，有必要建立和完善相应的法律法规，加强对契约的外部监督，使契约各项执行、履行和违约处罚等有法可依、有章可循。

（3）完善农产品供应链监管的法律法规体系。法律和政策等外部环境直接影响我国农产品供应链体系的建设、规范和发展，农产品供应链有关政策会直接作用于农产品生产、流通、销售等各个环节和渠道，深刻影响着农产品供应链成员的渠道地位、农产品定价体系和供应链利益分配。为此，应该站在整个农业产业链的高度，综合考虑农产品供应链在现代农业发展中的重要作用，建立和完善农产品供应链监管的相关法律法规体系。一方面，从建立和完善统一开放、竞争有序的农产品流通体系出发，对各大农业合作社、涉农公司在市场准入、经营条件、交易品种、违规处罚、市场定价体系、税收制定等方面加强立法。另一方面，从完善农业产业链的角度出发，制定有关农产品供应链的行业规划、行业标准、农产品质量标准等，其中特别加强农产品质量安全标准体系相关法律法规的建设。由于我国传统农业生产的小规模、分散性特点，致使整合农产品上游的农业合作社规模偏小，往往在农产品供应链中处于弱势地位，难以获取准确的市场需求信息或者获取市场需求信息的成本较高，造成农产品生产与市场需求不匹配，从而造成农产品价格波动，不利于提高农产品质量投入水平。为此，应该进一步完善政策引导和风险预防性法律法规，在农业信息、农业保险等方面不断进行优化。

2. 推行"农业合作社＋公司"型农产品供应链契约的全面管理

（1）坚持对契约的全面追踪和管理。本书虽然就批发价格契约、收益共享契约、"收益共享＋加盟金"组合契约进行了参数对各方收益的影响和协调范围进行研究，但是却没有涉及对契约执行和违约情形的处理。无论哪种契约，执行效果依赖于控制契约的顺利履行。例如，农产品较长的生产周期必然影响着契约的执行，如生产期间可能面临的极端天气、农产品市场需求偏好变化、农产品价格波动、进出口限制政策变化等，都会影响契约的执行。此外，农产品的产出和品质还会受到实际种植农户的种植技术、努力投入、田间管理制度等主观因素的影响，很难在契约中保障产出和品质的量化统一。因此，有必要从契约签订就开始对农资采购、种植、田间管理、操作记录、除虫等操作进行跟踪和监控，以尽量确保农产品品质符合契约规定的品质要求和标准。与此同时，实施基于保底收益的各种契约，提高农户的种植积极性，避免农户和农业合作社的投机行为，如以次充好，使用色素、膨大素等行为，督促他们按照公司制定的原材料要求、生产操作技术规范执行。

（2）坚持对契约和农业生产的规范管理。对契约和农业生产的规范管理对农业合作社和公司的稳定运营、对农户增收都具有重要意义。规范管理可以从以下几个方面进行：首先，坚持人性化管理，无论是制定相关措施还是执行相关措施都应该事前征求农户、农业合作社和公司的建议，以人为本，兼顾关注农户、农业合作社和公司利益，体现管理的人性化。其次，坚持科学管理，即寻求最新技术支持、制定完善和配套技术体系及标准，把科技进步与科学管理相结合，尝试采用网络信息化和农业网格化管理，同时随时掌握农户种植规模、种植品种、施肥量、药物使用量等情况并做到及时记录和更新。此外，积极采用新技术并尝试引入新品种。再次，坚持严格管理，严格按照相关技术标准进行种植和培育管理，严格把关各个种植环节，实行科学量化管理。最后，进行灵活的管理，公司可以尝试以优价优先收购严格按照标准化要求和规范生产的优质农产品，并及时给予农业合作社表彰和经济奖励；同时对不按技术规程操作的农业合作社，公司可以拒收该社生产的所有农产品，必要时解除契约，做到奖惩分明，激励农业合作社及农户提高生产种植水平。

3. 加强农业合作社与公司双方的沟通协作

作为契约的主体双方，农业合作社与公司应该积极沟通、紧密合作。一方面，公司应该树立正确的观念，如果抱有牺牲农业合作社利益来获得公司利益的机会主义则会损害公司与农业合作社双方的共同利益，不利于可持续合作，最终导致农产品供应链失败和解体。另一方面，公司应该坚持以农业合作社和农户利益为本的原则，把农户的根本利益作为公司的利益来维护，积极执行各种公益性行为，与农户、农业合作社结成利益共同体，帮助农户持续增收。对于农户和农业合作社来讲，最关心的是增收，只有增加收入才最具有现实意义，同时这也是现代农业产业化的发展目标。

（1）建立农业合作社与公司双方共同投资的协作机制。农业合作社与公司在合作的过程中可以进行共同投资农业生产，能够减少公司面临农业合作社违约的同时，共同投资能够有效增加农业合作社对于双方合作的诚意，加深双方合作的紧密度。例如，公司可以帮助农业合作社新建厂房，既可以缓解农业合作社的资金压力，同时增加双方的合作深度。再如，公司可以借用自己较广的市场关系帮助农业合作社购买高品质的籽种，防止农业合作社因为顾忌高品质籽种的价格而购买低品质籽种。同时，可以通过契约的方式创新合理的收益分配机制，如引入成本共担契约，在契约中明确双方承担的成本比例和范围，减少农业合作社的种植成本压力，鼓励农业合作社带领农户适当扩大生产经营规模，在稳产保供的前提下尝试发展多元化、多样化农作物。

（2）公司可以为农业合作社提供农业技术支持。公司应在农产品生产的全程为农业合作社提供全方位的技术指导服务，这不仅有助于农户增产创收，还有助于公司提高收购的农产品品质，这也是进行标准化生产的一项必要措施。同时，公司应该根据自身经济和经营实力聘请相关农业行业内的相关知名专家和技术人员组成专家服务团队到现场指导农业种植。公司可以为每个基地或者农业合作社都派驻专业技术服务小组，形成从繁种育苗、种植管理、田间管理、施肥用药到采摘储藏、保鲜运输等集成化的系列技术服务体系。与此同时，向农业合作社和农户灌输有机农产品、绿色农业、标识认证等现代农业生产和经营理念，提高农户生产操作的相关专业技能和知识，致力于帮助农户提高农产品的产量和质量。

（3）构建农业合作社与公司的信息共享机制。农业生产过程信息非对称（如种植努力信息、施肥用药信息、农产品市场供求信息等）会加深农业合作社与公司的矛盾，不利于两者的合作。因此，农业合作社与公司之间应该及时进行信息沟通和共享，尽可能消除双方的信息非对称、促进双方的合作。当农产品生长过程出现异常时，如遭遇突发性极端天气、病虫害、农产品价格大幅波动、公司产品结构调整带来的农产品采购与加工计划调整等，都需要及时告知对方，及时沟通与协商，避免和减少契约执行过程中一方或者双方损失，增加双方对彼此的信任度，从而进一步提高农业合作社与公司之间的合作深度和质量。

9.2.2　对于农业合作社

1. 积极披露自身生产加工成本并通过扩大规模降低成本

农业合作社通过主动表露自身的困难与成本，如资金困难、种植成本上升等，可以强化公司对农产品供应链收益分配公平的关注，从而公司减少对农业合作社不合格农产品的罚款额。这样可以实现农产品的收益、风险和安全问题的损失在供应链上下游之间合理分配。同时，由分析可知由于农业合作社公平关切增强会导致农产品质量下降，而农产品质量是农产品供应链运营的最关键因素。故当农业合作社主动传递自身公平关切强度，必将会引起居于该供应链主导地位公司的重视，从而公司会努力提高供应链利益分配的公平性。

虽然农产品供应链有很多优点，但是从研究中可以看到农业合作社或者农产品公司因为供应链收益分配而产生的公平关切都会影响农产品供应链运作。农业合作社应扩大生产、加工规模增加产量从而加强渠道权利，提高自身在农产品供应链中的议价能力。农业合作社积极发展成为农产品供给侧核心主体，通过各种利益联结机制实现农业合作社与下游销售渠道或者终端公司的有机结合，从而有效发挥规模经济效益。从农业合作社角度出发一方面通过规模化加工提高自身收益水平，另一方面规模化生产加工有利于引入高效率机械设备进行生产、规范化建设和自动化包装从而进一步降低单位成本、提高产品质量水平和收益。但目前国内的农业合作社还处于规模较小、管理水平较低、人工作业量很大、资金和农业生产加工技术较低的阶段。要想较好地实施农产品供应链、有效与大型农产品公司进行合作，在农产品供应链中获得较好的利润分配，农业合作社需要进一步扩大生产经营规模、积极发展先进及现代化生产工艺，实现与农产品公司的"有效对接"。

2. 提高产品质量认知并努力提升农产品合格率

农业合作社通过投入更多技术和人力等手段来提高农产品质量，增强自身对农产品公司的重要性，从而使农产品公司加大对农业合作社的重视，进而达成稳定合作并实现自身持续收益。有必要提高农业合作社的产品质量认知，农业合作社对提高农产品质量的认知对于改进农产品质量非常重要。众所周知，各种防腐剂、膨化剂、保鲜剂和色素等在农产品生产加工质量安全中起着很重要的作用，农业合作社对这些化学药品合理使用重要性和后果的认识越清楚、评价越高，他们在生产加工过程中实施农产品质量安全控制措施的可能性就越大。对于理性的农业合作社，在形成农产品合作供应链中，农产品公司一般都会对将收购的农产品质量提出具体要求。如果农业合作社想要参与供应链、长久与农产品公司合作从而稳定农产品销售渠道，出于对农业合作社自身利润考虑，农业合作社在生产过程中会注意影响农产品质量的药物使用，实现从生产加工环节进行农产品质量控制。

3. 充分利用现代信息技术传递自身公平关切信息

（1）充分利用信息技术，实现前向一体化。随着电子商务普及、云计算和大数据技术的应用，一方面，农业合作社采用电子手段通过涉农公司或者绕过公司直接了解市场对农产品的具体需求从而按需生产，减少农产品供给与需求不匹配带来的"过剩""缺货"双重风险；另一方面，农业合作社可以通过与电商平台深度合作，努力寻找、开阔更多的销售机会，根据及时的市场需求信息多方开展附加价值高的流通加工，实现多环节增效、多渠道增收。农业合作社拉近市场的距离，所面临的销售机会越大，农业合作社按需生产、自发投入农资成本、提高农业生产效率和质量的动力越大，促使该农产品供应链往良性方向发展，实现优质、多样农产品长期稳定供给。

"农业合作社 + 公司"型农产品供应链是通过农业合作社和涉农公司向农产品供应链中的销售环节延伸，即农产品供应链中的前向一体化，农产品供应链中农业合作社能够积极推广、实施农产品生产的标准化和订单化，通过规模加工生产提高效率、降低成本。农业合作社通过与种植环节农户、与下游涉农公司进行合作对接，能够丰富农产品种类、扩大经营规模、提高农产品质量安全程度。

（2）积极传递自身公平关切信息。该书模型中，农业合作社虽然处于博弈先动优势，但由于农业合作社独自承担极端天气带来的收益风险，农业合作社的收益低于公司，容易产生公平关切负效用。于是，农业合作社可以通过各种途径来传递自身对农产品供应链收益分配公平的信息。首先，农业合作社可以通过与公司谈判契约参数（如批发价格契约中收购价格、收益共享契约中的收益分享比例系数、"收益共享＋加盟金"组合契约中具体加盟金数额）来传递自身对公平的关注。其次，农业合作社通过种植多样化农产品品种、通过各种电子途径和广告来增加顾客关注度和购买量，减少自身对涉农公司的依赖程度、增强自身对涉农公司的重要程度从而促进公司提高农产品收购价格和收购量。最后，农业合作社还可以通过与多家涉农公司进行谈判，直接表达自身对农产品供应链中收益分配比例的关注，选择能够满足自身利润分配比例的涉农公司进行合作。

随着经济全球化、网络化、虚拟化，农业合作社与公司之间交易关系不稳定度增强，农产品供应链中的农业合作社不断扩大生产规模、引入先进保鲜冷藏设施不断提高农产品的产出和质量，涉农公司为了获得优质农产品的稳定供给，不断寻求、加深与优质农业合作社的长远合作。农业合作社与各类电子商务交易平台、整合互联网技术和传统交易渠道在更大范围内寻求合适的涉农公司进行合作，一旦农业合作社成为涉农公司的重要农产品供应商，涉农公司会非常重视农业合作社所得供应链利润分享比例，且为了长期利益，公司会积极采取与农业合作社收益共享、风险共担的柔性契约，保证农业合作社收益、保证高质量农产品的稳定供给和销售。

9.2.3　对于公司

1. 积极分担农业合作社风险并提供技术支持

农产品公司应主动签订收购合同，包括确定收购保护价和数量，从而分担农业合作社风险与成本。同时，农产品公司可以向农户提供一些农产品加工、生产先进技术服务，和农业合作社一起协商生产规模、农产品品种、生产标准，并和农业合作社签订协议明确规定农产品收购价格、农产品质量标准从而分担农业合作社风险与成本。这样农业合作社更有安全感，进而弱化农业合作社公平关切，主动提升农产品合格率，从而避免恶性竞争直至合作破裂。由于农产品公司在农产品供应链中往往处于优势地位，而农业合作社处于从属地位、抗风险能力也较弱，通过事先确定固定收购价格（保护性收购价格）的方式减少农业合作社对未来农产品产出和市场价格风险的担心，缓减双方由于信息掌握程度、谈判能力、渠道掌控能力等因素的影响，促进农业合作社和公司的合作。

2. 积极发展高效率物流配送

农产品供应链中的农产品公司可以自建物流配送体系、租赁专业的农产品物流配送中心或者引入第三方物流对农产品的收购、配送、流通实施全面的无缝链接从而减少农产品损耗程度、提高农产品新鲜度，发挥现代化物流配送体系的高效率流通作用。通过高效率物流配送，农产品可以降低农产品的流通成本、提高农产品质量从而在市场销售中提高产品销售价格增加自身利润。农产品公司在物流配送环节可以通过第三方对农产品进行自动检测，进一步提高农产品质量保障并减少农产品流通时间。另外，农产品公司可以帮助农业合作社培育合作自有品牌，从而积极向专业客户提供高质量、安全可靠的农产品及农产品加工制品，增强顾客对农产品公司和农业合作社的质量安全信息，促进农户生产、销售规模的扩大，进而改善农业合作社和公司双方的收益。

3. 合理制定农产品收购契约

农产品供应链中公司作为农产品的主要收购方和向广大消费者的主要销售节点，农产品公司应该做到信誉有保障、收购农产品价格合理，收购农产品做到时效性、批量化、按时结算。一方面保障农业合作社的产品按时、及时收购向市场流通从而减少农业合作社的生产、经营风险；另一方面制定合理的收购价格从而保障农业合作社对农产品的加工收益，提高农业合作社的生产积极性，从而在农业合作社和农产品公司之间建立起稳定的长期合作关系。农产品公司为了获得高质量农产品品种和数量的稳定供给，可以选择合适的农业合作社签订协议，将收购价格、收购数量、合作期限等写入合同，保持稳定、长期的可靠供应源。同时，公司通过协议加大农产品采购批量获得批量采购折扣来降低农产品进货成本，由于采购批量大，公司可以在合同中明确农产品的质量标准，只要农产品收购价格合适、合理，农业合作社为了稳定销售渠道必定严格按照公司要求投入设备进行生产。此外，农产品公司可以通过定期对合同农业合作社的有效管理，控制有关生产资料、生产技术的安全生产，确保高质量农产品稳定供给。

4. 搭建农产品经营信息化水平

公司作为农产品的流通主体，有责任控制安全农产品的供给，将优质的农产品传递给消费者，通过信息平台向消费者传递安全农产品各方面的信息，降低农产品供应到销售环节的信息不对称和扭曲。同时，公司树立品牌、通过各种信息平台在消费者中产生较强的口碑宣传效应，进一步推动安全农产品价值实现和优质高价销售，引导和鼓励、激励安全农产品的生产。在大数据时代，信息手段成本低，农产品公司可以积极与农业合作社之间建立农产品信息系统，推广使用数字化终端设备、条形码技术、电子订货系统和补货系统等，建立农产品品类管理和农产品供应链管理技术，从而提高农业合作社和公司对市场的响应速度能力。通过信息平台，农产品公司能够了解农业合作社的社会偏好，完善农产品供应链收益分配制度。由于公司居于农产品供应链主导地位，公司要关注农业合作社的公平关切心理，合理分配农业合作社收益，做到公平公正，并定期在农业合作社间宣传合作精神、互惠精神，提高农业合作社合作意识，提高积极性。

公司与农业合作社优势互补，公司通过计算机的单品管理信息系统，能够直接为农业合作社提供市场准确的需求信息，如品种、数量的细分计划，避免农业合作社由于市场需求的波动而遭受经济损失。同时，农产品合作社的规模经营也为公司的农产品质量安全创造了可靠的客观条件。

9.2.4　对于政府

1. 实施多样化农产品供应链补贴机制

实施多样化"农业合作社＋公司"型农产品供应链政府补贴机制。农业合作社是农业生产力发展到一定阶段的产物，农业合作社能够集中、代表分散的农户进行统一生产，而"农业合作社＋公司"也是当前加快我国农业产业化、现代化进程的主要运营模式。但是，"农业合作社＋公司"型农产品供应链的深层缺陷在于利益分配机制不健全。在该模式推进过程中，政府扮演着重要的角色，且农业的基础性、民生兜底性和弱质性特点决定了政府必须对其进行补贴。除了本书计算、分析比较的四种补贴方式外，政府还可以从以下几个方面进行补贴和扶持。

（1）直接购买公共品完善和扶持农业生产基础设施建设，对农户开展必要的种植技术培训，完善对应自然灾害的补贴、补偿机制，简化土地流转流程和环节等，解决农户的资金困难问题。具体操作上，可以加强对农户职业技能的培训、制定分级分区的自然灾害应急预案、灾后补偿机制、鼓励金融机构加大对农户的信贷支持力度、直接给予农户农资优惠、简化农业合作社贷款程序、降低农资贷款利率、加大政府对农业合作社或者农户补贴力度且做到及时补贴和严格执行等从而因地制宜，全面提高农业种植积极性、推进农业产业化经营、提高农村整体收入水平。

（2）培育实力强、信誉好、社会责任感和公益性强的公司成为推进农业产业化经营的重要力量。"农业合作社＋公司"型经营模式也必须以这样的公司为依托，如果缺乏这样的公司来带动当地农业合作社的发展，那么"农业合作社＋公司"的经营模式势必缺乏动力和引领。因此，政府必须大力扶持和培育实力雄厚的涉农公司，支持公司发展战略、扶持新兴公司，积极引入外来优秀公司，形成行业竞争发展局面。此外，政府应积极引导农业合作社发展现代化、适度规模化农业，尤其发展现代特色农业，带领农户调增产增收。

2. 鼓励借助天气衍生品市场有效转移极端天气风险

对处于种植环节的农业合作社及农户来说，最担心农业生产遭受突发极端天气的影响，因此他们最在意如何降低天气变化（如暴风雪造成的冻害、暴雨造成的洪涝、持续高温造成的干旱等）导致的收益损失，农户往往无法承担由此带来的巨大损失。于是，应该鼓励农户购买相关的天气衍生品（如天气看涨契约、天气看跌契约、天气指数保险、天气期权等）成为转移和外化天气风险的重要途径。

当前，我国农业合作社、公司、农户运用天气保险来规避天气风险的意识薄弱。我国是世界上天气气象灾害最为严重的国家之一，进入 21 世纪以来，天气风险给我国国民经济造成的损失依然非常严重，每年因极端天气而造成的直接经济损失均在 1600 亿元以上（祝燕德等，2006）。尽管天气保险能够为抵御天气自然风险提供一种有效的保障机制，然而我国长期的小农经济带来的落后观念，造成大多数农业合作社和公司利用天气保险来规避非灾难性天气灾害风险的意识比较薄弱。因此，从农业生产实践来看，政府应该积极推进天气保险和天气期权契约的交易，有效对冲极端天气的负面影响，从而保障"农业合作社＋公司"型供应链的稳定运行。

3. 拓宽农业补贴资金来源

在乡村振兴战略大背景下，完善农业支持和保护制度、改进农业补贴方式、提升农业补贴效果对推进农业发展、全面实现乡村振兴具有重要现实意义。

（1）政府可以通过拓宽农业补贴资金来源，推进各类补贴资金形成合力。目前，政府补贴资金主要来源于国家财政收入，民间资本和社会资本参与较少，资金来源单一。我国农产品"靠天收"的局面尚未扭转，且农业的弱质性特点决定了政府必须实施补贴，但由于抗击新冠疫情，耗费了政府大量的资金，且经济运行受到较大冲击，财政收入大幅下降，导致补贴资金需求难以被满足，即补贴资金受财政预算约束。应在适度加大国家财政补贴力度的同时，鼓励和引导民间资本和社会资本积极参与，从而构建多元化的农业补贴资金结构，进一步优化农业补贴范围、内容、标准等，扩大补贴资金发放对象，能够让更多的农户受益。

（2）应该建立健全天气风险分散机制。如增加政策性农业保险品种，加强对农业保险补贴资金的使用监管力度，增强政府、保险公司、农业合作社、涉农公司的协同，从而建立适用于我国现阶段农业产业化发展的全方位、多层次、多领域的农业保险补贴结构体系，发挥补贴资金对农业生产和结构调整的积极作用。

（3）从各地实际情况出发，实施针对性、差异化的补贴方式和补贴标准，提高补贴资金的使用效率和补贴精准性。例如，根据地域的差异性，可以适当多补贴适合本地耕作的良种和先进机械设备的使用补贴。

4. 推动大数据技术在农产品供应链中的应用

（1）充分利用大数据技术精准预测市场需求。农产品市场需求预测是农产品供应链的源头，精准的需求预测直接关系农产品生产计划安排、库存水平及订单交付情况，尽可能缓减农产品供应链中的信息不对称问题，减少农产品价格波动造成的"菜贱伤农"和"菜贵伤民"现象。大数据技术使得农产品生产加工过程更科学、更有效地规避市场风险。

（2）搭建农产品价格监测平台，丰富农产品价格监测系统的基础数据资源，促进监测平台与政府部门数据、农产品批发市场交易数据的无缝对接，提升农产品价格波动的预警能力。如此，农业合作社可以随时获取农产品实时价格和需求量信息，科学安排生产计划和销售。

（3）大数据应用的前提是规范农产品供应链的信息采集制度、采集方法、管理机制，进一步完善农产品报价指数体系，通过统一权威渠道发布农产品价格指数并做好农产品产业链发展评估，使农产品市场供求信息更加准确、农产品产销渠道更加稳定，同时支持服务组织为农业合作社提供个性化、定制化的信息服务，提升信息服务的有效性和精准性，进一步完善农产品流通信息的标准化建设，实现整个农产品供应链、产业链信息的无障碍传递。

5. 加快农产品供应链可追溯体系建设

（1）加快构建农产品供应链可追溯信息平台。以物联网、云计算、大数据、对象标识与标识解析技术为支撑构建覆盖农产品供应链全过程的可追溯平台，包括农产品质量安全监管系统、农业合作社信息管理系统、农产品质量安全信息公开系统，同时具有数据连通和信息交换的功能。由于农业合作社的种植过程、材料和药品使用直接决定农产品质量。因此，要落实以农业合作社为主体以流向管理为中心，落实农业合作社的质量追溯责任，推动农产品供应链上下游主体主动实施扫码交易，既能界定农业合作社的责任，确保农产品供应链全程可追溯，又能保障消费者的知情权。同时，推进国家平台、省级平台、市级平台的互联互通及信息共享，实现各级各类追溯平台与检验检测信息系统、信用管理系统、执法系统、企业内部质量管理体系的信息对接。

（1）加快完善农产品供应链可追溯的标准体系。明确不同类型的农产品供应链追溯信息内容，制定农产品分类、编码标识、平台运行、数据格式、接口规范的关键标准，加快制定农产品质量追溯信息的记录、保存和衔接规则。

（2）加强对农产品供应链追溯数据的管理和应用。将农产品供应链追溯管理（Traceability Management of Agricultural Product Supply Chain，TMAP-SC）、无公害农产品认证（Quality Certification of Pollution – Free Agricultural Products，QCPFAP）、有机农产品质量认证（Organic Agricultural Product Quality Certification，OAPQC）、良好农业规范认证（Good Agricultural Practices，GAP）、危害分析和关键点控制（Hazard Analysis Critical Control Point，HACCP）等制度有机结合，建立基于追溯管理的认证和标识制度。

9.3　本 章 小 结

本章对"农业合作社＋公司"型农产品供应链，如新疆棉花供应链与赣南脐橙供应链进行案例分析，具体而言，通过对两个案例的背景数据分析、分析了极端天气对农产品供应链的影响、基于公平关切/公益性视角分析和解释了两个案例中的相关决策和行为、分析政府补贴和支持策略对农产品供应链发展的影响。有机结合第 3～8 章的理论研究结论，分别从农产品供应链、农业合作社、公司和政府角度等提出管理策略，以期推动我国"农业合作社＋公司"型农产品供应链的稳定运作，对冲极端天气对农业生产的负面影响，实现优质农产品的稳产保供、保障农户增产增收，实现我国农业适度规划化、产业化和现代化发展。

第 10 章　总结、发现与展望

10.1　本 书 总 结

为响应国家需求，同时进一步补充、完善极端天气下的农产品供应链优化理论，本书以"农业合作社 + 公司"型农产品供应链为研究对象，通过刻画极端天气影响农产品质量的随机利润函数，引入公平关切和公益性研究极端天气下农产品供应链契约协调和政府补贴机制。基于此，本书共分 10 章，且第 3 ~ 8 章为主要研究内容，包含两个部分：第一部分为农产品供应链契约协调（3 ~ 5 章）；第二部分为农产品供应链政府补贴机制（第 6 ~ 8 章）。第一部分侧重从农产品供应链内部设计合理的利益分配机制以实现农产品供应链稳定运作；第二部分引入政府补贴来进一步优化各方决策，提高农产品供应链整体的稳定性，有效应对极端天气对农业生产的负面影响。

研究结论分为以下两大部分。

1. 极端天气下农产品供应链契约协调研究

分别建立不考虑公平关切和公益性、考虑公平关切和公益性、考虑双边公益性条件下的"农业合作社 + 公司"型农产品供应链博弈模型，通过对比分析，研究农业合作社公平关切和公司公益性对农产品供应链最优决策（如批发价格、种植努力、订购数量和销售价格等）的影响，并设计"收益共享 + 加盟金"组合契约实现农产品供应链协调，最后通过数值分析验证了"收益共享 + 加盟金"组合契约的有效性。

（1）不考虑公平关切和公益性。批发价格契约不能实现农产品供应链协调，且极端天气会加剧农产品供应链"双重边际效应"；收益共享契约能优化各方决策并提高农业合作社利润，但公司需要牺牲自身全部利润，农产品供应链运行不稳定；"收益共享＋加盟金"组合契约能够实现农产品供应链协调，且帕累托改进农产品供应链各成员利润，提高农产品供应链运行的稳定性。

（2）考虑农业合作社公平关切和公司公益性。农业合作社的公平关切使供应链进一步偏离最优，而公司的公益性却可以优化供应链；收益共享契约虽能优化各方决策且提高农业合作社利润，但公司依然需要牺牲自身全部利润；"收益共享＋加盟金"组合契约能实现农产品供应链协调，且帕累托改进农产品供应链各成员利润；农业合作社公平关切与公司公益性能使"收益共享＋加盟金"组合契约更容易执行。

（3）考虑双边公益性。无论谁执行公益性，都有利于优化农产品供应链，且收益共享契约总能优化农产品供应链决策，但会降低公司利润，公司执行公益性动力不强；"收益共享＋加盟金"组合契约能帕累托改进各方利润；公司执行公益性比农业合作社更容易协调供应链。

2. 极端天气下农产品供应链政府补贴机制研究

为了进一步优化农产品供应链运作，纳入政府补贴，分别不考虑公平关切和公益性、考虑公平关切和公益性、考虑双边公益性条件下建立无政府补贴、按生产量补贴、按销售量补贴、按批发价格补贴、按销售价格补贴五种情形下的博弈模型，通过对比分析，研究农业合作社公平关切和公司公益性对农产品供应链最优决策的影响，并从消费者剩余、社会整体福利和补贴资金使用效率三方面分析最优的政府补贴策略。

（1）不考虑公平关切和公益性。当政府选择补贴农业合作社时，按生产量补贴的消费者剩余和社会整体福利最优值均高于按销售量补贴，但补贴资金的使用效率低于按销售量补贴；当政府选择补贴公司时，按批发价格补贴的消费者剩余和社会整体福利最优值均高于按销售价格补贴，但补贴资金使用效率低于按销售价格补贴；从改进消费者剩余和社会整体福利角度，政府应当实施按生产量补贴或按批发价格补贴；从提高资金使用效率的角度，政府应当实施按销售量补贴或按销售价格补贴。

（2）考虑农业合作社公平关切和公司公益性。农业合作社公平关切都会降低农业合作社、公司及供应链整体利润，公司执行公益性可以调动农业合作社的生产积极性，公益性强度过大时，公司利润会受到损失；只要政府对农产品供应链实施补贴，每种补贴方式均能提高农业合作社及公司利润，改进消费者剩余及社会整体福利；当政府直接补贴农业合作社时，按生产量补贴的消费者剩余和社会整体福利最优值均高于按销售量补贴，但补贴资金的使用效率低于按销售量补贴；当政府补贴公司时，按批发价格补贴的消费者剩余和社会整体福利最优值均高于按销售价格补贴，但补贴资金的使用效率低于按销售价格补贴。

（3）考虑双边公益性。农业合作社和公司公益性都可以缓解极端天气对农产品供应链的负面影响，但因执行公益性会降低自身利润，导致农业合作社无执行公益性动力、公司执行公益性动力有限；当政府补贴农业合作社时，按生产量补贴的消费者剩余和社会整体福利最优值均高于按销售量补贴，但补贴资金的使用效率低于按销售量补贴；当政府补贴公司时，政府按批发价格补贴的消费者剩余和社会整体福利最优值均优于按销售价格补贴，但补贴资金使用效率低于按销售价格补贴。

10.2　研究发现

本书通过数理模型研究和案例分析，得出以下研究发现。

1. "农业合作社 + 公司"型农产品供应链契约设计的不完备性

现代契约分为完全契约与不完全契约，在"农业合作社 + 公司"型农产品供应链的利益分配契约属于不完全契约，这种不完全性是由农业生产过程中的资产专用属性、农业合作社与公司的有限理性、短期机会主义行为、各种信息不对称和复杂的交易环境决定的。同时，正是因为利益分配契约的不完全性，叠加契约双方本身存在的机会主义和有限理性行为给契约双方提供了违约的可能性。

根据第 3 ~ 第 5 章的研究结论和表 10.1，本书仅采用简单的批发价格契约不能协调农产品供应链，极端天气下农业合作社公平关切会加剧双重边际效应；而收益共享契约虽然能够协调农业合作社和公司利益，但由于是以牺牲公司部分或者全部利润为前提的，公司实施契约的动力受限；组合契约"收益共享 + 加盟金"能通过帕累托改进农业合作社和公司利润，使农业合作社和公司形成收益共享、风险共担的利益捆绑体，有效克服供应链合作的机会主义行为，实现农产品供应链的完美协调和稳定运作。但是，"收益共享 + 加盟金"中的加盟金为一个区间，具体数值依赖于农业合作社和公司的讨价还价能力，执行难度较大、监管成本高。

农业合作社和公司从自身利益最大化出发进行决策，可能出现机会主义行为，引发双方违背契约和契约不协调。只要农业合作社或者公司存在机会主义行为，就可能导致契约协调效率降低、供应链契约协调失败，甚至导致供应链解体。进一步，当存在有限理性，如本书证明农业合作社公平关切会进一步使极端天气影响下的农产品供应链偏离决策，会加剧极端天气对农业生产、农产品供应链运作的负面影响。然而，只要供应链成员执行公益性都有利于缓减极端天气对农产品供应链的负面影响（见表10.2）。但实际上，机会主义、有限理性可能同时存在，因此，无法避免契约设计的漏洞，导致投机者有机可乘、双方违约的情况始终存在。

表 10.1　　　　极端天气、公平关切和公益性对农产品供应链的影响

因素		决策变量				利润		
		批发价	种植努力	订购数量	销售价格	农业合作社	公司	供应链
极端天气		—	↓	↓	—	↓	↓	↓
公平关切		↑	↓	↓		↓	↓	↓
公益性	合作社	↓	↓	↓	↓	当 γ 较小，↑ 当 γ 较大，↓	↑	↑
	公司	↓	↑	↑	↓	↑	当 γ 较小，↑ 当 γ 较大，↓	↑

表 10.2　　　　　　　　　　农产品供应链契约协调性

情形		批发价格契约	收益共享契约	收益共享 + 加盟金
极端天气		不能协调	能协调 但牺牲公司全部利润	能协调 且帕累托改进各方利润
农业合作社公平关切		不能协调 公平关切加剧	能协调 但牺牲公司全部利润	
公益性	农业合作社	不能协调 公益性能缓减	能协调 但牺牲合作社部分利润	
	公司	不能协调 公益性能缓减	能协调 但牺牲公司部分利润	

2. 农产品供应链中双方地位的不平等

由于"农业合作社 + 公司"模式中供应利益分配契约签订双方的知识

水平、法律意识、资本规模、市场影响等不同，双方在签订契约时，存在讨价还价能力和地位不平等现象。虽然农业合作社代表广大、分散的小农户与公司谈判农产品收购价格、收购数量、农产品品质条件等，但是由于我国农业合作社数量相对较多，且大多数农业合作社就是由当地的种植大户或者农民自发组建的小型合作互助的组织发展起来的，相对于公司来说，契约总会倾向于规定农业合作社违约责任以及违约以后农业合作社（及代表的农户）所要承担的违约责任，但是农业合作社大多缺乏法律知识、维权意识和企业经营管理经验，在供应链各方面都显得势单力薄，因此在谈判方面如价格、权益维护等，公司所具有的知识水平更广更高、技术能力更强、资本实力和企业经营能力更强，公司在农产品供应链中更有话语权。另外，公司由于更接近市场终端，能够更了解消费者喜好，比农业合作社能获取更多、更及时的消费者偏好信息。一方面，公司意识到违约后能获得更大收益，那么公司会选择违约，该行为可能给农业合作社带来更大损失。另一方面，农业合作社依赖公司的市场信息指导生产决策，由于农业合作社的法律意识淡薄、知识水平有限，缺乏长远的眼光。因此，在面对客观存在的眼前利益时，农业合作社很可能会违约。

3. 波动的农产品市场收购价格

目前，在我国农业现代化、产业化发展实践中，农业合作社与公司的利益分配契约通常有：固定合同价格（类似单一批发价格契约）、随行就市价格（类似保底价格＋收益共享契约）、随行就市＋加盟金（类似保底价格＋收益共享契约＋加盟金）。当前，采用单一批发价格契约，简单、容易执行和监督成本低，因而批发价格契约使用最广泛，但是批发价格由于不可避免存在"供应链双边际效应"，农产品供应链稳定性差，双方合作意愿不强，因此容易发生双方的违约、机会主义行为，不利于推动农业现代化发展。相对于单一批发价格契约，收益共享契约能够减少农户、农业合作社收益的不确定性，更加灵活，从而使双方的交易更有保障。"收益共享＋加盟金"组合契约不仅确保农户基本收益，通过加盟金使农业合作社和公司形成收益共享、风险共担的利益整体，共同应对极端天气对农产品供应链的负面影响，减少双方收益风险，增强双方合作稳定性。

虽然，农业合作社和公司双方交易的价格因天气风险、不确定市场需求而具有较高的不确定性，但这并不意味着不能预测，比如通过"收益共享＋加盟金"组合契约，在契约中约定加盟金和收益共享比例，通过这样的柔性契约，不但能有效降低农业合作社（及其代表的农户）的市场收益风险，而且让双方对农业生产的收益大致有一个预期，这样即使未来农产品市场价格有什么波动，也会坦然接受。

4. 不可控的外在风险

"农业合作社 + 公司"型农产品供应链契约执行过程中还存在很多不可控的外在风险和不利因素，如天气风险（本书仅研究了低发生概率、低危害程度的非灾难性极端天气，还有其他三类天气有待研究）、季节性风险、病虫害等。以天气风险为例，农业生产与天气关系密切，农作物的生长过程极大地受天气的影响，即天气的好坏很大程度上决定了农作物的产量和质量。近年来，极端天气频发，农户生产过程中的播种和灌溉等环节受到不同程度的影响，给农业生产带来极大损失。当农业生产出现减产、农产品品质不达标时，双方或者其中一方违约的可能性和机会主义行为的可能性会增加。如农业合作社（及其代表的农户）可能以次充好、使用抗生素、生产激素等尽可能降低生产成本、增加利润，对农产品质量安全控制与农产品供应链运作非常不利；公司则可能谎报市场需求信息来压低农产品收购价格保证自身利润不减少等。

第 3 章 ~ 第 5 章已经从量化分析的维度对"农业合作社 + 公司"型农产品供应链的极端天气因素进行了研究，见表 10.1 和表 10.2，极端天气对各方决策、各方利润和农产品供应链整体都是不利的，当然本书也得出柔性契约如"收益共享 + 加盟金"能通过收益共享、风险共担减少、对冲极端天气对农业生产的不利影响，帕累托改进各方利润，维持供应链稳定运作。然而，从时间维度出发，天气风险对"农业合作社 + 公司"型农产品供应链中决策、契约设计与协调的影响也是不可忽略、不可控制的外在风险因素。

5. 政府补贴对象和补贴方式的选择

本书在研究极端天气影响下"农业合作社 + 公司"型农产品供应链政府补贴机制时，为了研究政府补贴对农业生产的支持效果，分别对无政府补贴和有政府补贴下各方的决策进行比较（见表 10.3 和表 10.4），得出只要政府实施补贴，无论采取哪种方式都有利于改进、优化农业合作社和公司的决策，改进双方利润，优化农产品供应链运作。政府补贴农业合作社（按生产量补贴、按销售量补贴）能有效缓减农业合作社的公平关切负效用、增强农业合作社执行公益性的动力；政府补贴公司（按批发价格补贴、按销售价格补贴）能增强公司执行公益性的动力。这几种方式本质上都是事后补贴，即已经完成农产品生产和收获后才能进行，且从表 10.3

和表 10.4 可以发现农产品供应链中的公平关切和公益性并不影响政府补贴策略的选择,如从消费者剩余和社会整体福利最大化角度出发,政府的最优补贴方式是按生产量补贴和按批发价格补贴;而从最大化政府资金使用效率出发的最优补贴方式是按销售量补贴和按销售价格补贴。

表 10.3   **农产品供应链政府补贴机制**

情形		决策变量				利润			消费者剩余	社会整体福利
		批发价	种植努力	订购数量	销售价格	合作社	公司	供应链		
政府补贴		↓	↑	↑	↓	↑	↑	↑	↑	↑
公平关切		↑	↓	↓	↑	↓	↓	↓	↓	↓
公益性	合作社	↓	↑	↑	↓	↑	↑	↑	↑	↑
	公司	↓	↑	↑	↓	↑	↓	↑	↑	↑

表 10.4   **农产品供应链最优政府补贴方式**

情形	参考依据	补贴方式			
		按生产量补贴	按销售量补贴	按批发价格补贴	按销售价格补贴
不考虑公平关切和公益性	消费者剩余	✓		✓	
	社会整体福利	✓		✓	
	资金使用效率		✓		✓
考虑农业合作社公平关切和公司公益性	消费者剩余	✓		✓	
	社会整体福利	✓		✓	
	资金使用效率		✓		✓
同时考虑农业合作社和公司公益性	消费者剩余	✓		✓	
	社会整体福利	✓		✓	
	资金使用效率		✓		✓

在我国实际农业补贴中,虽然部分地方和政府没有发布具体的补贴方式和补贴金额,但是总体上补贴农户收益为"三项补贴":粮食直补、良种补贴和农资综合补贴。这三种补贴都是事前补贴,例如,农资综合补贴,根据农户或者农业合作社投资购买的农业机械设备即可进行补贴,该项补贴能够有效促进单位种植面积的生产力和产出的显著提高,能够在农

业生产决策环节直接补贴农户产生激励效果。事后补贴,不能完全克服极端天气风险的影响,甚至可能使处于种植环节的农业合作社(及其代表的农户)面临更多收益风险:极端天气造成农作物减产产生的收益减少,与此对应获得的政策补贴也会减少。甚至对于销售量补贴,等农产品出售才能获得补贴,农业生产周期长、流通环节多,农户获得的补贴效应远远滞后,农户不能合理预期补贴收益,不能充分调动种植积极性。如何考虑在种植决策阶段进行直接补贴,显著提高农民生产积极性,是值得思考的问题。但是,事前补贴也会出现农业合作社或者和公司为了获得补贴而虚报自身生产投入,一旦获得补贴后,又不能达到实际的产量和生产力。如何比较和评价事前补贴、事后补贴对于缓减极端天气造成的负面影响?如何创新更多的补贴方式从而更好优化农业合作社和公司的决策值得思考和研究。

10.3　未　来　展　望

本书量化研究了极端天气影响下"农业合作社 + 公司"型农产品供应链契约协调和政府补贴机制,通过建立极端天气影响农产品质量的随机利润函数,通过数理模型和案例研究分析了极端天气、公平关切和公益性对农产品供应链相关决策、契约协调和政府补贴机制的影响,为应对极端天气对农业生产造成的负面影响、保障农产品稳产保供、农产品供应链优化运作提出了相关策略。虽然本书在理论上拓展了极端天气影响下的农业生产决策、丰富了农产品供应链管理的基本理论,但是研究依然存在一定局限性。在后续研究中可以从以下几方面拓展、深化天气影响下的"农业合作社 + 公司"型农产品供应链契约协调与政府补贴机制的相关研究。

1. 有必要研究"多个农业合作社 + 单个公司"型农产品供应链的生产决策问题

本书为了直观分析极端天气对农产品供应链生产决策、契约协调和政府补贴机制的影响,仅考虑单一农业合作社与单一公司组成的农产品供应链结构。实践表明,我国农户多为以家庭为单位的小农经济实体,同时由于地域分散、南北差异、东西差异,各地的农业合作社数量众多,农业农村部数据显示,截至 2022 年 3 月,全国依法登记的农民合作社达到 222.2 万家,且其中种粮合作社达 48.3 万家。这意味着,我国的农业合作社数量众多、经营规模有限,更多的是多个农业合作社与单个公司合作,公司处于靠近市场的供应链下游，能形成更大的规模经营、开拓并覆盖较大范围市场、统一整合物流资源，极大程度地降低经营成本、获取规模经济效应。于是，不可避免地要研究多个农业合作社具有公平关切情形下"农业合作社+公司"型农产品供应链的生产决策、契约协调和政府补贴机制问题。虽然随机需求函数会大大增加计算、求解的复杂性和困难程度，但是，更贴近现实我国农业合作社众多，"多个农业合作社+公司"更普遍的实际情况。此时，处于同级的农业合作社可能同时具有纵向公平关切和横向公平关切，即农业合作社既关注自身利润与合作公司利润的比较，也会甚至更关心同级农业合作社利润的比较。

因此，有必要刻画农业合作社多重公平关切的效用函数，检验"收益共享+加盟金"组合契约还能否协调"多个农业合作社+单个公司"型农产品供应链，农业合作社纵向和横向的公平关切如何影响契约设计、契约参数范围，从而更好地应对极端天气，从更符合实际情况的角度提出稳产保供、优化农产品供应链运作的策略建议。

2. 有必要研究政府补贴受财政预算约束情形下的农产品供应链决策优化

本书政府补贴部分得到的所有结论的假设前提是政府补贴不受财政预算约束且不参与相关决策，这显然与实际情况有差异。一方面，政府每年要支出很大一笔经费用于农业补贴，肯定会决策、评价经费使用去向；另一方面，近几年由于极端天气、地缘政治、市场波动等因素，政府收入下降，政府用于农业补贴的资金受到财政预算约束。于是，不可避免地要考虑政府补贴受财政预算约束条件下农产品供应链的生产决策、契约协调和政府最优补贴策略问题。进一步，如果补贴受财政预算约束，那么政府为了更好地利用补贴资金，政府会参与决策，即"农业合作社+公司"型农产品供应链由原来农业合作社和公司两方决策转变为纳入政府在内的三方决策，如何建立并求解三阶段动态博弈模型，其中政府先决策政府补贴金额，然后农业合作社决策批发价格和种植努力，最后由公司决定农产品收购数量与销售价格。在该三阶段动态博弈模型中，每个阶段都同时存在两个决策变量且决策目标函数都为非线性，采用逆向归纳法求解时很难判断各个阶段中海塞矩阵是否为负定，尤其当农产品供应链同时面临极端天气影响的不确定产出、消费市场的不确定需求条件下进一步加剧了模型求解的复杂性和难度。但是更贴近现实政府预算资金受约束、农业靠天收、农产品处于"小生产、大市场"的客观现实情境。

因此，有必要考虑政府补贴资金受财政预算约束且政府参与决策条件下的农产品供应链最优决策、契约协调和政府补贴机制问题，检验的四种补贴方式对应对极端天气、保障农产品稳产保供和稳定农产品供应链运作是否依然有效？特别是当某种补贴方式有效但是需要的补贴资金超过了政府的预算约束，各方的决策又应当如何优化等。当政府参与决策后，是否需要创新其他的补贴方式以提高政府有限资金的使用效率，同时保证消费剩余和社会整体福利的改进。

3. 有必要研究"农业合作社 + 公司"型农产品供应链风险转移机制设计

本书考虑极端天气这一农业生产重要因素研究"农业合作社 + 公司"型农产品供应链契约设计与政府补贴机制，从而缓减、应对极端天气对农业生产的负面影响。首先，通过建立极端天气影响农产品质量从而影响农业合作社和公司的随机利润函数来刻画天气风险，且通过设计收益共享契约、"收益共享 + 加盟金"组合契约协调农产品供应链，提高极端天气影响下的农户生产积极性。"农业合作社 + 公司"型农产品供应链在实际运作中可选择的柔性契约很多，如保底收益 + 收益共享、保底收益 + 农民入股 + 按股分红等。于是，不可避免地要进行多样化契约创新，探寻是否存在效率更高、效果更好的组合契约更好地协调农业合作社和公司之间的"收益共享，风险共担"，以更好地缓减极端天气对农业生产和农产品供应链的负面影响。其次，由于本书的研究实质上是在农产品供应链内部通过契约设计来减少极端天气的负面影响，但是当柔性契约不足以应对极端天气时，需要积极寻求天气风险管理的外化通道以打破农产品供应链系统封闭性的创新路径。对于广大农户来说，最在意的是降低天气情况变化（如暴风雪造成的冻害、暴风雨造成的洪涝、持续干旱等）导致的损失，农户甚至农业合作社往往无法承担由此带来的巨额损失，因此，购买相关的天气衍生产品（如天气期权、天气保险）尤为重要。天气保险正是解决这一问题的有效金融创新工具，能够将"农业合作社 + 公司"型农产品供应链所面临的天气风险转移到外部保险市场进行对冲。

有必要探寻、创新多样化柔性组合契约更好地让农业合作社和公司形成利益整体实现农产品稳产保供。有必要创新运用天气指数（如暴雨天气的降雨量）保险合同（例如天气期权契约、天气看涨、天气看跌契约等）来转移农产品生产环节遭遇的极端天气的解决方案，从而实现转移农产品供应链所面临的天气风险，同时，更好地协调农产品供应链成员（农业合作社和公司）间的合作关系，激励农业合作社和公司双方成为"收益共享，风险共担"的利益共同体。

4. 有必要在信息非对称背景下研究农产品供应链契约协调和政府补贴机制

本书研究极端天气下"农业合作社 + 公司"型农产品供应链契约协调与政府补贴机制是在假设不考虑农业合作社农资成本、不考虑公司运行成本且假设农业合作社种植努力成本信息是对称的前提下进行的。众所周知，在农产品供应链实际运作过程中农业合作社一定会产生农资成本（如种子、地膜、农药、温室大棚、耕作机械设备等成本投入），而公司必然会产生运营成本（如管理成本、市场信息成本、销售成本等），且双方的这些成本信息只有自身清楚，很难被对方知道。不可避免地，农业合作社和公司都面临利益分配契约的选择和设计问题。此外，本书研究了公平关切和公益性对农产品供应链决策、契约协调和政府补贴机制的影响，但是也是在信息对称前提下进行的。实际上，公平关切和公益性都是决策者的一种内在心理偏好，会间接影响决策，且公平关切和公益性都是决策者的私人信息，具有主观性和非对称性。一方面，在农产品供应链运营中，成员企业在决策时可能存在隐瞒、伪装或者夸大的情况，导致其他成员受到虚假信息干扰而作出不合理的决策；另一方面，公平关切和公益性作为主观偏好，可能会随着合作者变化、农产品供应链渠道结构和力量的变化而变化，需要甄别。

因此，有必要考虑农业合作社和公司的变动成本特征、有必要考虑公平关切和公益性的信息非对称特征开展研究。信息非对称下，一方面，可以采用委托代理模型引入"农业合作社 + 公司"型农产品供应链契约协调与政府补贴机制研究问题中，以成本为约束条件，尽可能真实地反映农业合作社和公司在追求利润或者效用最大化过程中如实地传递成本信息，有效克服农业合作社公平关切负效用、提高双方的公益性正效用，使模型从更符合决策主体心理的角度开展，得到的结论和管理策略能更有效地指导农产品供应链实践运作。另一方面，可以采用信号传递模型研究公平关切和公益性信息非对称下的农产品供应链合作伙伴甄选与合作问题，通过计算公平关切和公益性信息非对称对各方的信息价值，分别设计不同信号传递成本的模型，通过比较分析求解传递真实公平关切和公益性信息传递的约束条件和范围，从而解决信息非对称引起的逆向选择和效率损失问题。

5. 有必要研究考虑多周期农产品供应链的契约协调和政府补贴机制问题

本书重点关注了极端天气影响下单周期的农产品供应链契约协调与政府补贴机制，虽然农产品生产周期很长，但是每个周期的天气情况往往不同、市场需求情况有差异、政府财政情况有差异。于是，在农业生产多周期下考虑极端天气影响"农业合作社＋公司"型农产品供应链契约协调与政府补贴机制将发生变化，这将进一步使"农业合作社＋公司"型农产品供应链的最优决策、各种补贴方式的激励效果变得更为复杂。

　　因此，未来研究可以考虑以下三种情况：首先，市场需求情况不变、政府财政情况不变条件下，仅考虑农业生产多周期、每个周期面临不同极端天气时的农产品供应链契约和政府补贴机制问题，此时是否需要根据不同的极端天气设计不同的（或者具有统一包容性）契约或者天气指数合同来应对或者外化极端天气对农业生产的影响，确保各种不同极端天气都能保障农产品稳产保供。其次，考虑极端天气不变、财政收入情况不变条件下，研究市场需求变化的影响，如何建立能反映多周期需求变化的随机需求函数成为模型建立的前提和研究基础，且农产品需求具有地域分布不均衡性，如何纳入这一因素考虑，使农业生产产出与需求尽可能匹配，有效对接生产和需求，平抑物价，改进消费者剩余和改善社会整体福利，值得研究。最后，考虑极端天气不变、市场需求不变，仅考虑政府财政情况变化条件下，将政府的预算资金作为约束条件，建立极端天气下农产品供应链非线性约束博弈模型，采用库恩塔克条件和拉格朗日函数求解，为政府合理、高效地补贴农产品供应链提供科学的量化依据。

　　6. 有必要采用问卷调查来检验、修正和完善理论研究结论

　　本书采用数理模型研究农产品供应链契约协调和补贴机制，并通过案例分析对研究结论进行印证和说明。一方面，数理模型依赖于一定假设条件，为了在可操作性和计算复杂性之间权衡以得到更为直观、显著的结论，本书的模型假设忽略很多现实因素，如公司经营成本、农业合作社变化的种植成本信息、公平关切为常数且信息对称等，显然不能真实地反映天气影响下农产品供应链的实际运营和决策条件。另一方面，虽然本书也通过案例分析进行说明，但是只作了典型个案分析，具有一定的特殊性和局限性，不能全面反映极端天气、公平关切、公益性和政府补贴机制对"农业合作社＋公司"型农产品供应链的影响，基于此提出的管理策略也不能更全面地指导农产品供应链运作实践。

　　因此，未来有必要采取设计问卷，对不同区域的农业合作社、公司进行调查，结合走访调查，在更真实的条件下了解极端天气风险如何影响农业合作社决策、公司决策以及农产品供应链运作。在此基础上，进一步完善问卷，并扩大样本数量进行研究，从而从更大的地域范围、农产品范围

和农产品供应链参与主体范围研究天气影响下的农产品供应链决策、契约协调与政府补贴机制研究。有必要采用文本分析，梳理各个地方政府的补贴方式和对应补贴政策。并分析各种补贴方式的效率和效果，为更好地利用政府资金、选择更合理的补贴方式提出一种通用的选择依据。

附 录　证 明 过 程

附录 A　第 4 章证明过程

A（1）引理 4.1

$$\frac{\mathrm{d}E(\pi_{sc}^{C})}{\mathrm{d}z} = \frac{(aek^{-\beta(v-\bar{v})})^{\frac{1}{b}}q^{1-\frac{1}{k}}\int_{0}^{z}xf(x)\,\mathrm{d}x}{bz^{2-\frac{1}{b}}}\left(\frac{z(1-F(z))}{\int_{0}^{z}xf(x)\,\mathrm{d}x} - (b-1)\right)$$

定义 $G(x) = \dfrac{z\bar{F}(x)}{\int_{0}^{z}xf(x)\mathrm{d}x}$ ，则 $\dfrac{\mathrm{d}G(x)}{\mathrm{d}z} = \dfrac{\bar{F}(x)}{\left(\int_{0}^{z}xf(x)\mathrm{d}x\right)^{2}}\int_{0}^{z}\left(\dfrac{xf(x)}{\bar{F}(x)} - \dfrac{zf(z)}{\bar{F}(z)}\right)\bar{F}(x)\mathrm{d}x$。

由于 ε 的广义失败率为 $h(x) = xf(x)/\bar{F}(x)$ ，其中，$\bar{F}(x) = 1 - F(x)$ ，ε 具有递增的广义失败率性质，所以 $\mathrm{d}G(x)/\mathrm{d}z < 0$ ，此时 $\lim\limits_{x\to0}\mathrm{d}E(\pi_{sc}^{C})/\mathrm{d}z > 0$ ，$\lim\limits_{x\to\infty}\mathrm{d}E(\pi_{sc}^{C})/\mathrm{d}z < 0$ ，因此 $E(\pi_{sc}^{C})$ 为 z 在 $[0,\ +\infty)$ 上的凹函数，由凹函数性质可知，存在唯一的最优库存因子 z 满足 $\mathrm{d}E(\pi_{sc}^{C})/\mathrm{d}z = 0$ ，此时得到 $\int_{0}^{z}(b-1)xf(x)\,\mathrm{d}x = z(1-F(z))$ 。

A（2）集中决策均衡解

根据引理 4.1 ，可得 $\int_{0}^{z}(b-1)xf(x)\mathrm{d}x = z(1-F(z))$ ，则

$$\max_{e,q}E(\pi_{sc}^{C}) = E(\pi_{f}^{C}) + E(\pi_{s}^{C}) = (w-c)q - \frac{1}{2}e^{2} + pE[\min(q,\ d)] - wq$$

$$= \left(\frac{zaek^{-\beta(v-\bar{v})}}{q}\right)^{\frac{1}{b}}q\left(1 - \int_{0}^{z}\left(1 - \frac{x}{z}\right)f(x)\,\mathrm{d}x\right) - cq - \frac{1}{2}e^{2}$$

此时海塞矩阵为

$$\boldsymbol{H}_0(q,\,e) = \begin{pmatrix} -\dfrac{\left(\dfrac{zaek^{-\beta(v-\bar{v})}}{q}\right)^{\frac{1}{b}}q(1-F(z))+be^2}{be^2} & \dfrac{\left(\dfrac{zaek^{-\beta(v-\bar{v})}}{q}\right)^{\frac{1}{b}}(1-F(z))}{be} \\[3em] \dfrac{\left(\dfrac{zaek^{-\beta(v-\bar{v})}}{q}\right)^{\frac{1}{b}}(1-F(z))}{be} & -\dfrac{\left(\dfrac{zaek^{-\beta(v-\bar{v})}}{q}\right)^{\frac{1}{b}}(1-F(z))}{bq} \end{pmatrix}$$

由 $0<F(z)<1$，$b>1$，$\beta>1$，可知海塞矩阵负定。

由 $\dfrac{\mathrm{d}E(\pi_{sc}^{C})}{\mathrm{d}q} = \dfrac{\mathrm{d}(\pi_{sc}^{C})}{\mathrm{d}e} = 0$，联立求解可得最优博弈均衡解为

$$q^{C*} = \frac{z^2 a^2 ck^{-2\beta(v-\bar{v})}}{b-1}\left(\frac{1-F(z)}{c}\right)^{2b}, \quad e^{C*} = \frac{zack^{-\beta(v-\bar{v})}}{b-1}\left(\frac{1-F(z)}{c}\right)^{b}$$

将 q^{C*} 和 e^{C*} 代入 $p = \left(\dfrac{zaek^{-\beta(v-\bar{v})}}{q}\right)^{\frac{1}{b}}$ 得 $p^{C*} = \dfrac{c}{1-F(z)}$，于是容易求得 $E(\pi_{sc}^{C*})$。

A（3）不考虑公平关切和公益性情形的均衡解

同第 3 章 3.2 基于批发价格契约的模型分析情形相同。

A（4）农业合作社公平关切情形的均衡解证明

根据引理 4.1，可得 $\int_0^z xf(x)\,\mathrm{d}x = z(1-F(z))/b-1$，则

$$\max_{p,q}E(\pi_s^{F}) = pE[\min(q,\,d)] - wq = \left(\frac{zaek^{-\beta(v-\bar{v})}}{q}\right)^{\frac{1}{b}}q\frac{b(1-F(z))}{b-1} - wq$$

$$\frac{\mathrm{d}E(\pi_s^{F})}{\mathrm{d}q} = (zaek^{-\beta(v-\bar{v})})^{\frac{1}{b}}q^{-\frac{1}{b}}(1-F(z)) - w$$

$$\frac{\mathrm{d}^2 E(\pi_s^{F})}{\mathrm{d}q^2} = -\frac{(zaek^{-\beta(v-\bar{v})})^{\frac{1}{b}}q^{-\frac{1}{b}-1}(1-F(z))}{b}$$

由于 $0<F(z)<1$，$b>1$，$\beta>1$，所以 $\dfrac{\mathrm{d}^2 E(\pi_s^{F})}{\mathrm{d}q^2}<0$，存在 q 的最优解。

令 $\dfrac{\mathrm{d}E(\pi_s^{F})}{\mathrm{d}q} = 0$，得 $q = zaek^{-\beta(v-\bar{v})}\left(\dfrac{w}{1-F(z)}\right)^{-b}$，再将 q 代入 $E(u_f^{I}) = E(\pi_f^{I}) - \lambda(E(\pi_s^{I}) - E(\pi_f^{I}))$ 可得

$$\max_{w,e}E(u_f^{F}) = zaek^{-\beta(v-\bar{v})}\left(\frac{w}{(1-F(z))}\right)^{-b}\left[(1+\lambda)(w-c) - \frac{\lambda w}{b-1}\right] - \frac{1+\lambda}{2}e^2$$

由于 $E(u_f^F)$ 同时决策 w 和 e，由海塞矩阵负定，得到约束条件 $w_1(w, e) < 0$，$w_2(w, e) < 0$。构建拉格朗日函数，有

$$L_1 = (1+\lambda)\left[(w-c)q - \frac{1}{2}e^2\right] - \lambda\left[pE[\min(q, d)] - wq\right]$$
$$+ g_1 w_1(w, e) + g_2 w_2(w, e)$$

由 KT 条件：$\dfrac{\mathrm{d}L_1}{\mathrm{d}w} = \dfrac{\mathrm{d}L_1}{\mathrm{d}e} = 0$，$\dfrac{\mathrm{d}L_1}{\mathrm{d}g_1} < 0$，$\dfrac{\mathrm{d}L_1}{\mathrm{d}g_2} < 0$，$g_1 w_1(w, e) = g_2 w_2(w, e) = 0$，$g_1 = g_2 = 0$。联立求解得

$$w^{F*} = \frac{bc(1+\lambda)}{(b-2)\lambda + b - 1}, \quad e^{F*} = \frac{zack^{-\beta(v-\bar{v})}}{b-1}\left(\frac{(b\lambda - 2\lambda + b - 1)(1-F(z))}{bc(1+\lambda)}\right)^b$$

将 w^{F*} 和 e^{F*} 代入 $q = zaek^{-\beta(v-\bar{v})}\left(\dfrac{w}{1-F(z)}\right)^{-b}$ 得 q^{F*}，再将 q^{F*} 代入

$p = \left(\dfrac{zaek^{-\beta(v-\bar{v})}}{q}\right)^{\frac{1}{b}}$ 得 p^{F*}。将 w^{F*}、e^{F*}、q^{F*}、p^{F*} 依次代入 $E(\pi_s^F)$、$E(\pi_f^F)$，可求得 $E(\pi_f^{F*})$、$E(\pi_s^{F*})$ 从而 $E(\pi_{sc}^{F*})$。

A（5）性质 4.1 的证明

根据 $0 < F(z) < 1$，$b > 1$，$\beta > 1$，易得 $\dfrac{\mathrm{d}w^{F*}}{\mathrm{d}\lambda} = \dfrac{bc}{((b-2)\lambda + b - 1)^2} > 0$

$$\frac{\mathrm{d}e^{F*}}{\mathrm{d}\lambda} = -\frac{zack^{-\beta(v-\bar{v})}(1-F(z))}{c(b-1)(1+\lambda)^2}\left(\frac{(b\lambda - 2\lambda + b - 1)(1-F(z))}{bc(1+\lambda)}\right)^{b-1} < 0$$

$$\frac{\mathrm{d}q^{F*}}{\mathrm{d}\lambda} = -\frac{2z^2 a^2 ck^{-2\beta(v-\bar{v})}(1-F(z))}{c(b-1)(1+\lambda)^2}\left(\frac{(b\lambda - 2\lambda + b - 1)(1-F(z))}{bc(1+\lambda)}\right)^{2b-1} < 0$$

$$\frac{\mathrm{d}p^{F*}}{\mathrm{d}\lambda} = \frac{bc}{(b\lambda - 2\lambda + b - 1)(1-F(z))} > 0,$$

$$\frac{\mathrm{d}E(\pi_f^{F*})}{\mathrm{d}\lambda} = \frac{2\lambda(1-2b)(1-F(z))}{c(b\lambda - 2\lambda + b - 1)(1+\lambda)^2} < 0$$

$$\frac{\mathrm{d}E(\pi_s^{F*})}{\mathrm{d}\lambda} = \frac{(1-2b)(1-F(z))}{bc(1+\lambda)(b\lambda - 2\lambda + b - 1)} < 0,$$

$$\frac{\mathrm{d}E(\pi_{sc}^{F*})}{\mathrm{d}\lambda} = \frac{\mathrm{d}E(\pi_f^{F*})}{\mathrm{d}\lambda} + \frac{\mathrm{d}E(\pi_s^{F*})}{\mathrm{d}\lambda} < 0$$

A（6）农业合作社公平关切 + 公司公益性的均衡解证明

根据引理 4.1，可得 $\int_0^z xf(x)\mathrm{d}x = z(1-F(z))/b - 1$，则

$$\max_{p,q} E(u_s^l) = E(\pi_s^l) + \gamma CS = pE[\min(q,d)] - wq + \gamma \int_p^{+\infty}(x-p)\phi(x)\mathrm{d}x$$

$$= \left(\frac{zaek^{-\beta(v-\bar v)}}{q}\right)^{\frac{1}{b}} q \frac{b(1-F(z))}{b-1} - wq + \gamma \left(\frac{zaek^{-\beta(v-\bar v)}}{q}\right)^{\frac{1}{b}} q \frac{b(1-F(z))}{(b-1)^2}$$

$$= \left(1+\frac{\gamma}{b-1}\right)\left(zaek^{-\beta(v-\bar v)}\right)^{\frac{1}{b}} q^{1-\frac{1}{b}}\frac{b(1-F(z))}{b-1} - wq$$

$$\frac{\mathrm{d}E(u_s^l)}{\mathrm{d}q} = \left(1+\frac{\gamma}{b-1}\right)\left(zaek^{-\beta(v-\bar v)}\right)^{\frac{1}{b}} q^{-\frac{1}{b}}(1-F(z)) - w$$

$$\frac{\mathrm{d}^2E(u_s^l)}{\mathrm{d}q^2} = -\frac{(b-1+\gamma)\left(zaek^{-\beta(v-\bar v)}\right)^{\frac{1}{b}} q^{-\frac{1}{b}-1}(1-F(z))}{b(b-1)}$$

由于 $0<F(z)<1$，$b>1$，$\beta>1$，所以 $\dfrac{\mathrm{d}^2E(u_s^l)}{\mathrm{d}q^2}<0$，存在 q 的最优解。

令 $\dfrac{\mathrm{d}E(u_s^l)}{\mathrm{d}q}=0$，得 $q=zaek^{-\beta(v-\bar v)}\left(\dfrac{w(b-1)}{(b-1+\gamma)(1-F(z))}\right)^{-b}$，再将 q 代入 $E(u_f^l)=E(\pi_f^l)-\lambda(E(\pi_s^l)-E(\pi_f^l))$ 可得：$\max_{w,e}E(u_f^l)=zaek^{-\beta(v-\bar v)}\left(\dfrac{w(b-1)}{(b-1+\gamma)(1-F(z))}\right)^{-b}\left[(1+\lambda)(w-c)+\dfrac{w\lambda(\gamma-1)}{b-1+\gamma}\right]-\dfrac{1+\lambda}{2}e^2$。

由于 $E(u_f^l)$ 同时决策 w 和 e，由海塞矩阵负定，得到约束条件 $w_1(w,e)<0$，$w_2(w,e)<0$。构建拉格朗日函数，有

$$L_1 = (1+\lambda)\left[(w-c)q-\frac{1}{2}e^2\right]-\lambda[pE[\min(q,d)]-wq]$$
$$+g_1w_1(w,e)+g_2w_2(w,e)$$

满足 KT 条件：$\dfrac{\mathrm{d}L_1}{\mathrm{d}w}=\dfrac{\mathrm{d}L_1}{\mathrm{d}e}=0$，$\dfrac{\mathrm{d}L_1}{\mathrm{d}g_1}<0$，$\dfrac{\mathrm{d}L_1}{\mathrm{d}g_2}<0$，$g_1w_1(w,e)=g_2w_2(w,e)=0$，$g_1=g_2=0$。

联立求解：$w^{l*}=\dfrac{bc(1+\lambda)(b-1+\gamma)}{(b-1)((b+2\gamma-2)\lambda+b+\gamma-1)}$，$e^{l*}=\dfrac{zack^{-\beta(v-\bar v)}}{b-1}\Lambda^b$。

将 w^{l*} 和 e^{l*} 代入 $q=zaek^{-\beta(v-\bar v)}\left(\dfrac{w(b-1)}{(b-1+\gamma)(1-F(z))}\right)^{-b}$ 得 q^{l*}，再将 q^{l*} 代入 $p=\left(\dfrac{zaek^{-\beta(v-\bar v)}}{q}\right)^{\frac{1}{b}}$ 得 p^{l*}。将 w^{l*}，e^{l*}，q^{l*}，p^{l*} 依次代入利润表达式，可分别求得 $E(\pi_f^{l*})$、$E(\pi_s^{l*})$、$E(\pi_{sc}^{l*})$。

A（7）性质4.2的证明

$$\frac{\partial w^{l*}}{\partial \gamma} = -\frac{b^2c\lambda(1+\lambda)}{((b+2\gamma-2)\lambda+b+\gamma-1)^2(b-1)}<0$$

$$\frac{\partial p^{l^*}}{\partial \gamma} = -\frac{bc(1+\lambda)(1+2\lambda)}{((b+2\gamma-2)\lambda+b+\gamma-1)^2(1-F(z))} < 0$$

$$\frac{\partial e^{l^*}}{\partial \gamma} = \frac{zabck^{-\beta(v-\bar{v})}(1+2\lambda)}{(b-1)((b+2\gamma-2)\lambda+b+\gamma-1)}\Lambda^b > 0$$

$$\frac{\partial q^{l^*}}{\partial \gamma} = \frac{2z^2a^2bck^{-\beta(v-\bar{v})}(1+2\lambda)}{(b-1)((b+2\gamma-2)\lambda+b+\gamma-1)}\Lambda^{2b} > 0$$

$$\frac{\partial E(\pi_f^{l^*})}{\partial \gamma} = \frac{Cz^2a^2bc^2k^{-2\beta(v-\bar{v})}(1+2\lambda)}{(b-1)^2((b+2\gamma-2)\lambda+b+\gamma-1)^2}\Lambda^{2b} > 0$$

其中，$C = ((5-4\gamma)b+4\gamma-4)\lambda^2 - ((2\gamma-4)b-4\gamma+4)\lambda+b+\gamma-1$。

$$\frac{\partial E(\pi_{sc}^{l^*})}{\partial \gamma} = \frac{z^2a^2bc^2k^{-2\beta(v-\bar{v})}(2b-1)(1-\gamma)(1+2\lambda)^2}{(b-1)^2((b+2\gamma-2)\lambda+b+\gamma-1)^2}\Lambda^{2b} > 0$$

$$\frac{\partial E(\pi_s^{l^*})}{\partial \gamma} = \frac{z^2a^2b^2c^2k^{-2\beta(v-\bar{v})}(1+\lambda)(-4\gamma\lambda+3\lambda-2\gamma+1)}{(b-1)^2((b+2\gamma-2)\lambda+b+\gamma-1)^2}\Lambda^{2b}$$

令 $\frac{\partial E(\pi_s^{l^*})}{\partial \gamma} = 0$，计算可得 $\gamma = \frac{1+3\lambda}{2(1+2\lambda)}$。当 $0 < \gamma < \frac{1+3\lambda}{2(1+2\lambda)}$ 时，

$\frac{\partial E(\pi_s^{l^*})}{\partial \gamma} > 0$；当 $\frac{1+3\lambda}{2(1+2\lambda)} < \gamma < 1$ 时，$\frac{\partial E(\pi_s^{l^*})}{\partial \gamma} < 0$。证毕。

A（8）性质4.3证明

同第3章性质3.1证明过程。

A（9）收益共享契约情形证明

根据引理4.1，可得 $\int_0^z xf(x)\,\mathrm{d}x = z(1-F(z))/b-1$，则

$$\max_{p,q} E(u_s^{RC}) = (1-\eta)pE[\min(q,d)] - wq + \gamma\int_p^{+\infty}(x-p)\phi(x)\,\mathrm{d}x$$

$$= \left(1-\eta+\frac{\gamma}{b-1}\right)(zaek^{-\beta(v-\bar{v})})\frac{1}{b}q^{1-\frac{1}{b}}\frac{b(1-F(z))}{b-1} - wq$$

$$\frac{\mathrm{d}E(u_s^{RC})}{\mathrm{d}q} = \frac{(1-F(z))((1-\eta)b+\eta+\gamma-1)\left(\frac{zaek^{-\beta(v-\bar{v})}}{q}\right)^{\frac{1}{b}}}{b-1} - w$$

$$\frac{\mathrm{d}^2E(u_s^{RC})}{\mathrm{d}q^2} = \frac{(-b\eta+b+\eta+\gamma-1)\left(\frac{zaek^{-\beta(v-\bar{v})}}{q}\right)^{\frac{1}{b}}(-1+F(z))}{bq(b-1)}$$

由于 $0 < F(z) < 1$，$b > 1$，$\beta > 1$，所以 $\frac{\mathrm{d}^2E(u_s^{RC})}{\mathrm{d}q^2} < 0$，存在 q 的最优

解。令 $\dfrac{\mathrm{d}E(u_s^{RC})}{\mathrm{d}q}=0$ 得：$q = zaek^{-\beta(v-\bar{v})}\left(\dfrac{w(b-1)}{(-b\eta+b+\eta+\gamma-1)(1-F(z))}\right)^{-b}$，

再将 q 代入 $E(u_f^{RC})=E(\pi_f^{RC})-\lambda(E(\pi_s^{RC})-E(\pi_f^{RC}))$ 可得

$$\max_{w,e}E(u_f^{RC})=zaek^{-\beta(v-\bar{v})}\left(\frac{w(b-1)}{(-b\eta+b+\eta+\gamma-1)(1-F(z))}\right)^{-b}\left[(1+\lambda)(w-c)\right.$$

$$\left.+\frac{bw(2\eta\lambda+\eta-\lambda)}{-b\eta+b+\eta+\gamma-1}+w\lambda\right]-\frac{1+\lambda}{2}e^2$$

由于 $E(u_f^{RC})$ 同时决策 w 和 e，由海塞矩阵负定，得到约束条件 $w_1(w,\ e)<0$，$w_2(w,\ e)<0$。构建拉格朗日函数，有

$$L_1=(1+\lambda)\left[(w-c)q-\frac{1}{2}e^2+\eta pE[\min(q,\ d)]\right]$$

$$-\lambda\left[(1-\eta)pE[\min(q,\ d)]-wq\right]$$

$$+g_1w_1(w,\ e)+g_2w_2(w,\ e)$$

满足 KT 条件：$\dfrac{\mathrm{d}L_1}{\mathrm{d}w}=\dfrac{\mathrm{d}L_1}{\mathrm{d}e}=0$，$\dfrac{\mathrm{d}L_1}{\mathrm{d}g_1}<0$，$\dfrac{\mathrm{d}L_1}{\mathrm{d}g_2}<0$，$g_1w_1(w,\ e)=g_2w_2(w,\ e)=$

0，$g_1=g_2=0$，得 $w^{RC*}=\dfrac{bc(1+\lambda)(-b\eta+b+\eta+\gamma-1)}{(b-1)((b+2\gamma+2\eta-2)\lambda+b+\eta+\gamma-1)}$，$e^{RC*}=$

$\dfrac{zack^{-\beta(v-\bar{v})}}{b-1}\Omega^b$。

将 w^{RC*} 和 e^{RC*} 代入 $q=zaek^{-\beta(v-\bar{v})}\left(\dfrac{w(b-1)}{(-b\eta+b+\eta+\gamma-1)(1-F(z))}\right)^{-b}$

得 q^{RC*}，再将 q^{RC*} 代入 $p=\left(\dfrac{zaek^{-\beta(v-\bar{v})}}{q}\right)^{\frac{1}{b}}$ 得 p^{RC*}。将 w^{RC*}，e^{RC*}，q^{RC*}，

p^{RC*} 依次代入各方利润，可分别求得 $E(\pi_f^{RC*})$、$E(\pi_s^{RC*})$、$E(\pi_{sc}^{RC*})$。

A（10）命题 4.2 的证明

令 $e^{RC*}=e^{C*}$ 可得 $\eta=1-\gamma$。再将 $\eta=1-\gamma$ 分别代入 q^{RC*}、p^{RC*}、$E(\pi_{sc}^{RC*})$、$E(\pi_f^{RC*})$、$E(\pi_s^{RC*})$，比较可得：$q^{RC*}=q^{C*}$，$p^{RC*}=p^{C*}$，$E(\pi_{sc}^{RC*})=E(\pi_{sc}^{C*})$，$E(\pi_f^{RC*})=E(\pi_{sc}^{RC*})>E(\pi_f^{I*})$，$E(\pi_s^{RC*})=0$。因此，当 $\eta=1-\gamma$ 时，收益共享契约实现农产品供应链协调。

A（11）"收益共享 + 加盟金"组合契约情形证明

根据引理 4.1，可得 $\int_0^z xf(x)\mathrm{d}x=z(1-F(z))/b-1$，则

$$\max_{p,q}E(u_s^{RC-T})=(1-\eta)pE[\min(q,\ d)]-wq+\gamma\int_p^{+\infty}(x-p)\phi(x)\mathrm{d}x+T$$

$$= \left(1 - \eta + \frac{\gamma}{b-1}\right)\left(^z aek^{-\beta(v-\bar{v})}\right)\frac{1}{b}q^{1-\frac{1}{b}}\frac{b(1-F(z))}{b-1} - wq + T$$

$$\frac{\mathrm{d}E(u_s^{RC-T})}{\mathrm{d}q} = \frac{(1-F(z))((1-\eta)b+\eta+\gamma-1)\left(\frac{zaek^{-\beta(v-\bar{v})}}{q}\right)^{\frac{1}{b}}}{b-1} - w$$

$$\frac{\mathrm{d}^2E(u_s^{RC-T})}{\mathrm{d}q^2} = \frac{(-b\eta+b+\eta+\gamma-1)\left(\frac{zaek^{-\beta(v-\bar{v})}}{q}\right)^{\frac{1}{b}}(-1+F(z))}{bq(b-1)}$$

由于 $0 < F(z) < 1$，$b > 1$，$\beta > 1$，所以 $\dfrac{\mathrm{d}^2E(u_s^{RC-T})}{\mathrm{d}q^2} < 0$，存在 q 的最优解。

令 $\dfrac{\mathrm{d}E(u_s^{RC-T})}{\mathrm{d}q} = 0$ 得：$q = zaek^{-\beta(v-\bar{v})}\left(\dfrac{w(b-1)}{(-b\eta+b+\eta+\gamma-1)(1-F(z))}\right)^{-b}$，再

将 q 代入 $E(u_f^{RC-T}) = E(\pi_f^{RC-T}) - \lambda(E(\pi_s^{RC-T}) - E(\pi_f^{RC-T}))$ 可得

$$\max_{w,e}E(u_f^{RC-T}) = zaek^{-\beta(v-\bar{v})}\left(\frac{w(b-1)}{(-b\eta+b+\eta+\gamma-1)(1-F(z))}\right)^{-b}\Big[(1+\lambda)(w-c)$$

$$+ \frac{bw(2\eta\lambda+\eta-\lambda)}{-b\eta+b+\eta+\gamma-1} + w\lambda\Big] - (1+2\lambda)T - \frac{1+\lambda}{2}e^2$$

由于 $E(u_f^{RC})$ 同时决策 w 和 e，由海塞矩阵负定，得到约束条件 $w_1(w,e) < 0$，$w_2(w,e) < 0$。构建拉格朗日函数，有

$$L_1 = (1+\lambda)\Big[(w-c)q - \frac{1}{2}e^2 + \eta pE[\min(q,d)] - T\Big]$$

$$- \lambda\big[(1-\eta)pE[\min(q,d)] - wq + T\big]$$

$$+ g_1w_1(w,e) + g_2w_2(w,e)$$

满足 KT 条件：$\dfrac{\mathrm{d}L_1}{\mathrm{d}w} = \dfrac{\mathrm{d}L_1}{\mathrm{d}e} = 0$，$\dfrac{\mathrm{d}L_1}{\mathrm{d}g_1} < 0$，$\dfrac{\mathrm{d}L_1}{\mathrm{d}g_2} < 0$，$g_1w_1(w,e) = g_2w_2(w,e) =$

0，$g_1 = g_2 = 0$。解得 $w^{RC-T*} = \dfrac{bc(1+\lambda)(-b\eta+b+\eta+\gamma-1)}{(b-1)((b+2\gamma+2\eta-2)\lambda+b+\eta+\gamma-1)}$，

$e^{RC-T*} = \dfrac{zack^{-\beta(v-\bar{v})}}{b-1}\Omega^b$。

将 w^{RC-T*} 和 e^{RC-T*} 代入 $q = zaek^{-\beta(v-\bar{v})}\left(\dfrac{w(b-1)}{(-b\eta+b+\eta+\gamma-1)(1-F(z))}\right)^{-b}$

得 q^{RC-T*}，再将 q^{RC-T*} 代入 $p = \left(\dfrac{zaek^{-\beta(v-\bar{v})}}{q}\right)^{\frac{1}{b}}$ 得 p^{RC-T*}。将 w^{RC-T*}、

e^{RC-T*}、q^{RC-T*}、p^{RC-T*} 依次代入各方利润，可分别求得 $E(\pi_f^{RC-T*})$、

$E(\pi_s^{RC-T*})$、$E(\pi_{sc}^{RC-T*})$。

A（12）命题 4.3 的证明

同收益共享契约情形，$e^{RC-T*} = e^{C*}$ 可得 $\eta = 1-\gamma$。再将 $\eta = 1-\gamma$ 分别代入 q^{RC-T*}、p^{RC-T*}、$E(\pi_{sc}^{RC-T*})$、$E(\pi_f^{RC-T*})$、$E(\pi_s^{RC-T*})$ 比较可得：$q^{RC-T*} = q^{C*}$，$p^{RC-T*} = p^{C*}$，$E(\pi_{sc}^{RC-T*}) = E(\pi_{sc}^{C*})$，$E(\pi_f^{RC-T*}) = E(\pi_f^{RC*} - T)$，$E(\pi_s^{RC-T*}) = E(\pi_s^{RC*}) + T$。

为保证引入加盟金后能够实现农产品供应链协调、帕累托改进农产品供应链各成员利润，则：$E(\pi_f^{RC-T*}) > E(\pi_f^{I*})$、$E(\pi_s^{RC-T*}) > E(\pi_s^{I*})$、$E(\pi_{sc}^{RC-T*}) > E(\pi_{sc}^{I*})$，只要 $T > E(\pi_s^{I*})$ 时即可实现 $E(\pi_s^{RC-T*}) > E(\pi_s^{I*})$；同理，只要 $T < E(\pi_f^{RC*}) - E(\pi_f^{I*})$ 即可实现 $E(\pi_f^{RC-T*}) > E(\pi_f^{I*})$，帕累托改进农业合作社利润。

附录 B　第 5 章证明过程

B（1）农业合作社执行公益性的博弈均衡解证明

根据引理 4.1，可得 $\int_0^z x f(x)\mathrm{d}x = z(1 - F(z))/(b-1)$，则

$$E(\pi_s^{FA}) = (zaek^{-\beta(v-\bar{v})})^{\frac{1}{b}} q^{1-\frac{1}{b}} \frac{b(1-F(z))}{b-1} - wq,$$

$$\frac{\mathrm{d}^2 E(\pi_s^{FA})}{\mathrm{d}q^2} = \frac{1}{b}(zaek^{-\beta(v-\bar{v})})^{\frac{1}{b}}(-1+F(z))q^{-1-\frac{1}{b}}$$

由于 $b > 1$，$0 < F(z) < 1$，所以 $\dfrac{\mathrm{d}^2 E(\pi_s^{FA})}{\mathrm{d}q^2} < 0$，存在 q 的最优解。令 $\dfrac{\mathrm{d}E(\pi_s^{FA})}{\mathrm{d}q} = 0$，得到 $q = \left(\dfrac{w}{(1-F(z))}\right)^{-b} zaek^{-\beta(v-\bar{v})}$，并将 q、p 代入 $E(u_f^{FA})$。由于 $E(u_f^{FA})$ 需要同时决策 w 和 e，由海塞矩阵负定，得到约束条件 $\omega_1(w, e) < 0$，$\omega_2(w, e) < 0$。构建拉格朗日函数，有

$$L_1 = (w-c)q - \frac{1}{2}\eta e^2 + \gamma_f \int_p^{+\infty}(x-p)\varphi(x)\mathrm{d}x - g_1\omega_1(w,e) - g_2\omega_2(w,e)$$

满足 KT 条件：$\dfrac{\mathrm{d}L_1}{\mathrm{d}w} = \dfrac{\mathrm{d}L_1}{\mathrm{d}e} = 0$，$\dfrac{\mathrm{d}L_1}{\mathrm{d}g_1} < 0$，$\dfrac{\mathrm{d}L_1}{\mathrm{d}g_2} < 0$，$g_1\omega_1(w, e) = g_2\omega_2(w, e) = 0$，$g_1 = g_2 = 0$，联立解得

$$w^{FA*} = \frac{(b-1)bc}{(b-1)^2 + \gamma_f b}, \quad e^{FA*} = \frac{azck^{-\beta(v-\bar{v})}}{b-1}\left(\frac{((b-1)^2 + \gamma_f b)(1-F(z))}{(b-1)bc}\right)^b$$

将 w^{FA*} 和 e^{FA*} 代入 q，得 $q^{FA*} = \frac{a^2 z^2 ck^{-2\beta(v-\bar{v})}}{b-1}\left(\frac{((b-1)^2 + \gamma_f b)(1-F(z))}{(b-1)bc}\right)^{2b}$，

再将 e^{FA*} 和 q^{FA*} 代入 $p = \left(\frac{zaek^{-\beta(v-\bar{v})}}{q}\right)^{\frac{1}{b}}$ 得到 $p^{FA*} = \left(\frac{((b-1)^2 + \gamma_f b)(1-F(z))}{(b-1)bc}\right)^{-1}$。

将 w^{FA*}、q^{FA*}、e^{FA*}、p^{FA*} 分别代入 $E(\pi_f^{FA*})$、$E(\pi_s^{FA*})$、$E(\pi_{sc}^{FA*})$、CS^{FA*} 和 SW^{FA*}。

B（2）公司执行公益性的博弈均衡解证明

$$\max_{p,q} E(u_s^{SA}) = E(\pi_s^{SA}) + \gamma_s CS = pE[\min(q, d)] - wq + \gamma_s \int_p^{+\infty}(x-p)\varphi(x)\mathrm{d}x$$

$$= \left(\frac{zaek^{-\beta(v-\bar{v})}}{q}\right)^{\frac{1}{b}} q \frac{b(1-F(z))}{b-1} - wq + \gamma_s\left(\frac{zaek^{-\beta(v-\bar{v})}}{q}\right)^{\frac{1}{b}} q \frac{b(1-F(z))}{(b-1)^2}$$

$$= \left(1 + \frac{\gamma_s}{b-1}\right)\left(zaek^{-\beta(v-\bar{v})}\right)^{\frac{1}{b}} q^{1-\frac{1}{b}} \frac{b(1-F(z))}{b-1} - wq$$

$$\frac{\mathrm{d}E(u_s^{SA})}{\mathrm{d}q} = \left(1 + \frac{\gamma_s}{b-1}\right)\left(zaek^{-\beta(v-\bar{v})}\right)^{\frac{1}{b}} q^{-\frac{1}{b}}(1-F(z)) - w$$

$$\frac{\mathrm{d}^2 E(u_s^{SA})}{\mathrm{d}q^2} = -\frac{(b-1+\gamma_s)\left(zaek^{-\beta(v-\bar{v})}\right)^{\frac{1}{b}} q^{-\frac{1}{b}-1}(1-F(z))}{b(b-1)}$$

由于 $0 < F(z) < 1$，$b > 1$，$\beta > 1$，所以 $\frac{\mathrm{d}^2 E(u_s^{SA})}{\mathrm{d}q^2} < 0$，存在 q 的最优解。

令 $\frac{\mathrm{d}E(u_s^{SA})}{\mathrm{d}q} = 0$，得 $q = zaek^{-\beta(v-\bar{v})}\left(\frac{w(b-1)}{(b-1+\gamma_s)(1-F(z))}\right)^{-b}$，再将 q 代入 $E(\pi_f^{SA})$ 可得

$$\max_{w,e} E(\pi_f^{SA}) = zaek^{-\beta(v-\bar{v})}\left(\frac{w(b-1)}{(b-1+\gamma_s)(1-F(z))}\right)^{-b}(w-c) - \frac{1}{2}e^2$$

由于 $E(\pi_f^{SA})$ 同时决策 w 和 e，由海塞矩阵负定，得到约束条件 $w_1(w, e) < 0$，$w_2(w, e) < 0$。构建拉格朗日函数，有 $L_2 = (w-c)q - \frac{1}{2}e^2 + g_1 w_1(w, e) + g_2 w_2(w, e)$，满足 KT 条件：$\frac{\mathrm{d}L_2}{\mathrm{d}w} = \frac{\mathrm{d}L_2}{\mathrm{d}e} = 0$，$\frac{\mathrm{d}L_2}{\mathrm{d}g_1} < 0$，$\frac{\mathrm{d}L_2}{\mathrm{d}g_2} < 0$，$g_1 w_1(w, e) = g_2 w_2(w, e) = 0$，$g_1 = g_2 = 0$。联立求解得：$w^{SA*} = \frac{bc}{b-1}$，$e^{SA*} = \frac{azck^{-\beta(v-\bar{v})}}{b-1}\left(\frac{(b-1+\gamma_s)(1-F(z))}{bc}\right)^b$。

将 w^{SA*} 和 e^{SA*} 代入 $q = zaek^{-\beta(v-\bar{v})}\left(\dfrac{w(b-1)}{(b-1+\gamma_s)(1-F(z))}\right)^{-b}$ 得 q^{SA*}，

再将 q^{SA*} 代入 $p = \left(\dfrac{zaek^{-\beta(v-\bar{v})}}{q}\right)^{\frac{1}{b}}$ 得 p^{SA*}。将 w^{SA*}、e^{SA*}、q^{SA*}、p^{SA*} 依次代

入 $E(\pi_f^{SA*})$、$E(\pi_s^{SA*})$、$E(\pi_{sc}^{SA*})$、CS^{SA*} 和 SW^{SA*}。

B（3）性质 5.1 的证明

当 $v \in [\bar{v}, \bar{\bar{v}}]$ 时，根据 $0 < F(z) < 1$，$b > 1$，$0 \leqslant \gamma_f^{FA} \leqslant \dfrac{(b-1)^2}{b(2b-1)}$，$0 \leqslant$

$\gamma_s^{SA} \leqslant 1$，则

$$\frac{\partial e^{FA*}}{\partial v} = -\frac{azck^{-\beta(v-\bar{v})}\beta\ln k}{b-1}\left(\frac{((b-1)^2+\gamma_f b)(1-F(z))}{(b-1)bc}\right)^b < 0$$

$$\frac{\partial q^{FA*}}{\partial v} = -\frac{2a^2z^2ck^{-2\beta(v-\bar{v})}\beta\ln k}{b-1}\left(\frac{((b-1)^2+\gamma_f b)(1-F(z))}{(b-1)bc}\right)^{2b} < 0$$

$$\frac{\partial e^{SA*}}{\partial v} = -\frac{azck^{-\beta(v-\bar{v})}\beta\ln k}{b-1}\left(\frac{(b-1+\gamma_s)(1-F(z))}{bc}\right)^b < 0$$

$$\frac{\partial q^{SA*}}{\partial v} = -\frac{2a^2z^2ck^{-2\beta(v-\bar{v})}\beta\ln k}{b-1}\left(\frac{(b-1+\gamma_s)(1-F(z))}{bc}\right)^{2b} < 0$$

$$\frac{\partial E(\pi_{sc}^{SA*})}{\partial v} = -\frac{a^2z^2c^2k^{-2\beta(v-\bar{v})}(2b(1-\gamma_s)+b-1+\gamma_s)\beta\ln k}{(b-1)^2(b-1+\gamma_s)}$$
$$\left(\frac{(b-1+\gamma_s)(1-F(z))}{bc}\right)^{2b} < 0$$

$$\frac{\partial E(\pi_{sc}^{FA*})}{\partial v} = -\frac{z^2a^2c^2k^{-2\beta(v-\bar{v})}((3-2\gamma_f)b^2+(\gamma_f-4)b+1)\beta\ln k}{(b-1)^2((b-1)^2+\gamma_f b)}$$
$$\left(\frac{((b-1)^2+\gamma_f b)(1-F(z))}{(b-1)bc}\right)^{2b} < 0$$

B（4）性质 5.2 的证明

当 $v \in [\bar{v}, \bar{\bar{v}}]$ 时，根据 $0 < F(z) < 1$，$b > 1$，$0 \leqslant \gamma_f^{FA} \leqslant \dfrac{(b-1)^2}{b(2b-1)}$，$0 \leqslant$

$\gamma_s^{SA} \leqslant 1$，则

$$\frac{\partial e^{FA*}}{\partial \gamma_f} = \frac{azck^{-\beta(v-\bar{v})}b^2}{(b-1)((b-1)^2+\gamma_f b)}\left(\frac{((b-1)^2+\gamma_f b)(1-F(z))}{(b-1)bc}\right)^b > 0$$

$$\frac{\partial e^{SA*}}{\partial \gamma_s} = \frac{azck^{-\beta(v-\bar{v})}b}{(b-1)(b-1+\gamma_s)}\left(\frac{(b-1+\gamma_s)(1-F(z))}{bc}\right)^b > 0$$

$$\frac{\partial q^{FA*}}{\partial \gamma_f} = \frac{2a^2 z^2 ck^{-2\beta(v-\bar{v})} b^2}{(b-1)((b-1)^2+\gamma_f b)} \left(\frac{((b-1)^2+\gamma_f b)(1-F(z))}{(b-1)bc}\right)^{2b} > 0$$

$$\frac{\partial q^{SA*}}{\partial \gamma_s} = \frac{2a^2 z^2 ck^{-2\beta(v-\bar{v})} b}{(b-1)(b-1+\gamma_s)} \left(\frac{(b-1+\gamma_s)(1-F(z))}{bc}\right)^{2b} > 0$$

$$\frac{\partial p^{FA*}}{\partial \gamma_f} = -\frac{(b-1)b^2 c}{((b-1)^2+\gamma_f b)^2(1-F(z))} < 0$$

$$\frac{\partial p^{SA*}}{\partial \gamma_s} = -\frac{bc}{(b-1+\gamma_s)^2(1-F(z))} < 0$$

$$\frac{\partial E(\pi_f^{FA*})}{\partial \gamma_f} = -\frac{z^2 a^2 c^2 k^{-2\beta(v-\bar{v})} \gamma_f b^3(2b-1)}{2(b-1)^2((b-1)^2+\gamma_f b)^2}$$

$$\left(\frac{((b-1)^2+\gamma_f b)(1-F(z))}{(b-1)bc}\right)^{2b} < 0$$

$$\frac{\partial E(\pi^{FA*})}{\partial \gamma_f} = \frac{z^2 a^2 c^2 k^{-2\beta(v-\bar{v})} b^2(2b-1)}{(b-1)((b-1)^2+\gamma_f b)^2} \left(\frac{((b-1)^2+\gamma_f b)(1-F(z))}{(b-1)bc}\right)^{2b} > 0$$

$$\frac{\partial E(\pi_{sc}^{FA*})}{\partial \gamma_f} = \frac{z^2 a^2 c^2 k^{-2\beta(v-\bar{v})} b^2(2b-1)(b-1-b\gamma_f)}{(b-1)^2((b-1)^2+\gamma_f b)^2}$$

$$\left(\frac{((b-1)^2+\gamma_f b)(1-F(z))}{(b-1)bc}\right)^{2b} > 0$$

$$\frac{\partial E(\pi_f^{SA*})}{\partial \gamma_s} = \frac{a^2 z^2 c^2 k^{-2\beta(v-\bar{v})} b}{(b-1)^2(b-1+\gamma_s)} \left(\frac{(b-1+\gamma_s)(1-F(z))}{bc}\right)^{2b} > 0$$

$$\frac{\partial E(\pi_s^{SA*})}{\partial \gamma_s} = \frac{a^2 z^2 c^2 k^{-2\beta(v-\bar{v})} b^2(1-2\gamma_s)}{(b-1)^2(b-1+\gamma_s)^2} \left(\frac{(b-1+\gamma_s)(1-F(z))}{bc}\right)^{2b}, \quad 令$$

$\frac{\partial E(\pi_s^{SA*})}{\partial \gamma_s} = 0$ 可得 $\gamma_s = \frac{1}{2}$。当 $\gamma_s < \frac{1}{2}$ 时，可知 $\frac{\partial E(\pi_s^{SA*})}{\partial \gamma_s} > 0$；当 $\gamma_s > \frac{1}{2}$

时，可知 $\frac{\partial E(\pi_s^{SA*})}{\partial \gamma_s} < 0$。

$$\frac{\partial E(\pi_{sc}^{SA*})}{\partial \gamma_s} = \frac{a^2 z^2 c^2 k^{-2\beta(v-\bar{v})} b(2b-1)(1-\gamma_s)}{(b-1)^2(b-1+\gamma_s)^2} \left(\frac{(b-1+\gamma_s)(1-F(z))}{bc}\right)^{2b} > 0$$

B（5）命题 5.1 的证明

由 $p^{C*} = \left(\frac{1-F(z)}{c}\right)^{-1}$、$p^{N*} = \left(\frac{(b-1)(1-F(z))}{bc}\right)^{-1}$ 和 $p^{FA*} =$

$\left(\frac{((b-1)^2+\gamma b)(1-F(z))}{(b-1)bc}\right)^{-1}$ 可知，$p^{C*} < p^{FA*} < p^{N*}$、$e^{C*} > e^{FA*} > e^{N*}$、

$q^{C*} > q^{FA*} > q^{N*}$。通过对比 $w^{N*} = \dfrac{bc}{b-1}$ 和 $w^{FA*} = \dfrac{(b-1)bc}{(b-1)^2 + \gamma_f b}$ 可得 $w^{FA*} <$

w^{N*}。当 $0 \leqslant \gamma_f < \dfrac{b-1}{b}$ 时 $\dfrac{\partial E(\pi_{sc}^{FA*})}{\partial \gamma_f} > 0$；当 $\dfrac{b-1}{b} < \gamma_f \leqslant 1$ 时 $\dfrac{\partial E(\pi_{sc}^{FA*})}{\partial \gamma_f} < 0$，

所以当 $\gamma_f = \dfrac{b-1}{b}$ 时，$E(\pi_{sc}^{FA*})$ 取到最大值，即

$$E(\pi_{sc}^{FA*}) = E(\pi_{sc}^{C*}) = \frac{z^2 a^2 c^2 k^{-2\beta(v-\bar{v})}}{2(b-1)^2}\left(\frac{(b-1)(1-F(z))}{bc}\right)^{2b}$$

结合 $\gamma_f^{SA} \in \left[0, \dfrac{(b-1)^2}{b(2b-1)}\right]$ 且 $\dfrac{(b-1)^2}{b(2b-1)} < \dfrac{b-1}{b}$，可得 $E(\pi_{sc}^{C*}) > E(\pi_{sc}^{FA*})$，

当 $\gamma_f^{SA} = 0$ 时，$E(\pi_{sc}^{FA*}) = E(\pi_{sc}^{N*})$。所以，当 $\gamma_f^{SA} \in \left[0, \dfrac{(b-1)^2}{b(2b-1)}\right]$ 时，

$E(\pi_{sc}^{C*}) > E(\pi_{sc}^{FA*}) > E(\pi_{sc}^{N*})$，综上得证命题5.1（1）。

由性质5.2可知 $\dfrac{\partial E(\pi_{sc}^{SA*})}{\partial \gamma_s} > 0$，当 $\gamma_s^{SA*} = 1$ 时，$E(\pi_{sc}^{SA*})$ 取到最大值，

即 $E(\pi_{sc}^{SA*}) = E(\pi_{sc}^{C*}) = \dfrac{z^2 a^2 c^2 k^{-2\beta(v-\bar{v})}}{2(b-1)^2}\left(\dfrac{1-F(z)}{c}\right)^{2b}$。在把 $\gamma_s^{SA*} = 1$ 代入

e^{SA*}、q^{SA*}、p^{SA*}、$E(\pi_s^{SA*})$ 可得 $e^{SA*} = e^{C*}$，$q^{SA*} = q^{C*}$，$p^{SA*} = p^{C*}$，

$E(\pi_s^{SA*}) < E(\pi_s^{N*})$，综上得证命题5.2（2）。

B（6）收益共享契约下农业合作社执行公益性时的博弈均衡解证明

根据引理4.1，可得 $\int_0^z xf(x)\mathrm{d}x = z(1-F(z))/(b-1)$，则

$$\max_{p,q} E(\pi_s^{RC-FA}) = (1-\eta)pE[\min(q, d)] - wq$$

$$= (1-\eta)(zaek^{-\beta(v-\bar{v})})^{\frac{1}{b}}q^{1-\frac{1}{b}}\frac{b(1-F(z))}{b-1} - wq$$

$$\frac{\mathrm{d}E(\pi_s^{RC-FA})}{\mathrm{d}q} = \frac{(1-F(z))((1-\eta)b+\eta-1)\left(\dfrac{zaek^{-\beta(v-\bar{v})}}{q}\right)^{\frac{1}{b}}}{b-1} - w$$

$$\frac{\mathrm{d}^2 E(\pi_s^{RC-FA})}{\mathrm{d}q^2} = \frac{(-b\eta+b+\eta-1)\left(\dfrac{zaek^{-\beta(v-\bar{v})}}{q}\right)^{\frac{1}{b}}(-1+F(z))}{bq(b-1)}$$

由于 $0 < F(z) < 1$，$b > 1$，$\beta > 1$，所以 $\dfrac{\mathrm{d}^2 E(\pi_s^{RC-FA})}{\mathrm{d}q^2} < 0$，存在 q 的最优

解。令 $\dfrac{\mathrm{d}E(\pi_s^{RC-FA})}{\mathrm{d}q} = 0$ 得：$q = zaek^{-\beta(v-\bar{v})}\left(\dfrac{w(b-1)}{(-b\eta+b+\eta-1)(1-F(z))}\right)^{-b}$，

再将 q 代入 $E(u_f^{RC-FA})$ 可得

$$\max_{w,e} E(u_f^{RC-FA}) = zaek^{-\beta(v-\bar{v})}\left(\frac{w(b-1)}{(-b\eta+b+\eta-1)(1-F(z))}\right)^{-b}(w-c)$$
$$-\frac{1}{2}e^2 + \gamma_f\int_p^{+\infty}(x-p)\phi(x)\mathrm{d}x$$

由于 $E(u_f^{RC-FA})$ 同时决策 w 和 e，由海塞矩阵负定，得到约束条件 $w_1(w,e)<0$，$w_2(w,e)<0$。构建拉格朗日函数，有

$$L_1 = (w-c)q - \frac{1}{2}e^2 + \eta pE[\min(q,d)] + \gamma_f\int_p^{+\infty}(x-p)\phi(x)\mathrm{d}x$$
$$+ g_1w_1(w,e) + g_2w_2(w,e)$$

满足 KT 条件：$\dfrac{\mathrm{d}L_1}{\mathrm{d}w} = \dfrac{\mathrm{d}L_1}{\mathrm{d}e} = 0$，$\dfrac{\mathrm{d}L_1}{\mathrm{d}g_1}<0$，$\dfrac{\mathrm{d}L_1}{\mathrm{d}g_2}<0$，$g_1w_1(w,e)=0$，$g_2w_2(w,e)=0$，$g_1=g_2=0$。联立求解得

$$w^{RC-FA*} = \frac{bc(b-1)(1-\eta)}{(b-1)(b-1+\eta)+\gamma_f b}$$

$$e^{RC-FA*} = \frac{azck^{-\beta(v-\bar{v})}}{b-1}\left(\frac{((b-1)(b-1+\eta)+\gamma_f b)(1-F(z))}{bc(b-1)}\right)^b$$

将 w^{RC-FA*} 和 e^{RC-FA*} 代入 $q = zaek^{-\beta(v-\bar{v})}\left(\dfrac{w(b-1)}{(-b\eta+b+\eta-1)(1-F(z))}\right)^{-b}$

得 q^{RC-FA*}，再将 q^{RC-FA*} 代入 $p = \left(\dfrac{zaek^{-\beta(v-\bar{v})}}{q}\right)^{\frac{1}{b}}$ 得 p^{RC-FA*}。将 w^{RC-FA*}，e^{RC-FA*}，q^{RC-FA*}，p^{RC-FA*} 依次代入 $E(\pi_f^{RC-FA*})$、$E(\pi_s^{RC-FA*})$、$E(\pi_{sc}^{RC-FA*})$、CS^{RC-FA*} 和 SW^{RC-FA*}。

B（7）收益共享契约下公司执行公益性时的博弈均衡解证明

参考证明过程 B（6）。

B（8）命题 5.2 的证明

当 $0\leqslant\gamma_f<\dfrac{(1-\eta)(b-1)}{b}$ 时，$\dfrac{\partial E(\pi_{sc}^{RC-FA*})}{\partial\gamma_f}>0$；当 $\dfrac{(1-\eta)(b-1)}{b}<\gamma_f\leqslant 1$ 时，$\dfrac{\partial E(\pi_{sc}^{RC-FA*})}{\partial\gamma_f}<0$。当 $\gamma_f=\dfrac{(1-\eta)(b-1)}{b}$ 时，$E(\pi_{sc}^{RC-FA})$ 取到最大值，把 $\gamma_f=\dfrac{(1-\eta)(b-1)}{b}$ 代入 $E(\pi_{sc}^{RC-FA})$ 可得 $E(\pi_{sc}^{RC-FA*})=E(\pi_{sc}^{C*})$，由 $\gamma_f^{RC-FA}\in\left[0,\dfrac{(b-1)(b-1+\eta)}{b(2b-1)}\right]$ 可得 $\eta\geqslant\dfrac{1}{2}$。所以当 $\eta\geqslant\dfrac{1}{2}$ 时，把

$\gamma_f^{RC-FA} = \dfrac{(1-\eta)(b-1)}{b}$ 代入 e^{RC-FA*}、q^{RC-FA*}、p^{RC-FA*}、$E(\pi_{sc}^{RC-FA*})$ 可得 $e^{RC-FA*}=e^{C*}$，$q^{RC-FA*}=q^{C*}$，$p^{RC-FA*}=p^{C*}$，$E(\pi_{sc}^{RC-FA*})=E(\pi_{sc}^{C*})$，综上命题 5.2（1）得证。

由 $\dfrac{\partial \pi_{sc}^{RC-SA*}}{\partial \gamma_s} > 0$，且 $\gamma_s^{RC-SA} \in [0, 1-\eta]$，当 $\gamma_s^{RC-SA}=1-\eta$ 时，$E(\pi_{sc}^{RC-SA*})$ 取到最大值。把 $\gamma_s^{RC-SA}=1-\eta$ 代入可得 $E(\pi_{sc}^{RC-SA*})=E(\pi_{sc}^{C*})=\dfrac{z^2 a^2 c^2 k^{-2\beta(v-\bar{v})}}{2(b-1)^2}\left(\dfrac{1-F(z)}{c}\right)^{2b}$。将 $\gamma_s^{RC-SA}=1-\eta$ 代入 e^{RC-SA*}、q^{RC-SA*}、p^{RC-SA*}、$E(\pi_s^{RC-SA*})$ 可得 $e^{RC-SA*}=e^{C*}$，$q^{RC-SA*}=q^{C*}$，$p^{RC-SA*}=p^{C*}$，$E(\pi_s^{RC-SA*})<E(\pi_s^{SA*})$，综上命题 5.2（2）得证。

B（9）命题 5.3 的证明

由命题 5.2 可知，当 $\gamma_f^{RC-FA*}=\dfrac{(1-\eta)(b-1)}{b}$ 且 $\eta \geq \dfrac{1}{2}$ 时，农业合作社履行公益性可使农产品供应链达到协调。又 $\dfrac{d\gamma_f^{RC-FA*}}{d\eta}<0$，$\dfrac{1}{2}\leq\eta\leq1$，所以 $0\leq\gamma_f^{RC-FA*}\leq\dfrac{(b-1)}{2b}$。当 $\gamma_s^{RC-SA*}=1-\eta$ 时，公司履行公益性可使农产品供应链达到协调，结合 $\dfrac{d\gamma_f^{RC-SA*}}{d\eta}<0$，$0\leq\eta\leq1$，可知 $0\leq\gamma_s^{RC-SA*}\leq1$。

B（10）"收益共享 + 加盟金"契约下农业合作社执行公益性时的博弈均衡解证明

根据引理 4.1，可得 $\int_0^z xf(x)dx = z(1-F(z))/(b-1)$，则

$$\max_{p,q} E(\pi_s^{RC-T-FA}) = (1-\eta)pE[\min(q,d)]-wq-T^{RC-T-FA}$$

$$= (1-\eta)(zaek^{-\beta(v-\bar{v})})\frac{1}{b}q^{1-\frac{1}{b}}\frac{b(1-F(z))}{b-1}-wq-T^{RC-T-FA}$$

$$\frac{dE(\pi_s^{RC-T-FA})}{dq} = \frac{(1-F(z))((1-\eta)b+\eta-1)\left(\dfrac{zaek^{-\beta(v-\bar{v})}}{q}\right)^{\frac{1}{b}}}{b-1}-w$$

$$\frac{d^2E(\pi_s^{RC-T-FA})}{dq^2} = \frac{(-b\eta+b+\eta-1)\left(\dfrac{zaek^{-\beta(v-\bar{v})}}{q}\right)^{\frac{1}{b}}(-1+F(z))}{bq(b-1)}$$

由于 $0 < F(z) < 1$，$b > 1$，$\beta > 1$，所以 $\dfrac{\mathrm{d}^2 E(\pi_s^{RC-T-FA})}{\mathrm{d}q^2} < 0$，存在 q 的最优解。

令 $\dfrac{\mathrm{d}E(\pi_s^{RC-T-FA})}{\mathrm{d}q} = 0$ 得：$q = zaek^{-\beta(v-\bar{v})}\left(\dfrac{w(b-1)}{(-b\eta+b+\eta-1)(1-F(z))}\right)^{-b}$，再将 q 代入 $E(u_f^{RC-T-FA})$ 可得

$$\max_{w,e} E(u_f^{RC-T-FA}) = zaek^{-\beta(v-\bar{v})}\left(\frac{w(b-1)}{(-b\eta+b+\eta-1)(1-F(z))}\right)^{-b}(w-c)-\frac{1}{2}e^2$$
$$+ \gamma_f \int_p^{+\infty}(x-p)\phi(x)\mathrm{d}x + T^{RC-T-FA}$$

由于 $E(u_f^{RC-T-FA})$ 同时决策 w 和 e，由海塞矩阵负定，得到约束条件 $w_1(w,e) < 0$，$w_2(w,e) < 0$。构建拉格朗日函数，有

$$L_1 = (w-c)q - \frac{1}{2}e^2 + \eta p E[\min(q,d)] + \gamma_f \int_p^{+\infty}(x-p)\phi(x)\mathrm{d}x$$
$$+ T^{RC-T-FA} + g_1 w_1(w,e) + g_2 w_2(w,e)$$

由 KT 条件：$\dfrac{\mathrm{d}L_1}{\mathrm{d}w} = \dfrac{\mathrm{d}L_1}{\mathrm{d}e} = 0$，$\dfrac{\mathrm{d}L_1}{\mathrm{d}g_1} < 0$，$\dfrac{\mathrm{d}L_1}{\mathrm{d}g_2} < 0$，$g_1 w_1(w,e) = g_2 w_2(w,e) = 0$，$g_1 = g_2 = 0$。联立求解得

$$w^{RC-T-FA*} = \frac{bc(b-1)(1-\eta)}{(b-1)(b-1+\eta)+\gamma_f b},$$

$$e^{RC-T-FA*} = \frac{azck^{-\beta(v-\bar{v})}}{b-1}\left(\frac{((b-1)(b-1+\eta)+\gamma_f b)(1-F(z))}{bc(b-1)}\right)^b$$

将 $w^{RC-T-FA*}$ 和 $e^{RC-T-FA*}$ 代入 $q = zaek^{-\beta(v-\bar{v})}\left(\dfrac{w(b-1)}{(-b\eta+b+\eta-1)(1-F(z))}\right)^{-b}$

得 $q^{RC-T-FA*}$，再将 $q^{RC-T-FA*}$ 代入 $p = \left(\dfrac{zaek^{-\beta(v-\bar{v})}}{q}\right)^{\frac{1}{b}}$ 得 $p^{RC-T-FA*}$。将 $w^{RC-T-FA*}$，$e^{RC-T-FA*}$，$q^{RC-T-FA*}$，$p^{RC-T-FA*}$ 依次代入 $E(\pi_f^{RC-T-FA*})$、$E(\pi_s^{RC-T-FA*})$、$E(\pi_{sc}^{RC-T-FA*})$、$CS^{RC-T-FA*}$ 和 $SW^{RC-T-FA*}$。

B（11）"收益共享＋加盟金"契约下农业合作社执行公益性时的博弈均衡解证明

参考证明过程 B（10）。

B（12）命题 5.4 的证明

命题 5.4（1）。为了保证加盟金能够帕累托改进生鲜农产品各成员利润，即 $E(\pi_f^{RC-T-FA*}) > E(\pi_f^{N*})$、$E(\pi_s^{RC-T-FA*}) > E(\pi_s^{N*})$ 和 $E(\pi_{sc}^{RC-T-FA*}) =$

$E(\pi_{sc}^{C*})$。由 $E(\pi_f^{RC-T-FA*}) > E(\pi_f^{N*})$ 可计算得 $T > E(\pi_f^{N*}) - E(\pi_f^{RC-FA*})$，得到加盟金的下界为 $T_{min} = \Delta E(\pi_f^N) - \eta p E[\min(q, d)]$，其中 $\Delta E(\pi_f^N) = E(\pi_f^{N*}) - E(\pi_f^{RC-FA*})$。根据 $E(\pi_s^{RC-T-FA*}) > E(\pi_s^{N*})$ 可知 $T < E(\pi_s^{RC-FA*}) - E(\pi_s^{N*})$，得到加盟金的上界为 $T_{max} = \Delta E(\pi_s^N) - \eta p E[\min(q, d)]$；其中 $\Delta E(\pi_s^N) = E(\pi_s^{RC-FA*}) - E(\pi_s^{N*})$。因为 $E(\pi_s^{RC-FA*}) = E(\pi_{sc}^{C*}) > E(\pi_{sc}^{N*})$，所以 $T_{max} - T_{min} > 0$，于是 $T^{RC-T-FA} \in (\Delta E(\pi_f^N) - \eta p E[\min(q, d)], \Delta E(\pi_s^N) - \eta p E[\min(q, d)])$。

命题 5.4（2）。当公司履行公益性时，为了保证加盟金能够帕累托改进生鲜农产品各成员利润，即 $E(\pi_f^{RC-T-SA*}) > E(\pi_f^{N*})$、$E(\pi_s^{RC-T-SA*}) > E(\pi_s^{N*})$ 和 $E(\pi_{sc}^{RC-T-SA*}) = E(\pi_{sc}^{C*})$。由于 $E(\pi_f^{RC-T-SA*}) = E(\pi_f^{RC-SA*}) = E(\pi_{sc}^{C*})$，根据 $E(\pi_f^{RC-T-SA*}) > E(\pi_f^{N*})$ 可得 $T^{RC-T-SA} < E(\pi_f^{RC-SA*}) - E(\pi_f^{N*})$。由于 $E(\pi_s^{RC-T-SA*}) = 0$，根据 $E(\pi_s^{RC-T-SA*}) > E(\pi_s^{N*})$ 可得，$T^{RC-T-SA} > E(\pi_s^{N*})$，于是 $E(\pi_s^{N*}) < T^{RC-T-SA} < E(\pi_f^{RC-SA*}) - E(\pi_f^{N*})$。

附录 C　第 6 章证明过程

C（1）引理 6.1 的证明

同第 3 章引理 3.1 证明过程。

C（2）无政府补贴情形下博弈均衡解的证明

根据引理 6.1 可得 $\int_0^z x f(x) \mathrm{d}x = z(1 - F(z))/(b - 1)$，则

$$E(\pi_s^N) = (zaek^{-\beta(v - \bar{v})})^{\frac{1}{b}} q^{1 - \frac{1}{b}} \frac{b(1 - F(z))}{b - 1} - wq,$$

$$\frac{\mathrm{d}^2 E(\pi_s^N)}{\mathrm{d}q^2} = \frac{1}{b}(zaek^{-\beta(v - \bar{v})})^{\frac{1}{b}}(-1 + F(z)) q^{-1 - \frac{1}{b}}$$

由于 $b > 1$，$0 < F(z) < 1$，所以 $\dfrac{\mathrm{d}^2 E(\pi_s^N)}{\mathrm{d}q^2} < 0$，存在 q 的最优解。令 $\dfrac{\mathrm{d}E(\pi_s^N)}{\mathrm{d}q} = 0$，得到 $q = \left(\dfrac{w}{(1 - F(z))}\right)^{-b} zaek^{-\beta(v - \bar{v})}$，并将 q、p 代入 $E(u_f^N)$。由于 $E(u_f^N)$ 需要同时决策 w 和 e，由海塞矩阵负定，得到约束条件 $\omega_1(w, e) < 0$，

$\omega_2(w, e) < 0$。构建拉格朗函数，有

$$L_1 = (w - c)q - \frac{1}{2}e^2 + g_1\omega_1(w, e) + g_2\omega_2(w, e)$$

由库恩塔克条件：$\dfrac{\mathrm{d}L_1}{\mathrm{d}w} = \dfrac{\mathrm{d}L_1}{\mathrm{d}e} = 0$，$\dfrac{\mathrm{d}L_1}{\mathrm{d}g_1} < 0$，$\dfrac{\mathrm{d}L_1}{\mathrm{d}g_2} < 0$，$g_1\omega_1(w, e) = 0$，

$g_2\omega_2(w, e) = 0$，$g_1 = g_2 = 0$，联立解得：$w^{N*} = \dfrac{bc}{b-1}$ 和 $e^{N*} = \dfrac{azck^{-\beta(v-\bar{v})}}{b-1}$

$\left(\dfrac{(b-1)(1-F(z))}{bc}\right)^b$。

将 w^{N*} 和 e^{N*} 代入 q，得 $q^{N*} = \dfrac{a^2z^2ck^{-2\beta(v-\bar{v})}}{b-1}\left(\dfrac{(b-1)(1-F(z))}{bc}\right)^{2b}$，

再将 e^{N*} 和 q^{N*} 代入 $p = \left(\dfrac{zaek^{-\beta(v-\bar{v})}}{q}\right)^{\frac{1}{b}}$ 得到 $p^{N*} = \left(\dfrac{(b-1)(1-F(z))}{bc}\right)^{-1}$。

将 w^{N*}、q^{N*}、e^{N*}、p^{N*} 分别代入 $E(\pi_f^{N*})$、$E(\pi_s^{N*})$、$E(\pi_{sc}^{N*})$、CS^{N*} 和 SW^{N*}。

C（3）性质 6.1 的证明

$$\frac{\partial e^{N*}}{\partial v} = -\frac{azck^{-\beta(v-\bar{v})}\beta\ln(k)}{b-1}\left(\frac{((b-1)(1-F(z)))}{bc}\right)^b < 0$$

$$\frac{\partial q^{NO*}}{\partial v} = -\frac{2a^2z^2ck^{-2\beta(v-\bar{v})}\beta\ln(k)}{b-1}\left(\frac{(b-1)(1-F(z))}{bc}\right)^{2b} < 0$$

$$\frac{\partial E(\pi_f^{N*})}{\partial v} = -\frac{z^2a^2c^2k^{-2\beta(v-\bar{v})}(b^2-2b+1)\beta\ln(k)}{(b-1)^4}\left(\frac{(b-1)(1-F(z))}{bc}\right)^{2b} < 0$$

$$\frac{\partial E(\pi_s^{N*})}{\partial v} = -\frac{2z^2a^2c^2k^{-2\beta(v-\bar{v})}b\beta\ln(k)}{(b-1)^3}\left(\frac{(b-1)(1-F(z))}{bc}\right)^{2b} < 0$$

$$\frac{\partial E(\pi_{sc}^{N*})}{\partial v} = -\frac{z^2a^2c^2k^{-2\beta(v-\bar{v})}(3b^2-4b+1)\beta\ln(k)}{(b-1)^4}\left(\frac{(b-1)(1-F(z))}{bc}\right)^{2b} < 0$$

$$\frac{\partial CS^{N*}}{\partial v} = -\frac{2z^2a^2c^2k^{-2\beta(v-\bar{v})}b^2\beta\ln(k)}{(b-1)^4}\left(\frac{(b-1)(1-F(z))}{bc}\right)^{2b} < 0$$

$$\frac{\partial SW^{N*}}{\partial v} = -\frac{z^2a^2c^2k^{-2\beta(v-\bar{v})}(5b^2-4b+1)\beta\ln(k)}{(b-1)^4}\left(\frac{(b-1)(1-F(z))}{(b-1)bc}\right)^{2b} < 0$$

C（4）按生产量补贴时博弈均衡解的证明

根据引理 6.1 可得 $\displaystyle\int_0^z xf(x)\,\mathrm{d}x = z(1 - F(z))/(b - 1)$，则

$$E(\pi_s^P) = (zaek^{-\beta(v-\bar{v})})^{\frac{1}{b}} q^{1-\frac{1}{b}} \frac{b(1-F(z))}{b-1} - wq,$$

$$\frac{\mathrm{d}^2 E(\pi_s^P)}{\mathrm{d}q^2} = \frac{1}{b}(zaek^{-\beta(v-\bar{v})})^{\frac{1}{b}}(-1+F(z))q^{-1-\frac{1}{b}}$$

由于 $b>1$，$0<F(z)<1$，所以 $\dfrac{\mathrm{d}^2 E(\pi_s^P)}{\mathrm{d}q^2}<0$，存在 q 的最优解。令 $\dfrac{\mathrm{d}E(\pi_s^P)}{\mathrm{d}q}=0$，得到 $q=\left(\dfrac{w}{(1-F(z))}\right)^{-b} zaek^{-\beta(v-\bar{v})}$，并将 q、p 代入 $E(u_f^P)$。由于 $E(u_f^P)$ 需要同时决策 w 和 e，由海塞矩阵负定，得到约束条件 $\omega_1(w, e)<0$，$\omega_2(w, e)<0$。构建拉格朗函数，有

$$L_1 = (w-c+t)q - \frac{1}{2}e^2 + g_1\omega_1(w, e) + g_2\omega_2(w, e)$$

满足 KT 条件：$\dfrac{\mathrm{d}L_1}{\mathrm{d}w}=\dfrac{\mathrm{d}L_1}{\mathrm{d}e}=0$，$\dfrac{\mathrm{d}L_1}{\mathrm{d}g_1}<0$，$\dfrac{\mathrm{d}L_1}{\mathrm{d}g_2}<0$，$g_1\omega_1(w, e)=0$，$g_2\omega_2(w, e)=0$，$g_1=g_2=0$，联立解得：$w^{P*}=\dfrac{(c-t)b}{b-1}$ 和 $e^{P*}=\dfrac{az(c-t)k^{-\beta(v-\bar{v})}}{b-1}\left(\dfrac{(b-1)(1-F(z))}{(c-t)b}\right)^b$。

将 w^{P*} 和 e^{P*} 代入 q，得 $q^{P*}=\dfrac{a^2z^2(c-t)k^{-2\beta(v-\bar{v})}}{b-1}\left(\dfrac{(b-1)(1-F(z))}{(c-t)b}\right)^{2b}$，再将 e^{P*} 和 q^{P*} 代入 $p=\left(\dfrac{zaek^{-\beta(v-\bar{v})}}{q}\right)^{\frac{1}{b}}$ 得到 $p^{P*}=\left(\dfrac{(b-1)(1-F(z))}{(c-t)b}\right)^{-1}$。将 w^{P*}、q^{P*}、e^{P*}、p^{P*} 分别代入 $E(\pi_f^{N*})$、$E(\pi_s^{N*})$、$E(\pi_{sc}^{N*})$、CS^{N*} 和 SW^{N*}。

C（5）按销售量补贴时博弈均衡解的证明

根据引理 6.1 可得 $\displaystyle\int_0^z xf(x)\mathrm{d}x = z(1-F(z))/(b-1)$，则

$$E(\pi_s^Q) = (zaek^{-\beta(v-\bar{v})})^{\frac{1}{b}} q^{1-\frac{1}{b}} \frac{b(1-F(z))}{b-1} - wq,$$

$$\frac{\mathrm{d}^2 E(\pi_s^Q)}{\mathrm{d}q^2} = \frac{1}{b}(zaek^{-\beta(v-\bar{v})})^{\frac{1}{b}}(-1+F(z))q^{-1-\frac{1}{b}}$$

由于 $b>1$，$0<F(z)<1$，所以 $\dfrac{\mathrm{d}^2 E(\pi_s^Q)}{\mathrm{d}q^2}<0$，存在 q 的最优解。令 $\dfrac{\mathrm{d}E(\pi_s^Q)}{\mathrm{d}q}=0$，得到 $q=\left(\dfrac{w}{(1-F(z))}\right)^{-b} zaek^{-\beta(v-\bar{v})}$，并将 q、p 代入 $E(u_f^Q)$。

由于 $E(u_f^Q)$ 需要同时决策 w 和 e，由海塞矩阵负定，得到约束条件 $\omega_1(w,\ e)<0$，$\omega_2(w,\ e)<0$。构建拉格朗函数，有

$$L_1=(w-c)q-\frac{1}{2}e^2+tE[\min(q,\ d)]+g_1\omega_1(w,\ e)+g_2\omega_2(w,\ e)$$

满足 KT 条件：$\dfrac{\mathrm{d}L_1}{\mathrm{d}w}=\dfrac{\mathrm{d}L_1}{\mathrm{d}e}=0$，$\dfrac{\mathrm{d}L_1}{\mathrm{d}g_1}<0$，$\dfrac{\mathrm{d}L_1}{\mathrm{d}g_2}<0$，$g_1\omega_1(w,\ e)=0$，$g_2\omega_2(w,\ e)=0$，$g_1=g_2=0$，联立解得 $w^{Q*}=\dfrac{((F(z)-1)bt+(b-1)c)b}{(b-1)^2}$

和 $e^{Q*}=\dfrac{azk^{-\beta(v-\bar v)}((F(z)-1)bt+(b-1)c)}{(b-1)^2}\left(\dfrac{(b-1)^2(1-F(z))}{b((F(z)-1)bt+(b-1)c)}\right)^b$，

将 w^{Q*} 和 e^{Q*} 代入 q，得 $q^{Q*}=\dfrac{a^2z^2k^{-2\beta(v-\bar v)}((F(z)-1)bt+(b-1)c)}{(b-1)^2}$

$\left(\dfrac{(b-1)^2(1-F(z))}{b((F(z)-1)bt+(b-1)c)}\right)^{2b}$，再将 e^{Q*} 和 q^{Q*} 代入 $p=\left(\dfrac{zaek^{-\beta(v-\bar v)}}{q}\right)^{\frac{1}{b}}$ 得

到 $p^{Q*}=\left(\dfrac{(b-1)^2(1-F(z))}{b((F(z)-1)bt+(b-1)c)}\right)^{-1}$。将 w^{Q*}、q^{Q*}、e^{Q*}、p^{Q*} 分别代入至 $E(\pi_f^{Q*})$、$E(\pi_s^{Q*})$、$E(\pi_{sc}^{Q*})$、CS^{Q*} 和 SW^{Q*}。

C（6）命题 6.1 的证明

当 $v\in[\bar v,\ \bar{\bar v}]$ 时，根据 $0<F(z)<1$，$b>1$，$t>c>0$，可知 $bc>b(c-t)$，所以 $w^{N*}>w^{P*}$，$e^{P*}>e^{N*}$，$q^{P*}>q^{N*}$，$p^{N*}>p^{P*}$，$E(\pi_f^{P*})>E(\pi_f^{N*})$，$E(\pi_s^{P*})>E(\pi_s^{N*})$，$E(\pi_{sc}^{P*})>E(\pi_{sc}^{N*})$，$CS^{P*}>CS^{N*}$，$SW^{P*}>SW^{N*}$；由 $0<F(z)<1$，所以 $\dfrac{b-1}{bc}<\dfrac{(b-1)^2}{b((F(z)-1)bt+(b-1)c)}$，即 $w^{N*}>w^{Q*}$，$p^{N*}>$ p^{Q*}。令 $e^{Q-N}=\dfrac{e^{Q*}}{e^{N*}}$，$\dfrac{\mathrm{d}e^{Q-N}}{\mathrm{d}t}>0$，又因为 $e^{Q-N}(t=0)=1$，而 $t>c>0$，所以 $e^{Q-N}>1$，即 $e^{Q*}>e^{N*}$。同理可证 $q^{Q*}>q^{N*}$，$E(\pi_f^{Q*})>E(\pi_f^{N*})$，$E(\pi_s^{Q*})>$ $E(\pi_s^{N*})$，$E(\pi_{sc}^{Q*})>E(\pi_{sc}^{N*})$，$CS^{Q*}>CS^{N*}$，$SW^{Q*}>SW^{N*}$。

C（7）命题 6.2 的证明

由 $\dfrac{b(1-F(z))}{b-1}<1$ 可知，$F(z)b>1$，又因为 $(b-1)(c-t)<(F(z)-1)bt+(b-1)c$ 可得 $\dfrac{b-1}{b(c-t)}>\dfrac{(b-1)^2}{b((F(z)-1)bt+(b-1)c)}$，所以 $w^{Q*}>w^{P*}$，$p^{Q*}>p^{P*}$，令 $e^{P-Q}=\dfrac{e^{P*}}{e^{Q*}}$，$\dfrac{\mathrm{d}e^{P-Q}}{\mathrm{d}t}>0$，又因为 $e^{P-Q}(t=0)>1$，而 $t>c>0$，

所以 $e^{P-Q}>1$，即 $e^{P^*}>e^{Q^*}$。同理可证得 $q^{P^*}>q^{Q^*}$，命题 6.2 证毕。

C（8） 命题 6.3 的证明

$$令 CS^{P-Q}=\frac{CS^{P^*}}{CS^{Q^*}}=\frac{(c-t)^2(b-1)^2\left(\frac{(b-1)(1-F(z))}{(c-t)b}\right)^{2b}}{((F(z)-1)bt+(b-1)c)^2b^2\left(\frac{(b-1)^2(1-F(z))}{b((F(z)-1)bt+(b-1)c)}\right)^{2b}}$$

$$\frac{\mathrm{d}CS^{P-Q}}{\mathrm{d}t}=\frac{2c(c-t)(b-1)^3(F(z)b-1)}{((F(z)-1)bt+(b-1)c)^3}\left(\frac{(b-1)(1-F(z))}{(c-t)b}\right)^{2b}$$

$\left(\frac{(b-1)^2(1-F(z))}{b((F(z)-1)bt+(b-1)c)}\right)^{-2b}$ 又因为 $CS^{P-Q}(t=0)>1$，$F(z)b>1$，$t>c>0$，所以 $CS^{P^*}>CS^{Q^*}$，同理可证得 $SW^{P^*}>SW^{Q^*}$。

C（9） 命题 6.4 的证明

由 $L^P=\frac{(5b^2-4b+1)(c-t)}{2(b-1)^3t}$ 和 $L^Q=\frac{(5b^2-4b+1)((c+(-1+F(z))t)b-c)}{2tb(1-F(z))(b-1)^3}$，

令 $L^{Q-P}=\frac{L^Q}{L^P}=\frac{(c+(-1+F(z))t)b-c}{b(1-F(z))(c-t)}$，$\frac{\mathrm{d}L^{Q-P}}{\mathrm{d}t}=\frac{c(F(z)b-1)}{b(1-F(z))(c-t)^2}$，因为 $F(z)b>1$，$\frac{\mathrm{d}L^{Q-P}}{\mathrm{d}t}>0$，又因为 $L^{Q-P}(t=0)>1$，$t>0$，所以 $L^{Q-P}>1$，即 $L^Q>L^P$。

C（10） 按批发价格补贴时博弈均衡解的证明

根据引理 6.1 可得 $\int_0^z xf(x)\mathrm{d}x=z(1-F(z))/(b-1)$，则

$$E(u_s^G)=(zaek^{-\beta(v-\bar{v})})^{\frac{1}{b}}q^{1-\frac{1}{b}}\frac{b(1-F(z))}{b-1}-(w-t)q,$$

$$\frac{\mathrm{d}^2E(u_s^G)}{\mathrm{d}q^2}=\frac{1}{b}(zaek^{-\beta(v-\bar{v})})^{\frac{1}{b}}(-1+F(z))q^{-1-\frac{1}{b}}$$

由于 $b>1$，$0<F(z)<1$，所以 $\frac{\mathrm{d}^2E(u_s^G)}{\mathrm{d}q^2}<0$，存在 q 的最优解。令 $\frac{\mathrm{d}E(u_s^G)}{\mathrm{d}q}=0$，得到 $q=\left(\frac{w-t}{(1-F(z))}\right)^{-b}zaek^{-\beta(v-\bar{v})}$，并将 q、p 代入 $E(\pi_f^G)$。由于 $E(\pi_f^G)$ 需要同时决策 w 和 e，由海塞矩阵负定，得到约束条件 $\omega_1(w,e)<0$，$\omega_2(w,e)<0$。构建拉格朗函数，有

$$L_1=(w-c)q-\frac{1}{2}e^2+g_1\omega_1(w,e)+g_2\omega_2(w,e)$$

满足 KT 条件：$\dfrac{\mathrm{d}L_1}{\mathrm{d}w} = \dfrac{\mathrm{d}L_1}{\mathrm{d}e} = 0$，$\dfrac{\mathrm{d}L_1}{\mathrm{d}g_1} < 0$，$\dfrac{\mathrm{d}L_1}{\mathrm{d}g_2} < 0$，$g_1\omega_1(w,\ e) = 0$，$g_2\omega_2(w,\ e) = 0$，$g_1 = g_2 = 0$，联立解得

$$w^{G*} = \frac{bc - t}{b - 1}, \quad e^{G*} = \frac{az(c - t)k^{-\beta(v - \bar{v})}}{b - 1}\left(\frac{(b - 1)(1 - F(z))}{b(c - t)}\right)^b$$

将 w^{G*} 和 e^{G*} 代入 q，得 $q^{G*} = \dfrac{a^2z^2(c - t)k^{-2\beta(v - \bar{v})}}{b - 1}\left(\dfrac{(b - 1)(1 - F(z))}{(c - t)b}\right)^{2b}$，

再将 e^{G*} 和 q^{G*} 代入 $p = \left(\dfrac{zaek^{-\beta(v - \bar{v})}}{q}\right)^{\frac{1}{b}}$ 得到 $p^{G*} = \left(\dfrac{(b - 1)(1 - F(z))}{(c - t)b}\right)^{-1}$。

将 w^{G*}、q^{G*}、e^{G*}、p^{G*} 分别代入 $E(\pi_f^{G*})$、$E(\pi_s^{G*})$、$E(\pi_{sc}^{G*})$、CS^{G*} 和 SW^{G*}。

C（11）按销售价格补贴时博弈均衡解的证明

$$E(u_s^H) = (p + t)q\frac{b(1 - F(z))}{b - 1} - wq,$$

$$\frac{\mathrm{d}^2E(u_s^H)}{\mathrm{d}q^2} = \frac{1}{b}\left(zaek^{-\beta(v - \bar{v})}\right)^{\frac{1}{b}}(-1 + F(z))q^{-1 - \frac{1}{b}}$$

由于 $b > 1$，$0 < F(z) < 1$，所以 $\dfrac{\mathrm{d}^2E(u_s^H)}{\mathrm{d}q^2} < 0$，存在 q 的最优解。令 $\dfrac{\mathrm{d}E(u_s^H)}{\mathrm{d}q} = 0$，得到 $q = \left(\dfrac{(tF(z) - t + w)b - w}{b(1 - F(z))(b - 1)}\right)^{-b}zaek^{-\beta(v - \bar{v})}$，并将 q、p 代入 $E(\pi_f^H)$。由于 $E(\pi_f^H)$ 需要同时决策 w 和 e，由海塞矩阵负定，得到约束条件 $\omega_1(w,\ e) < 0$，$\omega_2(w,\ e) < 0$。于是，

$$L_1 = (w - c)q - \frac{1}{2}e^2 + g_1\omega_1(w,\ e) + g_2\omega_2(w,\ e)$$

满足 KT 条件：$\dfrac{\mathrm{d}L_1}{\mathrm{d}w} = \dfrac{\mathrm{d}L_1}{\mathrm{d}e} = 0$，$\dfrac{\mathrm{d}L_1}{\mathrm{d}g_1} < 0$，$\dfrac{\mathrm{d}L_1}{\mathrm{d}g_2} < 0$，$g_1\omega_1(w,\ e) = 0$，$g_2\omega_2(w,\ e) = 0$，$g_1 = g_2 = 0$，联立解得 $w^{H*} = \dfrac{bc(b - 1) - bt(1 - F(z))}{(b - 1)^2}$ 和

$$e^{H*} = \frac{azk^{-\beta(v - \bar{v})}((F(z) - 1)bt + (b - 1)c)}{(b - 1)^2}\left(\frac{(b - 1)^2(1 - F(z))}{b((F(z) - 1)bt + (b - 1)c)}\right)^b$$

将 w^{H*} 和 e^{H*} 代入 q，得 $q^{H*} = \dfrac{a^2z^2k^{-2\beta(v - \bar{v})}((F(z) - 1)bt + (b - 1)c)}{(b - 1)^2}$

$\left(\dfrac{(b - 1)^2(1 - F(z))}{b((F(z) - 1)bt + (b - 1)c)}\right)^{2b}$，再将 e^{H*} 和 q^{H*} 代入 $p = \left(\dfrac{zaek^{-\beta(v - \bar{v})}}{q}\right)^{\frac{1}{b}}$ 得

到 $p^{H*} = \left(\dfrac{(b-1)^2(1-F(z))}{b((F(z)-1)bt+(b-1)c)}\right)^{-1}$。将 w^{H*}、q^{H*}、e^{H*}、p^{H*} 分别代入 $E(\pi_f^{H*})$、$E(\pi_s^{H*})$、$E(\pi_{sc}^{H*})$、CS^{H*} 和 SW^{H*}。

C（12）命题6.5的证明

当 $v \in [\bar{v}, \bar{\bar{v}}]$ 时，根据 $0<F(z)<1$，$b>1$，$t>c>0$，可知 $bc>bc-t>b(c-t)$，所以 $w^{N*}>w^{G*}$，$e^{G*}>e^{N*}$，$q^{G*}>q^{N*}$，$p^{G*}>p^{P*}$，$E(\pi_f^{G*})>E(\pi_f^{N*})$，$E(\pi_s^{G*})>E(\pi_s^{N*})$，$E(\pi_{sc}^{G*})>E(\pi_{sc}^{N*})$，$CS^{G*}>CS^{N*}$，$SW^{G*}>SW^{N*}$；由于 $0<F(z)<1$，所以 $\dfrac{bc}{b-1}>\dfrac{(b-1)bc-bt(1-F(z))}{(b-1)^2}$，即 $w^{N*}>w^{G*}$。令 $e^{G-N}=\dfrac{e^{G*}}{e^{N*}}$，$\dfrac{\mathrm{d}e^{G-N}}{\mathrm{d}t}>0$，又因为 $e^{G-N}(t=0)=1$，而 $t>c>0$，所以 $e^{G-N}>1$，即 $e^{G*}>e^{N*}$。同理可证 $q^{G*}>q^{N*}$、$p^{G*}>p^{Q*}$，$E(\pi_f^{G*})>E(\pi_f^{N*})$，$E(\pi_s^{G*})>E(\pi_s^{N*})$，$E(\pi_{sc}^{G*})>E(\pi_{sc}^{N*})$，$CS^{G*}>CS^{N*}$，$SW^{G*}>SW^{N*}$。

C（13）命题6.6的证明。证明过程参考C（7）。
C（14）命题6.7的证明。证明过程参考C（8）。
C（15）命题6.8的证明。证明过程参考C（9）。
C（16）命题6.9的证明。证明过程参考C（8）。
C（17）命题6.10的证明。证明过程参考C（9）。

附录D 第7章证明过程

D（1）引理7.1的证明

同第3章引理3.1证明过程。

D（2）农业合作社公平关切情形的均衡解

同附录A（4）农业合作社公平关切情形的均衡解证明过程。

D（3）性质7.1的证明

同第3章性质3.1证明过程。

D（4）性质7.2的证明

同附录 A（5）性质4.1证明过程。

D（5）农业合作社公平关切＋公司公益性情形的均衡解

同附录 A（6）农业合作社公平关切＋公司公益性情形的均衡解证明过程。

D（6）性质7.3的证明

同附录 A（7）性质4.2证明过程。

D（7）按生产量补贴情形下博弈均衡解的证明

根据引理7.1，可得 $\int_0^z xf(x)\,\mathrm{d}x = z(1-F(z))/(b-1)$，则

$$\max_{p,q}E(\pi_s^P) = pE[\min(q,\,d)] - wq = \left(\frac{zaek^{-\beta(v-\bar{v})}}{q}\right)^{\frac{1}{b}} q\frac{b(1-F(z))}{b-1} - wq,$$

$$\frac{\mathrm{d}E(\pi_s^P)}{\mathrm{d}q} = (zaek^{-\beta(v-\bar{v})})^{\frac{1}{b}}q^{-\frac{1}{b}}(1-F(z)) - w,$$

$$\frac{\mathrm{d}^2E(\pi_s^P)}{\mathrm{d}q^2} = -\frac{(zaek^{-\beta(v-\bar{v})})^{\frac{1}{b}}q^{-\frac{1}{b}-1}(1-F(z))}{b}。$$

由于 $0 < F(z) < 1$，$b > 1$，$\beta > 1$，所以 $\frac{\mathrm{d}^2E(\pi_s^P)}{\mathrm{d}q^2} < 0$，存在 q 的最优解。

令 $\frac{\mathrm{d}E(\pi_s^P)}{\mathrm{d}q} = 0$，得 $q = zaek^{-\beta(v-\bar{v})}\left(\frac{w}{(1-F(z))}\right)^{-b}$，再将 q 代入 $E(u_f^P) = E(\pi_f^P) - \lambda(E(\pi_s^P) - E(\pi_f^P))$ 可得：$\max_{w,e}E(u_f^P) = zaek^{-\beta(v-\bar{v})}\left(\frac{w}{(1-F(z))}\right)^{-b}$

$\left[(1+\lambda)(w-c) + \frac{bt(1+\lambda)(1-F(z))-\lambda w}{b-1}\right] - \frac{1+\lambda}{2}e^2$。

由于 $E(u_f^P)$ 同时决策 w 和 e，由海塞矩阵负定，得到约束条件 $w_1(w,\,e) < 0$，$w_2(w,\,e) < 0$。构建拉格朗日函数，有

$$L_1 = (1+\lambda)\left[(w-c+t)q - \frac{1}{2}e^2\right] - \lambda[pE[\min(q,\,d)] - wq]$$

$$+ g_1w_1(w,\,e) + g_2w_2(w,\,e)。$$

满足 KT 条件：$\frac{\mathrm{d}L_1}{\mathrm{d}w} = \frac{\mathrm{d}L_1}{\mathrm{d}e} = 0$，$\frac{\mathrm{d}L_1}{\mathrm{d}g_1} < 0$，$\frac{\mathrm{d}L_1}{\mathrm{d}g_2} < 0$，$g_1w_1(w,\,e) =$

$g_2 w_2(w, e) = 0$，$g_1 = g_2 = 0$。联立求解得：$w^{P*} = \dfrac{b(1+\lambda)(c-t)}{b\lambda - 2\lambda + b - 1}$，$e^{P*} =$

$\dfrac{za(c-t)k^{-\beta(v-\bar{v})}}{b-1}\Phi^b$。将 w^{P*} 和 e^{P*} 代入 $q = zaek^{-\beta(v-\bar{v})}\left(\dfrac{w}{(1-F(z))}\right)^{-b}$ 得

q^{P*}，再将 q^{P*} 代 $p = \left(\dfrac{zaek^{-\beta(v-\bar{v})}}{q}\right)^{\frac{1}{b}}$ 得 p^{P*}。将 w^{P*}、e^{P*}、q^{P*}、p^{P*} 依次代

入 $E(\pi_f^P)$、$E(\pi_s^P)$、$E(\pi_{sc}^P)$、CS^P、SW^P、B^P，可求得 $E(\pi_f^{P*})$、$E(\pi_s^{P*})$、

$E(\pi_{sc}^{P*})$、CS^{P*}、SW^{P*}、B^{P*}。

D（8）按销售量补贴情形下博弈均衡解的证明

参考按生产量补贴情形证明过程。

D（9）命题 7.1 的证明

$$\frac{e^{P*}}{e^{NF*}} = \left(\frac{c}{c-t}\right)^{b-1} > 1，\quad \frac{e^{Q*}}{e^{NF*}} = \left(\frac{(b-1)c}{(F(z)t+c-t)b-c}\right)^{b-1} > 1;$$

$$\frac{q^{P*}}{q^{NF*}} = \left(\frac{c}{c-t}\right)^{2b-1} > 1，\quad \frac{q^{Q*}}{q^{NF*}} = \left(\frac{(b-1)c}{(F(z)t+c-t)b-c}\right)^{2b-1} > 1;$$

$$\frac{w^{P*}}{w^{NF*}} = \frac{c-t}{c} < 1，\quad \frac{w^{Q*}}{w^{NF*}} = \frac{(F(z)t+c-t)b-c}{(b-1)c} < 1;$$

$$\frac{p^{P*}}{p^{NF*}} = \frac{c-t}{c} < 1，\quad \frac{p^{Q*}}{p^{NF*}} = \frac{(F(z)t+c-t)b-c}{(b-1)c} < 1;$$

$$\frac{E(\pi_f^{P*})}{E(\pi_f^{NF*})} = \frac{E(\pi_s^{P*})}{E(\pi_s^{NF*})} = \frac{E(\pi_{sc}^{P*})}{E(\pi_{sc}^{NF*})} = \frac{CS^{P*}}{CS^{NF*}} = \frac{SW^{P*}}{SW^{NF*}} = \left(\frac{c}{c-t}\right)^{2b-2} > 1$$

$$\frac{E(\pi_f^{Q*})}{E(\pi_f^{NF*})} = \frac{E(\pi_s^{Q*})}{E(\pi_s^{NF*})} = \frac{E(\pi_{sc}^{Q*})}{E(\pi_{sc}^{NF*})} = \frac{CS^{Q*}}{CS^{NF*}} = \frac{SW^{Q*}}{SW^{NF*}}$$

$$= \left(\frac{(b-1)c}{(F(z)t+c-t)b-c}\right)^{2b-2} > 1$$

D（10）命题 7.2 的证明

$$\frac{e^{Q*}}{e^{P*}} = \left(\frac{(b-1)(c-t)}{(F(z)t+c-t)b-c}\right)^{b-1} < 1，\quad \frac{q^{Q*}}{q^{P*}} = \left(\frac{(b-1)(c-t)}{(F(z)t+c-t)b-c}\right)^{2b-1} < 1;$$

$$\frac{w^{Q*}}{w^{P*}} = \frac{(F(z)t+c-t)b-c}{(b-1)(c-t)} > 1，\quad \frac{p^{Q*}}{p^{P*}} = \frac{(F(z)t+c-t)b-c}{(b-1)(c-t)} > 1$$

D（11）性质 7.4 的证明

$$\frac{\mathrm{d}B^{P*}}{\mathrm{d}\lambda} = -\frac{2z^2 a^2 btk^{-2\beta(v-\bar{v})}(c-t)}{(b-1)(1+\lambda)(b\lambda-2\lambda+b-1)}\Phi^{2b} < 0;$$

$$\frac{\mathrm{d}B^{Q*}}{\mathrm{d}\lambda} = -\frac{2z^2 a^2 b^2 tk^{-2\beta(v-\bar{v})}(1-F(z))((F(z)t+c-t)b-c)}{(b-1)^3(1+\lambda)(b\lambda-2\lambda+b-1)}\Pi^{2b} < 0_\circ$$

D（12）按批发价格补贴情形下博弈均衡解的证明

根据引理 7.1，可得 $\int_0^z xf(x)\mathrm{d}x = z(1-F(z))/(b-1)$，则

$$\max_{p,q} E(u_s^G) = E(\pi_s^G) + \gamma CS = pE[\min(q,d)] - (w-t)q + \gamma\int_p^{+\infty}(x-p)\phi(x)\mathrm{d}x$$

$$= \left(\frac{zaek^{-\beta(v-\bar{v})}}{q}\right)^{\frac{1}{b}}q\frac{b(1-F(z))}{b-1} - (w-t)q + \gamma\left(\frac{zaek^{-\beta(v-\bar{v})}}{q}\right)^{\frac{1}{b}}q\frac{b(1-F(z))}{(b-1)^2}$$

$$= \left(1+\frac{\gamma}{b-1}\right)(zaek^{-\beta(v-\bar{v})})^{\frac{1}{b}}q^{1-\frac{1}{b}}\frac{b(1-F(z))}{b-1} - (w-t)q$$

$$\frac{\mathrm{d}E(u_s^G)}{\mathrm{d}q} = \left(1+\frac{\gamma}{b-1}\right)(zaek^{-\beta(v-\bar{v})})^{\frac{1}{b}}q^{-\frac{1}{b}}(1-F(z)) - (w-t)$$

$$\frac{\mathrm{d}^2 E(u_s^G)}{\mathrm{d}q^2} = -\frac{(b-1+\gamma)(zaek^{-\beta(v-\bar{v})})^{\frac{1}{b}}q^{-\frac{1}{b}-1}(1-F(z))}{b(b-1)}$$

由于 $0 < F(z) < 1$，$b > 1$，$\beta > 1$，所以 $\dfrac{\mathrm{d}^2 E(u_s^G)}{\mathrm{d}q^2} < 0$，存在 q 的最优解。

令 $\dfrac{\mathrm{d}E(u_s^G)}{\mathrm{d}q} = 0$，得 $q = zaek^{-\beta(v-\bar{v})}\left(\dfrac{(w-t)(b-1)}{(b-1+\gamma)(1-F(z))}\right)^{-b}$，再将 q 代入 $E(u_f^G) = E(\pi_f^G) - \lambda(E(\pi_s^G) - E(\pi_f^G))$ 可得：

$$\max_{w,e} E(u_f^G) = zaek^{-\beta(v-\bar{v})}\left(\frac{(w-t)(b-1)}{(b-1+\gamma)(1-F(z))}\right)^{-b}\left[(1+\lambda)(w-c)\right.$$

$$\left. -\frac{\lambda(w-t)(1-\gamma)}{b-1+\gamma}\right] - \frac{1+\lambda}{2}e^2_\circ$$

由于 $E(u_f^G)$ 同时决策 w 和 e，由海塞矩阵负定，得到约束条件 $w_1(w,e) < 0$，$w_2(w,e) < 0$。构建拉格朗日函数，有

$$L_1 = (1+\lambda)\left[(w-c)q - \frac{1}{2}e^2\right] - \lambda[pE[\min(q,d)] - (w-t)q]$$

$$+ g_1 w_1(w,e) + g_2 w_2(w,e)$$

满足 KT 条件：$\dfrac{\mathrm{d}L_1}{\mathrm{d}w} = \dfrac{\mathrm{d}L_1}{\mathrm{d}e} = 0$，$\dfrac{\mathrm{d}L_1}{\mathrm{d}g_1} < 0$，$\dfrac{\mathrm{d}L_1}{\mathrm{d}g_2} < 0$，$g_1 w_1(w,e) =$

$g_2 w_2 (w, e) = 0$, $g_1 = g_2 = 0$。解得：$w^{G^*} = \dfrac{b(c-t)(1+\lambda)(b-1+\gamma)}{(b-1)((b+2\gamma-2)\lambda+b+\gamma-1)} + t$，

$e^{G^*} = \dfrac{za(c-t)k^{-\beta(v-\bar v)}}{b-1}\Psi^b$。

将 w^{G^*} 和 e^{G^*} 代入 $q = zaek^{-\beta(v-\bar v)}\left(\dfrac{(w-t)(b-1)}{(b-1+\gamma)(1-F(z))}\right)^{-b}$ 得 q^{G^*}，再

将 q^{G^*} 代入 $p = \left(\dfrac{zaek^{-\beta(v-\bar v)}}{q}\right)^{\frac{1}{b}}$ 得 p^{G^*}。将 w^{G^*}、e^{G^*}、q^{G^*}、p^{G^*} 依次代入

$E(\pi_f^G)$、$E(\pi_s^G)$、$E(\pi_{sc}^G)$、CS^G、SW^G、B^G，可分别求得 $E(\pi_f^{G^*})$、

$E(\pi_s^{G^*})$、$E(\pi_{sc}^{G^*})$、CS^{G^*}、SW^{G^*}、B^{G^*}。

D（13）按销售价格补贴情形下博弈均衡解的证明。参考按批发价格
补贴情形证明。

D（14）命题 7.3 的证明。参考命题 7.1 证明过程。

D（15）命题 7.4 的证明。参考命题 7.2 证明过程。

D（16）性质 7.5 的证明。

$$\frac{dB^{G^*}}{d\lambda} = -\frac{2z^2 a^2 btk^{-2\beta(v-\bar v)}(c-t)(1-\gamma)}{(b-1)(1+\lambda)((b+2\gamma-2)\lambda+b+\gamma-1)}\Psi^{2b} < 0;$$

$$\frac{dB^{H^*}}{d\lambda} = -\frac{2z^2 a^2 b^2 k^{-2\beta(v-\bar v)}t(1-F(z))((F(z)t+c-t)b-c)(1-\gamma)}{(b-1)^3(1+\lambda)((b+2\gamma-2)\lambda+b+\gamma-1)}\Theta^{2b} < 0;$$

$$\frac{dB^{G^*}}{d\gamma} = \frac{2z^2 a^2 btk^{-2\beta(v-\bar v)}(c-t)(1+2\lambda)}{(b-1)((b+2\gamma-2)\lambda+b+\gamma-1)}\Psi^{2b} > 0;$$

$$\frac{dB^{H^*}}{d\gamma} = \frac{2z^2 a^2 b^2 tk^{-2\beta(v-\bar v)}(1-F(z))((F(z)t+c-t)b-c)(1+2\lambda)}{(b-1)^3((b+2\gamma-2)\lambda+b+\gamma-1)}\Theta^{2b} > 0$$

D（17）命题 7.5 的证明

$$\frac{CS^{Q^*}}{CS^{P^*}} = \left(\frac{(b-1)(c-t)}{(F(z)t+c-t)b-c}\right)^{2b-2} < 1$$

$$\frac{SW^{Q^*}}{SW^{P^*}} = \left(\frac{(b-1)(c-t)}{(F(z)t+c-t)b-c}\right)^{2b-2} < 1$$

$$\frac{B^{Q^*}}{B^{P^*}} = \frac{b(1-F(z))}{b-1}\left(\frac{(b-1)(c-t)}{(F(z)t+c-t)b-c}\right)^{2b-1} < 1$$

D（18）命题 7.6 的证明

$$\frac{L^{Q^*}}{L^{P^*}} = \frac{(F(z)t+c-t)b-c}{b(c-t)(1-F(z))} > 1$$

D（19）命题 7.7 的证明。参考命题 7.5 证明过程。

D（20）命题 7.8 的证明。参考命题 7.6 证明过程。

附录 E　第 8 章证明过程

E（1）无政府补贴下农业合作社公益性情形的均衡解证明

根据引理 8.1 可得 $\int_0^z xf(x)\mathrm{d}x = z(1-F(z))/(b-1)$，则

$$E(\pi_s^{NF}) = (zaek^{-\beta(v-\bar{v})})^{\frac{1}{b}}q^{1-\frac{1}{b}}\frac{b(1-F(z))}{b-1} - wq,$$

$$\frac{\mathrm{d}^2 E(\pi_s^{NF})}{\mathrm{d}q^2} = \frac{1}{b}(zaek^{-\beta(v-\bar{v})})^{\frac{1}{b}}(-1+F(z))q^{-1-\frac{1}{b}}$$

由于 $b>1$，$0<F(z)<1$，所以 $\dfrac{\mathrm{d}^2 E(\pi_s^{NF})}{\mathrm{d}q^2}<0$，存在 q 的最优解。令 $\dfrac{\mathrm{d}E(\pi_s^{NF})}{\mathrm{d}q} = 0$，得到 $q = \left(\dfrac{w}{(1-F(z))}\right)^{-b}zaek^{-\beta(v-\bar{v})}$，并将 q、p 代入 $E(u_f^{NF})$。由于 $E(u_f^{NF})$ 需要同时决策 w 和 e，由海塞矩阵负定，得到约束条件 $\omega_1(w, e)<0$，$\omega_2(w, e)<0$。构建拉格朗函数，有

$$L_1 = (w-c)q - \frac{1}{2}e^2 + \gamma\int_p^{+\infty}(x-p)\varphi(x)\mathrm{d}x + g_1\omega_1(w, e) + g_2\omega_2(w, e)$$

满足 KT 条件：$\dfrac{\mathrm{d}L_1}{\mathrm{d}w} = \dfrac{\mathrm{d}L_1}{\mathrm{d}e} = 0$，$\dfrac{\mathrm{d}L_1}{\mathrm{d}g_1}<0$，$\dfrac{\mathrm{d}L_1}{\mathrm{d}g_2}<0$，$g_1\omega_1(w, e) = g_2\omega_2(w, e) = 0$，$g_1 = g_2 = 0$，于是 $w^{NF*} = \dfrac{(b-1)bc}{(b-1)^2+\gamma b}$ 和 $e^{NF*} = \dfrac{azck^{-\beta(v-\bar{v})}}{b-1}\left(\dfrac{((b-1)^2+\gamma b)(1-F(z))}{(b-1)bc}\right)^b$。

将 w^{NF*} 和 e^{NF*} 代入 q，得 $q^{NF*} = \dfrac{a^2z^2ck^{-2\beta(v-\bar{v})}}{b-1}\left(\dfrac{((b-1)^2+\gamma b)(1-F(z))}{(b-1)bc}\right)^{2b}$，

再将 e^{NF*} 和 q^{NF*} 代入 $p = \left(\dfrac{zaek^{-\beta(v-\bar{v})}}{q}\right)^{\frac{1}{b}}$ 得到 $p^{NF*} = \left(\dfrac{((b-1)^2+\gamma b)(1-F(z))}{(b-1)bc}\right)^{-1}$。

将 w^{NF*}、q^{NF*}、e^{NF*}、p^{NF*} 分别代入 $E(\pi_f^{NF*})$、$E(\pi_s^{NF*})$、$E(\pi_{sc}^{NF*})$、CS^{NF*} 和 SW^{NF*}。

E（2） 无政府补贴下公司公益性情形的均衡解证明

根据引理 8.1，可得 $\int_0^z xf(x)\mathrm{d}x = z(1 - F(z))/(b - 1)$，则

$$\max_{p,q} E(u_s^{NS}) = E(\pi_s^{NS}) + \gamma CS = pE[\min(q, d)] - wq + \gamma \int_p^{+\infty} (x - p)\phi(x)\mathrm{d}x$$

$$= \left(1 + \frac{\gamma}{b - 1}\right)(zaek^{-\beta(v - \bar{v})}) \frac{1}{b} q^{1 - \frac{1}{b}} \frac{b(1 - F(z))}{b - 1} - wq$$

$$\frac{\mathrm{d}E(u_s^{NS})}{\mathrm{d}q} = \left(1 + \frac{\gamma}{b - 1}\right)(zaek^{-\beta(v - \bar{v})})^{\frac{1}{b}} q^{-\frac{1}{b}}(1 - F(z)) - w$$

$$\frac{\mathrm{d}^2 E(u_s^{NS})}{\mathrm{d}q^2} = -\frac{(b - 1 + \gamma)(zaek^{-\beta(v - \bar{v})})^{\frac{1}{b}} q^{-\frac{1}{b} - 1}(1 - F(z))}{b(b - 1)}$$

由于 $0 < F(z) < 1$，$b > 1$，$\beta > 1$，所以 $\dfrac{\mathrm{d}^2 E(u_s^{NS})}{\mathrm{d}q^2} < 0$，存在 q 的最优

解。令 $\dfrac{\mathrm{d}E(u_s^{NS})}{\mathrm{d}q} = 0$，得 $q = zaek^{-\beta(v - \bar{v})}\left(\dfrac{w(b - 1)}{(b - 1 + \gamma)(1 - F(z))}\right)^{-b}$，再将 q

代入 $E(\pi_f^{NS})$ 可得

$$\max_{w,e} E(\pi_f^{NS}) = zaek^{-\beta(v - \bar{v})}\left(\frac{w(b - 1)}{(b - 1 + \gamma)(1 - F(z))}\right)^{-b}(w - c) - \frac{1}{2}e^2$$

由于 $E(\pi_f^{NS})$ 同时决策 w 和 e，由海塞矩阵负定，得到约束条件

$w_1(w, e) < 0$，$w_2(w, e) < 0$。构建拉格朗日函数，有 $L_2 = (w - c)q - \dfrac{1}{2}e^2 +$

$g_1 w_1(w, e) + g_2 w_2(w, e)$。

满足 KT 条件：$\dfrac{\mathrm{d}L_2}{\mathrm{d}w} = \dfrac{\mathrm{d}L_2}{\mathrm{d}e} = 0$，$\dfrac{\mathrm{d}L_2}{\mathrm{d}g_1} < 0$，$\dfrac{\mathrm{d}L_2}{\mathrm{d}g_2} < 0$，$g_1 w_1(w, e) = g_2 w_2(w, e) =$

0，$g_1 = g_2 = 0$，于是 $w^{NS*} = \dfrac{bc}{b - 1}$，$e^{NS*} = \dfrac{azck^{-\beta(v - \bar{v})}}{b - 1}\left(\dfrac{(b - 1 + \gamma)(1 - F(z))}{bc}\right)^b$。

将 w^{NS*} 和 e^{NS*} 代入 $q = zaek^{-\beta(v - \bar{v})}\left(\dfrac{w(b - 1)}{(b - 1 + \gamma)(1 - F(z))}\right)^{-b}$ 得 q^{NS*}，

再将 q^{NS*} 代入 $p = \left(\dfrac{zaek^{-\beta(v - \bar{v})}}{q}\right)^{\frac{1}{b}}$ 得 p^{NS*}。将 w^{NS*}，e^{NS*}，q^{NS*}，p^{NS*} 依次

代入 $E(\pi_f^{NS*})$、$E(\pi_s^{NS*})$、$E(\pi_{sc}^{NS*})$、CS^{NS*} 和 SW^{NS*}。

E（3） 性质 8.1 的证明

$$\frac{\partial e^{NF*}}{\partial v} = -\frac{azck^{-\beta(v - \bar{v})}\beta\ln k}{b - 1}\left(\frac{((b - 1)^2 + \gamma b)(1 - F(z))}{(b - 1)bc}\right)^b < 0$$

$$\frac{\partial e^{NS*}}{\partial v} = -\frac{azck^{-\beta(v-\bar{v})}\beta\ln k}{b-1}\left(\frac{(b-1+\gamma)(1-F(z))}{bc}\right)^{b} < 0$$

$$\frac{\partial q^{NF*}}{\partial v} = -\frac{2a^2z^2ck^{-2\beta(v-\bar{v})}\beta\ln k}{b-1}\left(\frac{((b-1)^2+\gamma b)(1-F(z))}{(b-1)bc}\right)^{2b} < 0$$

$$\frac{\partial q^{NS*}}{\partial v} = -\frac{2a^2z^2ck^{-2\beta(v-\bar{v})}\beta\ln k}{b-1}\left(\frac{(b-1+\gamma)(1-F(z))}{bc}\right)^{2b} < 0$$

$$\frac{\partial E(\pi_{sc}^{NS*})}{\partial v} = -\frac{a^2z^2c^2k^{-2\beta(v-\bar{v})}(2b(1-\gamma)+b-1+\gamma)\beta\ln k}{(b-1)^2(b-1+\gamma)}$$
$$\left(\frac{(b-1+\gamma)(1-F(z))}{bc}\right)^{2b} < 0$$

$$\frac{\partial E(\pi_{sc}^{NF*})}{\partial v} = -\frac{z^2a^2c^2k^{-2\beta(v-\bar{v})}((3-2\gamma)b^2+(\gamma-4)b+1)\beta\ln k}{(b-1)^2((b-1)^2+\gamma b)}$$
$$\left(\frac{((b-1)^2+\gamma b)(1-F(z))}{(b-1)bc}\right)^{2b} < 0$$

$$\frac{\partial CS^{NF*}}{\partial v} = -\frac{2z^2a^2c^2k^{-2\beta(v-\bar{v})}b^2\beta\ln k}{(b-1)^2((b-1)^2+\gamma b)}\left(\frac{((b-1)^2+\gamma b)(1-F(z))}{(b-1)bc}\right)^{2b} < 0$$

$$\frac{\partial CS^{NS*}}{\partial v} = -\frac{2a^2z^2c^2k^{-2\beta(v-\bar{v})}b^2\beta\ln k}{(b-1)^3(b-1+\gamma)}\left(\frac{(b-1+\gamma)(1-F(z))}{bc}\right)^{2b} < 0$$

$$\frac{\partial SW^{NF*}}{\partial v} = -\frac{z^2a^2c^2k^{-2\beta(v-\bar{v})}((5-2\gamma)b^2+(\gamma-4)b+1)\beta\ln k}{(b-1)^2((b-1)^2+\gamma b)}$$
$$\left(\frac{((b-1)^2+\gamma b)(1-F(z))}{(b-1)bc}\right)^{2b} < 0$$

$$\frac{\partial SW^{NS*}}{\partial v} = -\frac{a^2z^2c^2k^{-2\beta(v-\bar{v})}((5-2\gamma))b^2+(3\gamma-4)b+1-\gamma)\beta\ln k}{(b-1)^3(b-1+\gamma)}$$
$$\left(\frac{(b-1+\gamma)(1-F(z))}{bc}\right)^{2b} < 0$$

E（4）性质8.2的证明

$$\frac{\partial e^{NF*}}{\partial \gamma} = \frac{azck^{-\beta(v-\bar{v})}b^2}{(b-1)((b-1)^2+\gamma b)}\left(\frac{((b-1)^2+\gamma b)(1-F(z))}{(b-1)bc}\right)^{b} > 0$$

$$\frac{\partial e^{NS*}}{\partial \gamma} = \frac{azck^{-\beta(v-\bar{v})}b}{(b-1)(b-1+\gamma)}\left(\frac{(b-1+\gamma)(1-F(z))}{bc}\right)^{b} > 0$$

$$\frac{\partial q^{NF*}}{\partial \gamma} = \frac{2a^2z^2ck^{-2\beta(v-\bar{v})}b^2}{(b-1)((b-1)^2+\gamma b)}\left(\frac{((b-1)^2+\gamma b)(1-F(z))}{(b-1)bc}\right)^{2b} > 0$$

$$\frac{\partial q^{NS*}}{\partial \gamma} = \frac{2a^2z^2ck^{-2\beta(v-\bar{v})}b}{(b-1)(b-1+\gamma)}\left(\frac{(b-1+\gamma)(1-F(z))}{bc}\right)^{2b} > 0$$

$$\frac{\partial p^{NF*}}{\partial \gamma} = -\frac{(b-1)b^2 c}{((b-1)^2 + \gamma b)^2 (1 - F(z))} < 0$$

$$\frac{\partial p^{NS*}}{\partial \gamma} = -\frac{bc}{(b-1+\gamma)^2 (1 - F(z))} < 0$$

$$\frac{\partial E(\pi_f^{NF*})}{\partial \gamma} = -\frac{z^2 a^2 c^2 k^{-2\beta(v-\bar{v})} \gamma b^3 (2b-1)}{2(b-1)^2 ((b-1)^2 + \gamma b)^2} \left(\frac{((b-1)^2 + \gamma b)(1 - F(z))}{(b-1)bc} \right)^{2b} < 0$$

$$\frac{\partial E(\pi_s^{NF*})}{\partial \gamma} = \frac{z^2 a^2 c^2 k^{-2\beta(v-\bar{v})} b^2 (2b-1)}{(b-1)((b-1)^2 + \gamma b)} \left(\frac{((b-1)^2 + \gamma b)(1 - F(z))}{(b-1)bc} \right)^{2b} > 0$$

$$\frac{\partial E(\pi_{sc}^{NF*})}{\partial \gamma} = \frac{z^2 a^2 c^2 k^{-2\beta(v-\bar{v})} b^2 (2b-1)(b-1-\gamma b)}{(b-1)^2 ((b-1)^2 + \gamma b)} \left(\frac{((b-1)^2 + \gamma b)(1 - F(z))}{(b-1)bc} \right)^{2b},$$

令 $\dfrac{\partial E(\pi_{sc}^{NF*})}{\partial \gamma} = 0$ 可得 $\gamma = \dfrac{b-1}{b}$。当 $\gamma < \dfrac{b-1}{b}$ 时，由 $b-1-b\gamma > 0$ 可知

$\dfrac{\partial E(\pi_{sc}^{NF*})}{\partial \gamma} > 0$；当 $\gamma > \dfrac{b-1}{b}$ 时，由 $b-1-b\gamma < 0$ 可知 $\dfrac{\partial E(\pi_{sc}^{NF*})}{\partial \gamma} < 0$。

$$\frac{\partial E(\pi_f^{NS*})}{\partial \gamma} = \frac{a^2 z^2 c^2 k^{-2\beta(v-\bar{v})} b}{(b-1)^2 (b-1+\gamma)} \left(\frac{(b-1+\gamma)(1 - F(z))}{bc} \right)^{2b} > 0$$

$$\frac{\partial E(\pi_s^{NS*})}{\partial \gamma} = \frac{a^2 z^2 c^2 k^{-2\beta(v-\bar{v})} b^2 (1-2\gamma)}{(b-1)^2 (b-1+\gamma)^2} \left(\frac{(b-1+\gamma)(1 - F(z))}{bc} \right)^{2b}, \quad 令$$

$\dfrac{\partial E(\pi_s^{NS*})}{\partial \gamma} = 0$ 可得 $\gamma = \dfrac{1}{2}$。当 $\gamma < \dfrac{1}{2}$ 时，可知 $\dfrac{\partial E(\pi_s^{NS*})}{\partial \gamma} > 0$；当 $\gamma > \dfrac{1}{2}$ 时，

可知 $\dfrac{\partial E(\pi_s^{NS*})}{\partial \gamma} < 0$。

$$\frac{\partial E(\pi_{sc}^{NS*})}{\partial \gamma} = \frac{a^2 z^2 c^2 k^{-2\beta(v-\bar{v})} b(2b-1)(1-\gamma)}{(b-1)^2 (b-1+\gamma)^2} \left(\frac{(b-1+\gamma)(1 - F(z))}{bc} \right)^{2b} > 0$$

$$\frac{\partial CS^{NF*}}{\partial \gamma} = \frac{z^2 a^2 c^2 k^{-2\beta(v-\bar{v})} b^3 (2b-1)}{(b-1)^2 ((b-1)^2 + \gamma b)^2} \left(\frac{((b-1)^2 + \gamma b)(1 - F(z))}{(b-1)bc} \right)^{2b} > 0$$

$$\frac{\partial CS^{NS*}}{\partial \gamma} = \frac{a^2 z^2 c^2 k^{-2\beta(v-\bar{v})} b^2 (2b-1)}{(b-1)^3 (b-1+\gamma)^2} \left(\frac{(b-1+\gamma)(1 - F(z))}{bc} \right)^{2b} > 0$$

$$\frac{\partial SW^{NF*}}{\partial \gamma} = \frac{z^2 a^2 c^2 k^{-2\beta(v-\bar{v})} b^2 (2b-1)(2b-\gamma b-1)}{(b-1)^2 ((b-1)^2 + \gamma b)^2}$$
$$\left(\frac{((b-1)^2 + \gamma b)(1 - F(z))}{(b-1)bc} \right)^{2b} > 0$$

$$\frac{\partial SW^{NS*}}{\partial \gamma} = \frac{a^2 z^2 c^2 k^{-2\beta(v-\bar{v})} b(2b-1)(2b-\gamma b-1+\gamma)}{(b-1)^3 (b-1+\gamma)^2}$$
$$\left(\frac{(b-1+\gamma)(1 - F(z))}{bc} \right)^{2b} > 0$$

E（5） 按生产量补贴情形下博弈均衡解的证明

根据引理 6.1 可得 $\int_0^z xf(x)\mathrm{d}x = z(1-F(z))/(b-1)$ ，则

$$E(\pi_s^P) = (zaek^{-\beta(v-\bar{v})})^{\frac{1}{b}} q^{1-\frac{1}{b}} \frac{b(1-F(z))}{b-1} - wq,$$

$$\frac{\mathrm{d}^2 E(\pi_s^P)}{\mathrm{d}q^2} = \frac{1}{b}(zaek^{-\beta(v-\bar{v})})^{\frac{1}{b}}(-1+F(z))q^{-1-\frac{1}{b}}$$

由于 $b>1$，$0<F(z)<1$，所以 $\frac{\mathrm{d}^2 E(\pi_s^P)}{\mathrm{d}q^2}<0$，存在 q 的最优解。令 $\frac{\mathrm{d}E(\pi_s^P)}{\mathrm{d}q}=0$，得到 $q=\left(\frac{w}{(1-F(z))}\right)^{-b} zaek^{-\beta(v-\bar{v})}$，并将 q、p 代入 $E(u_f^P)$。由于 $E(u_f^P)$ 需要同时决策 w 和 e，由海塞矩阵负定，得到约束条件 $\omega_1(w,e)<0$，$\omega_2(w,e)<0$。构建拉格朗函数，有

$$L_1 = (w-c)q - \frac{1}{2}e^2 + \gamma\int_p^{+\infty}(x-p)\varphi(x)\mathrm{d}x + g_1\omega_1(w,e) + g_2\omega_2(w,e)$$

由库恩塔克条件：$\frac{\mathrm{d}L_1}{\mathrm{d}w}=\frac{\mathrm{d}L_1}{\mathrm{d}e}=0$，$\frac{\mathrm{d}L_1}{\mathrm{d}g_1}<0$，$\frac{\mathrm{d}L_1}{\mathrm{d}g_2}<0$，$g_1\omega_1(w,e)=g_2\omega_2(w,e)=0$，$g_1=g_2=0$，解得：$w^{P*}=\frac{(b-1)(c-t)b}{(b-1)^2+\gamma b}$，$e^{P*}=\frac{az(c-t)k^{-\beta(v-\bar{v})}}{b-1}\left(\frac{((b-1)^2+\gamma b)(1-F(z))}{b(b-1)(c-t)}\right)^b$。

将 w^{P*} 和 e^{P*} 代入 q，得 $q^{P*}=\frac{a^2z^2(c-t)k^{-2\beta(v-\bar{v})}}{b-1}\left(\frac{((b-1)^2+\gamma b)(1-F(z))}{b(b-1)(c-t)}\right)^{2b}$，再将 e^{P*} 和 q^{P*} 代入 $p=\left(\frac{zaek^{-\beta(v-\bar{v})}}{q}\right)^{\frac{1}{b}}$ 得到 $p^{P*}=\left(\frac{((b-1)^2+\gamma b)(1-F(z))}{b(b-1)(c-t)}\right)^{-1}$。将 w^{P*}、q^{P*}、e^{P*}、p^{P*} 分别代入 $E(\pi_f^{P*})$、$E(\pi_s^{P*})$、$E(\pi_{sc}^{P*})$、CS^{P*} 和 SW^{P*}。

E（6） 按销售量补贴情形下博弈均衡解的证明

根据引理 8.1 可得 $\int_0^z xf(x)\mathrm{d}x = z(1-F(z))/(b-1)$ ，则

$$E(\pi_s^Q) = (zaek^{-\beta(v-\bar{v})})^{\frac{1}{b}} q^{1-\frac{1}{b}} \frac{b(1-F(z))}{b-1} - wq,$$

$$\frac{\mathrm{d}^2 E(\pi_s^Q)}{\mathrm{d}q^2} = \frac{1}{b}(zaek^{-\beta(v-\bar{v})})^{\frac{1}{b}}(-1+F(z))q^{-1-\frac{1}{b}}$$

由于 $b > 1$，$0 < F(z) < 1$，所以 $\dfrac{\mathrm{d}^2 E(\pi_s^Q)}{\mathrm{d}q^2} < 0$，存在 q 的最优解。令 $\dfrac{\mathrm{d}E(\pi_s^Q)}{\mathrm{d}q} = 0$，得到 $q = \left(\dfrac{w}{(1 - F(z))}\right)^{-b} zaek^{-\beta(v - \bar{v})}$，并将 q、p 代入 $E(u_f^Q)$。由于 $E(u_f^Q)$ 需要同时决策 w 和 e，由海塞矩阵负定，得到约束条件 $\omega_1(w, e) < 0$，$\omega_2(w, e) < 0$。构建拉格朗函数，有

$$L_1 = (w - c)q - \frac{1}{2}e^2 + tE[\min(q, d)] + \gamma \int_p^{+\infty} (x - p)\varphi(x)\mathrm{d}x$$
$$+ g_1\omega_1(w, e) + g_2\omega_2(w, e)$$

同 E（5）可得 $E(\pi_f^{Q*})$、$E(\pi_s^{Q*})$、$E(\pi_{sc}^{Q*})$、CS^{Q*} 和 SW^{Q*}。

E（7）命题 8.1 的证明。证明过程参考 C（6）。

E（8）命题 8.2 的证明。证明过程参考 C（7）。

E（9）命题 8.3 的证明。证明过程参考 C（8）。

E（10）命题 8.4 的证明。证明过程参考 C（9）。

E（11）按批发价格补贴情形下的均衡解。证明过程参考 C（10）和 E（2）。

E（12）按销售价格补贴情形下的均衡解。证明过程参考 C（11）和 E（2）。

E（13）命题 8.5 的证明。证明过程参考 C（12）。

E（14）命题 8.6 的证明。证明过程参考 C（13）。

参 考 文 献

［1］ 曹武．农产品电商供给结构优化探析［J］.合作经济与科技，
　　 2021，648（1）：60-62.

［2］ 曹武军，李新艳．供应商公平关切对生鲜农产品双渠道供应链协
　　 调研究［J］.郑州大学学报（理学版），2014，46（3）：115-118.

［3］ 陈灿平．集中连片民族特困地区的农业商品化实证研究［J］.西南
　　 民族大学学报（人文社会科学版），2015，36（1）：119-124.

［4］ 陈军，王楠，邱智慧．零售商主导的农产品供应链公平关切研究
　　 ［J］.工业工程，2020，23（3）：33-84.

［5］ 陈柳鑫，黄磊，马利军．运费成本共担下TPL参与的农产品供
　　 应链收益共享契约研究［J］.管理工程学报，2021，35（6）：
　　 218-225.

［6］ 陈柳鑫，黄磊．温度影响TPL保鲜水平的农产品供应链协调契
　　 约［J］.系统工程学报，2023，38（3）：344-356，371.

［7］ 陈乐群，王波．气候变化对福建省种植业生产效率的影响研究
　　 ［J］.农业经济，2021，408（4）：22-25.

［8］ 陈晓琳，谭晓悦，李露凝，等．北方冬小麦主产区的高产与稳产
　　 关联性及其影响因素［J］.自然资源学报，2022，37（1）：
　　 263-276.

［9］ 陈叶烽．社会偏好的检验：一个超越经济人的实验研究［D］.
　　 杭州：浙江大学，2010.

［10］ 陈玉杰，刘学军．农产品供应链模式、市场力量和效率［J］.
　　 商业经济研究，2021，834（23）：125-128.

［11］ 崔春晓，邹松岐，张志新．农业产业链国内外研究综述［J］.
　　 世界农业，2013（1）：105-108，115.

［12］ 崔玮．低碳经济背景下零售企业"绿色商业"发展策略——基

于本土与跨国企业比较的研究［J］. 生态经济（学术版），2014，30（1）：83－88.

［13］但斌，伏红勇，徐广业，等. 风险厌恶下天气影响产量的农产品供应链协调［J］. 系统工程学报，2014，29（3）：362－370.

［14］但斌，李诗杨，周茂森，等. 考虑限价政策和公益性的药品供应链定价与渠道策略分析［J］. 中国管理科学，2017，25（12）：27－38.

［15］邓磊，张希玲，赵婧洁，等. 鲜食葡萄产业链利润分配研究——基于河北昌黎的案例分析［J］. 农业现代化研究，2016，37（6）：1128－1134.

［16］冯春，于宝，王雅婷，等. 指数需求下农产品供应链渠道利润的公平分配机制［J］. 系统管理学报，2018，27（3）：470－477.

［17］冯军，石超. 不同降水下覆盖与缓释肥减量对油菜土壤微生物群落结构的影响［J］. 环境科学，2022，43（8）：4322－4332.

［18］冯颖，郭洪亚，高龚. "公司＋农户"型订单农业供应链的政府税收补贴机制［J］. 运筹与管理，2022，31（6）：211－219.

［19］伏红勇. 订单农业模式下考虑天气影响的农产品供应链协调［D］. 重庆：重庆大学，2013.

［20］伏红勇，但斌. 天气影响产量下"公司＋农户"模式的风险补偿协调契约［J］. 管理工程学报，2015，29（2）：175－181.

［21］伏红勇，但斌. 基于天气期权的"公司＋农户"型订单契约机制研究［J］. 系统工程学报，2015，30（6）：768－778.

［22］伏红勇，但斌，王磊，徐鹏. CVaR 准则下"公司＋农户"模式的天气看跌期权契约［J］. 管理科学学报，2020，23（11）：59－73.

［23］高瑛，王洁，王建华. 公平偏好视角下生鲜供应链的批发价格契约与协调［J］. 物流科技，2021，44（9）：118－125.

［24］高明玉. 贸易摩擦背景下棉花补贴政策的经济效应及政策优化［D］. 乌鲁木齐：新疆农业大学，2022.

［25］公彦德，陈梦泽. 考虑企业社会责任和公平偏好的绿色供应链决策［J］. 控制与决策，2021，36（7）：1743－1753.

［26］古川. 农产品公益性批发市场和民营批发市场的机制比较研究

［J］. 农业技术经济，2015，239（3）：99 - 107.

［27］郭方方，钟耀广. 乡村振兴视角下考虑农产品新鲜度的政府价格补贴策略研究［J］. 价格月刊，2022，536（1）：52 - 61.

［28］韩长赋. 新中国农业发展 70 年［M］. 北京：中国农业出版社，2019.

［29］何丽娟. 基于新疆棉农植棉意愿分析的棉花补贴政策选择［D］. 阿拉尔：塔里木大学，2022.

［30］何亮，毛留喜. 气候变化背景下东北地区大豆种植区气候适宜性变化［J］. 中国生态农业学报（中英文），2023，31（5）：690 - 698.

［31］侯兆育，张宪，魏兴友，等. 基于 SWOT 分析的赣南脐橙绿色发展策略研究［J］. 中国果树，2023，231（1）：109 - 115.

［32］洪美娜，孙玉玲，石岢然. 考虑公平关切的鲜活农产品供应链订货决策［J］. 工业工程，2014，17（2）：99 - 105.

［33］胡宜挺，许雨晴. 兵团棉花种植专业合作社功能发挥现状调查分析［J］. 新疆农垦经济，2023（1）：71 - 79.

［34］黄建辉，林强. 保证保险和产量不确定下订单农业供应链融资中的政府补贴机制［J］. 中国管理科学，2019，27（3）：53 - 65.

［35］焦薇，王付宇. 考虑生产努力水平的农产品供应链补贴决策［J］. 枣庄学院学报，2022，39（5）：60 - 69.

［36］兰岚. 农产品供应链中农民专业合作社利益协调机制研究［J］. 农业经济，2019，390（10）：20 - 21.

［37］雷婷，但斌，刘墨林，等. 考虑政府补贴的生鲜批发市场应急代储策略［J］. 系统工程理论与实践，2023，43（2）：455 - 468.

［38］李诗杨，但斌，李红霞. 公益性和自我药疗影响下的药品供应链定价与双渠道策略［J］. 管理学报，2017，14（8）：1227 - 1235.

［39］李诗杨，但斌，李红霞，等. 限价与公益性下药品双渠道供应链权力结构模型［J］. 管理评论，2019，31（9）：266 - 277.

［40］李诗杨，但斌，周茂森，等. 限价政策与公益性影响下药品双渠道供应链定价与协调策略［J］. 管理工程学报，2019，33（2）：196 - 204.

［41］李武，邱国斌．少数民族贫困地区精准扶贫的困境与路径：基于农产品供应链创新的视角［J］．云南民族大学学报（哲学社会科学版），2016，33（5）：119 - 123.

［42］梁薇薇，徐涛，齐佳佳，等．乡村振兴视野下考虑公平偏好的农超供应链研究［J］．全国流通经济，2022，27（23）：16 - 19.

［43］刘慧丽，陈浩，董廷旭，等．川渝地区 NDVI 动态特征及其对气候变化的响应［J］．生态学报，2023（16）：1 - 15.

［44］刘磊，李万明，刘晓琳，等．公平偏好视角下农产品供应链双边决策行为研究［J］．统计与决策，2019，35（21）：35 - 39.

［45］刘佩佩，代建生．零售商公平关切下三级生鲜农产品供应链协调［J］．物流科技，2019，42（5）：117 - 121.

［46］刘瑞．演化博弈下农产品电商供应链收益分配机制研究［J］．商业经济研究，2022，857（22）：111 - 114.

［47］罗连发，黄紫仪，苏智鸿．有为政府、风险应对与农业区域公用品牌发展——基于赣南脐橙产业的案例研究［J］．宏观质量研究，2022，10（6）：70 - 83.

［48］马士华．供应链管理［M］．北京：中国人民大学出版社，2005.

［49］马文博，肖慧霞，肖开红．考虑保鲜水平的农产品产地仓建设政府补贴策略研究［J］．河南工业大学学报，2022，38（6）：54 - 63.

［50］勉县人民政府 23 个典型乡村振兴成功案例值得借鉴［EB/OL］.（2021 - 10 - 14）［2023 - 03 - 08］. http：//www. mianxian. gov. cn/mxzf/xxgk/shgy/fpkf/202110/c8f5ae92fe3c499a998d31f410fce4bc. shtml.

［51］浦徐进，范旺达，路璐．公平偏好、强互惠倾向和农民合作社生产规范的演化分析［J］．中国农业大学学报（社会科学版），2014，31（1）：51 - 62.

［52］浦徐进，刘燃，金德龙．考虑实体店公平关切的制造商线上渠道模式选择研究［J］．运筹与管理，2019，28（11）：178 - 184.

［53］浦徐进，赖德凌，金德龙．按收购量补贴还是按收购价补

贴? ——电商扶贫的政府补贴政策研究 [J]. 中国管理科学,
2023, 31 (8): 32 - 40.

[54] 齐月, 张强, 胡淑娟, 等. 黄土高原地区气候变化及其对冬小麦
生产潜力的影响 [J]. 生态环境学报, 2022, 31 (8): 1521 -
1529.

[55] 钱明, 徐光华, 沈弋, 等. 民营企业自愿性社会责任信息披露
与融资约束之动态关系研究 [J]. 管理评论, 2017, 29 (12):
163 - 174.

[56] 覃燕红, 王少杰. 极端天气影响下考虑农户公平关切的农产品
供应链协调机制研究 [J]. 系统科学与数学, 2023, 43 (3):
595 - 609.

[57] 谭建, 罗家富. 农业产业化与供应链管理决策研究 [M]. 北
京: 中国社会科学出版社, 2017.

[58] 万红莲, 宋海龙, 朱婵婵, 等. 过去2000年来陕西地区冰雹灾害
及其对农业的影响研究 [J]. 高原气象, 2017, 36 (2): 538 -
548.

[59] 王道平, 王婷婷. 政府补贴下供应链合作减排与促销的动态优
化 [J]. 系统管理学报, 2021, 30 (1): 14 - 27.

[60] 王锋. 农业三项补贴历史回顾、效率评价与农业支持保护补贴
的改进 [J]. 地方财政研究, 2017 (7): 19 - 25.

[61] 王欧, 杨进. 农业补贴对中国农户粮食生产的影响 [J]. 中国
农村经济, 2014, 5 (5): 20 - 28.

[62] 王文利, 张睿贞. 政府补贴下绿色产品供应商的融资策略——
绿色信贷 VS 预付款 [J]. 系统管理学报, 2023 (5): 1 - 18.

[63] 王雅婷. 农产品供应链公平协调研究 [D]. 西安: 西南交通大
学, 2015.

[64] 王永明, 秦翠平. 气候风险下考虑政府补贴的订单农业契约设
计 [J]. 软科学, 2017, 31 (7): 60 - 65.

[65] 魏光兴. 公平偏好下的报酬契约设计及应用研究 [D]. 重庆:
重庆大学, 2007.

[66] 温焜, 余星. 天气影响产出下订单农业质量分级模式协调机制
研究 [J]. 运筹与管理, 2022, 31 (6): 176 - 181.

[67] 闻卉, 王先甲, 陶建平, 等. 零售商合作偏好下生鲜农产品供

应链的政府补贴机制与优化策略［J］．运筹与管理，2021，30
（9）：100 - 106.

［68］文晓巍，张蓓．粤澳农产品供应链质量安全风险控制研究［J］．
农业现代化研究，2012，33（3）：309 - 312.

［69］吴瑞雯．大型综合超市生鲜食品管理问题及对策研究——以宁
波沃尔玛为例［J］．商，2016（34）：51 - 52.

［70］吴若冰，蒙启，刘婵婵．农业供应链金融助力民族地区乡村振
兴研究［J］．广西民族大学学报（哲学社会科学版），2021，43
（5）：138 - 146.

［71］吴月红．农业补贴政策对农户耕地保护行为的影响［D］．南
昌：江西农业大学，2013.

［72］吴忠和，陈宏，赵千．时间约束下鲜活农产品供应链应急协调
数量折扣契约研究［J］．运筹与管理，2014，23（3）：146 -
156.

［73］谢家平，刘丹．"农业社会企业 + 农户"模式下政府补贴方式
选择：目标价格相对于面积补贴［J］．管理工程学报，2022，
37（1）：1 - 9.

［74］熊德斌，欧阳洪姝，李佳欢．政府有为、市场有效与特色农业
发展机制——赣南脐橙产业升级历史变迁考察［J］．上海大学
学报（社会科学版），2021，38（5）：79 - 92.

［75］熊峰，彭健，金鹏，等．生鲜农产品供应链关系契约稳定性影
响研究——以冷链设施补贴模式为视角［J］．中国管理科学，
2015，23（8）：102 - 111.

［76］徐尚昆，杨汝岱．企业社会责任概念范畴的归纳性分析［J］．
中国工业经济，2007（5）：71 - 79.

［77］许芳，杨杰，唐起鑫．农产品供应链农户公平关切的形成成因
研究［J］．农村经济与科技，2020，31（20）：227 - 228.

［78］颜廷武，张童朝，江鑫．农户对农产品供应链减贫增收价值认
知及影响因素研究［J］．中南民族大学学报（人文社会科学
版），2017，37（5）：165 - 170.

［79］杨磊，马桂梅，张智勇．考虑气候风险的农产品供应链回扣与
订货策略［J］．工业工程，2015，18（1）：64 - 70.

［80］余星，张卫国，刘勇军．基于相对浮动价和政府补贴的订单农

业协调机制研究 [J]. 管理工程学报, 2020, 34 (3): 134 –
141.

[81] 喻冬冬, 吴战勇, 卜森, 等. 考虑横向和纵向公平关切的双渠
道农产品供应链决策分析 [J]. 数学的实践与认识, 2020, 50
(15): 277 – 284.

[82] 詹永斌. 新形势下赣南脐橙产业的发展问题与对策 [J]. 现代
园艺, 2023, 46 (3): 62 – 64.

[83] 张闯, 夏春玉, 刘凤芹. 农产品批发市场公益性实现方式研究 –
以北京新发地市场为案例 [J]. 农业经济问题, 2015, 36 (1):
93 – 100.

[84] 张浩, 孙庆莉, 安玉发. 中国主要农产品批发市场的效率评价
[J]. 中国农村经济, 2009 (10): 51 – 57

[85] 张娜娜, 卢丽娟, 简兆权. 公平关切下 "前置仓模式" 生鲜供
应链决策与协调研究 [J]. 工业工程, 2021, 24 (6): 150 –
157.

[86] 张晓, 安世阳. 保鲜成本分担下考虑零售商公平关切的生鲜品双
渠道供应链协调 [J]. 工业工程与管理, 2021, 26 (2): 15 – 22.

[87] 张秀萍, 王婷. 基于 SCOR 模型的食品安全管理对我国民族地
区农牧业食品供应的启示 [J]. 中央民族大学学报 (哲学社会
科学版), 2015, 42 (3): 62 – 69.

[88] 张旭, 张庆. 保鲜控制损耗下考虑公平关切的生鲜品供应链协
调 [J]. 系统科学学报, 2017, 25 (3): 112 – 116.

[89] 张旭, 张庆. 零售商公平关切下的生鲜品供应链协调机制 [J].
系统工程学报, 2017, 32 (4): 461 – 471.

[90] 张旭梅, 朱江华, 但斌, 等. 考虑补贴和公益性的生鲜冷链保
鲜投入激励 [J]. 系统工程理论与实践, 2022, 42 (3): 738 –
754.

[91] 张旭梅, 朱江华, 但斌. 公益性影响下考虑主体差异的生鲜农
产品政府补贴策略 [J]. 管理工程学报, 2022, 36 (4): 230 –
239.

[92] 赵霞, 吴方卫. 随机产出与需求下农产品供应链协调的收益共
享合同研究 [J]. 中国管理科学, 2009, 17 (5): 88 – 95.

[93] 中华人民共和国应急管理部. 应急管理部发布 2022 年 7 月份全

国自然灾害情况［EB/OL］．（2022 - 08 - 18）［2023 - 05 - 08］．https：//www. mem. gov. cn/xw/yjglbgzdt/202208/t20220818_420549. shtml.

［94］周永务，黄香宁，曹彬，等. 公司参与扶贫下的订单农业供应链：生产决策、社会福利与政府补贴［J］. 系统工程理论与实践，2022，42（8）：2174 - 2195.

［95］朱江华，张旭梅，但斌，等. 不确定需求下考虑资金约束的生鲜农产品政府补贴策略［J］. 中国管理科学，2022，30（8）：231 - 242.

［96］祝燕德，胡爱军，熊一鹏，等. 经济发展与天气风险管理［R］. 长沙：湖南省气象局，2006.

［97］Ahumada O，Villalobos J R. Application of planning models in the agri-food supply chain review［J］. *European Journal of Operational Research*，2009，196（1）：1 - 20.

［98］Akkaya D，Bimpikis K，Lee H. *Agricultural supply chains under government interventions*［R］. Working Paper，Stanford University，Stanford，CA，2016.

［99］Alizamir S，Iravani F，Mamani H. Ananalysis of price vs. revenue protection：government subsidies in the agriculture industry［J］. *Management Science*，2018，65（1）：32 - 49.

［100］Aupperle K E，Carroll A B，Hatfield J D. An Empirical examination of the relationship between corporate social responsibility and profitability［J］. *Academy of Management Journal*，1985，28（2）：446 - 463.

［101］Benita M，B. Measuring supply chain performance［J］. *International Journal of Operations & Production Management*，1999，19（3）：275 - 292.

［102］Bolton G E，Ockenfels A. ERC：A theory of equity，reciprocity，and competition［J］. *The American Economic Review*，2000，90（1）：166 - 193.

［103］Cachon G P，Lariviere M A. Contracting to assure supply：How to share demand forecasts in a supply chain［J］. *Management Science*，2001，47（5）：629 - 646.

[104] Cao B B, Zhu M F, Tian Q. Optimal operation policies in a cross-regional fresh product supply chain with regional government subsidy heterogeneity to blockchain-driven traceability [J]. *Mathematics*, 2022, 10 (23): 4562 – 4592.

[105] Cai X, Chen J, Xiao Y, et al. Optimization and coordination of fresh product supply chains with freshness-keeping effort [J]. *Production and Operations Management*, 2010, 19 (3): 261 – 278.

[106] Caporin M, Preś J. Modelling and forecasting wind speed intensity for weather risk management [J]. *Computational Statistics & Data Analysis*, 2012, 56 (11): 3459 – 3476.

[107] Carroll A B. The pyramid of CSR – toward the moral management of organizational stakeholders [J]. *Business Horizons*, 1991, 34 (4): 0 – 48.

[108] Carroll A. The four faces of corporate citizenship [J]. *Business and Society Review*, 1998, 100 (1): 1 – 7.

[109] Chen F Y H, Yano C A. Improving supply chain performance and managing risk under weather-related demand uncertainty [J]. *Management Science*, 2010, 56 (8): 1380 – 1397.

[110] Cui T H, Raju J S, Zhang Z J. Fairness and channel coordination [J]. *Management Science*, 2007, 53 (8): 1303 – 1314.

[111] Darby – Dowman K, Barker S, Audsley E, et al. A two-stage stochastic programming with recourse model for determining robust planting plans in horticulture [J]. *The Journal of the Operational Research Society*, 2000, 51 (1): 83 – 89.

[112] Donaldson T, Preston L E. The stakeholder theory of the corporation: Concepts, evidence, and implications [J]. *Academy of management Review*, 1995, 20 (1): 65 – 91.

[113] Dufwenberg M, Kirchsteiger G. A theory of sequential reciprocity [J]. *Games and Economic Behavior*, 2004, 47 (2): 268 – 298.

[114] Eggleston K, Yip W. Hospital competition under regulated prices: Application to urban health sector reforms in China [J]. *International Journal of Health Care Finance Economics*, 2004, 4 (4): 343 – 368.

[115] Elkington J. *Cannibals with Forks*: *The TripleBottom Line of 21st Century Business* [M]. Oxford: Capstone, 1997.

[116] Falk A, Fehr E, Fischbacher U. *Testing theories of fairness-intentions matters* [R]. Zurich IEER Working Paper, 2001.

[117] Falk A, Fischbacher U. A theory of reciprocity [J]. *Games and Economic Behavior*, 2006, 54 (2): 293 – 315.

[118] Fehr E, Schmidt K M. A theory of fairness, competition, and cooperation [J]. *Quarterly Journal of Economics*, 1999, 114 (3): 817 – 868.

[119] Fischer G, Tubiello F N, Velthuizen H, Wiberg D A. Climate change impacts on irrigation water requirements: Effects of mitigation, 1990—2080 [J]. *Technological Forecasting & Social Change*, 2007, 74 (7): 1083 – 1107.

[120] Fu H Y, Li Y Z, Li Y, et al. Risk transfer mechanism for agricultural products supply chain based on weather index insurance [J]. *Complexity*, 2018, 155 (1): 1 – 17.

[121] Gleissy M A, Alexandre R D, Luciano J Q. GIS applied to agri-climatological zoning and agrotoxin residue monitoring in tomatoes: A case study in Espirito Santo State, Brazil [J]. *Journal of Environmental Management*, 2016, 166 (2): 429 – 439.

[122] Goodpaster K. Business ethics and stakeholder analysis [J]. *Business Ethics Quarterly*, 1991, 1 (1): 53 – 73.

[123] Harrison R, Mason C. International perspectives on the supply of informal venture capital [J]. *Journal of Business Venturing*, 1992, 7 (6): 459 – 475.

[124] He J, Yang T. Differential game analysis of emission reduction and preservation in the tertiary food supply chain under different government subsidy models [J]. *Sustainability*, 2022, 15 (1): 701 – 701.

[125] Hendrickson M K, James H S, Kendall A, et al. The assessment of fairness in agricultural markets [J]. *Geoforum*, 2018, 96 (11): 41 – 50.

[126] Ho T H, Su X M. Peer-induced fairness in games [J]. *American*

Economic Review, 2009, 99 (5): 2022 – 2049.

[127] Jacxsens L, Luning P A, J G A J van der Vorst, et al. Simulation modelling and risk assessment as tools to identify the impact of climate change on microbiological food safety – The case study of fresh produce supply chain [J]. *Food Research International*, 2010, 43 (7): 1925 – 1935.

[128] Kang K, Wang M Z, Luan X F. Decision-making and coordination with government subsidies and fairness concerns in the poverty alleviation supply chain [J]. *Computers & Industrial Engineering*, 2021, 152 (12): 107058.

[129] Lariviere M A. A note on probability distributions with increasing generalized failure rates [J]. *Operations Research*, 2006, 54 (3): 11 – 35.

[130] Liebowitz S J, Margolis S E. Are network externalities a new source of market failure [J]. *Research in Law and Economics*, 1995, 17 (1): 1 – 22.

[131] Lizaso J I, Ruiz – Ramos M, Rodríguez L, Gabaldon – Leal C, Oliveira J A, Lorite I J, Sánchez D, García E, Rodríguez A. Impact of high temperatures in maize: Phenology and yield components [J]. *Field Crops Research*, 2018, 216 (1): 129 – 140.

[132] Loch C H, Wu Y. Social preferences and supply chain performance: An experimental study [J]. *Management Science*, 2008, 54 (11): 1835 – 1849.

[133] Mobarak A M, Rosenzweig M R. Informal risk sharing, index insurance, and risk taking in developing countries [J]. *American Economic Review*, 2013, 103 (3): 375 – 380.

[134] Moon I. Jeong Y J, Saha S. Investment and coordination decisions in a supply chain of fresh agricultural products [J]. *Operational Research*, 2018 (6): 1 – 25.

[135] Nikolopoulos K, Fildes R. Adjusting supply chain forecasts for short-term temperature estimates: A case study in a Brewing company [J]. *Ima Journal of Management Mathematics*, 2013, 24 (1): 79 – 88.

[136] Panda S, Modak N M. Exploring the effects of social responsibility on coordination and profit division in a supply chain [J]. *Journal of Cleaner Production*, 2016, 139 (1): 25 - 40.

[137] Peng H J, Pang T. Optimal strategies for a three-level contract farming supply chain with subsidy [J]. *International Journal of Production Economics*, 2019, 216 (4): 274 - 286.

[138] Pérez - González F, Yun H. Risk management and firm value: Evidence from weather derivatives [J]. *The Journal of Finance*, 2013, 68 (5): 2143 - 2176.

[139] Petruzzi N C, Dada M. Pricing and the newsvendor problem: A review with extensions [J]. *Operations Research*, 1999, 47 (2): 183 - 194.

[140] Rabin M. Incorporating fairness into game theory and economics [J]. *The American Economic Review*, 1993, 83 (5): 1281 - 1302.

[141] Rivadeneira J F, Zambrano Y E, Pérez - Martín M Á. Adapting water resources systems to climate change in tropical areas: Ecuadorian coast [J]. *Science of The Total Environment*, 2020, 703 (2): 1 - 18.

[142] Rohofs J. A theory of interdependent demand for a communications service [J]. *The Bell Journal of Economics and Management Science*, 1974, 5 (1): 16 - 37.

[143] Shi Y and Wang F L. Agricultural supply chain coordination under weather-related uncertain yield [J]. *Sustainability*, 2022, 14 (9): 5271 - 5271.

[144] Song J X and Yan X. Impact of government subsidies, competition, and blockchain on green supply chain decisions [J]. *Sustainability*, 2023, 15 (4): 3633 - 3633.

[145] Tena E C, Gomez S Q. Economic value of weather forecasting: The role of risk aversion [J]. *Top*, 2011, 19 (1): 130 - 149.

[146] Tencati A, Misani N, Castaldo S. A qualified account of supererogation: Toward a better conceptualization of corporate social responsibility [J]. *Business Ethics Quarterly*, 2020, 30 (2):

250 – 272.

[147] Turral H, Svendsen M, Faures J M. Investing in irrigation: Reviewing the past and looking to the future [J]. *Agricultural Water Management*, 2010, 97 (4): 551 – 560.

[148] Turvey C G, Kong R. Weather risk and the viability of weather insurance in China's Gansu, Shaanxi, and Henan provinces [J]. *China Agricultural Economic Review*, 2010, 2 (1): 5 – 24.

[149] Wandaka L M. *Economic Impact of Climate Change on Maize Production in Kenya* [M]. Nairobi: University of Nairobi, 2013.

[150] Warr P, Yusuf A. Fertilizer subsidies and food self-sufficiency in Indonesia [J]. *Agricultural Economics*, 2014, 45 (5): 571 – 588.

[151] Xue K L. Optimal pricing and green product design strategies in a sustainable supply chain considering government subsidy and different channel power structures [J]. *Sustainability*, 2021, 13 (22): 12446 – 12446.

[152] Yan B, Chen Y R, He S Y. Decision making and coordination of fresh agriculture product supply chain considering fairness concerns [J]. *Operations Research*, 2020, 54 (4): 1231 – 1248.

[153] Yi H, Li Y. Risk management of agricultural supply chain in China with weather compensatory contract [J]. *E3 Journal of Business Management & Economics*, 2013, 4 (7): 166 – 172.

[154] Yu J, Sumner D A. Effects of subsidized crop insurance on crop choices [J]. *Agricultural Economics*, 2018, 49 (4): 533 – 545.

[155] Zhao Q Z, Wang C Y, Zhang Z M, et al. The application of operations-research in the optimization of agricultural production [J]. *Operations Research*, 1991, 39 (2): 194 – 205.

[156] Zi W C, Li X L, Zhou J Y. Buyer-supplier collaborative cost sharing and the performance of fresh agricultural produce cold chains: A retailer fairness concern perspective [J]. *Asia Pacific Journal of Marketing and Logistics*, 2022, 34 (6): 1178 – 1202.